ullstein

Ich bin unschuldig, behaupten viele Verurteilte – und sagen damit viel öfter die Wahrheit, als wir glauben. Bei zirka 25 Prozent liegt die Fehl- urteilsquote. Strafrichter Patrick Burow beschreibt die häufigsten Ursa- chen für Justizirrtümer – etwa Aussageerpressung, Mangel an Bewei- sen, fehlerhafte Forensik, inkompetente Sachverständige, karrieresüch- tige Staatsanwälte oder meineidige Zeugen. Er zeigt: Fehlurteile sind durch systemimmanente Schwächen des Justizsystems bedingt. Und er macht Vorschläge, was getan werden müsste, um Justizirrtümer zu ver- meiden oder wenigstens schneller zu revidieren. Denn das Beharrungs- vermögen der Justiz angesichts ihrer zahlreichen Opfer ist ein Skandal, gerade auch in Deutschland. Eine Enthüllungsschrift über das Justizver- sagen – spannend wie ein Krimi, tragisch wie das Leben.

Dr. iur. PATRICK BUROW, geboren 1965 in Hamburg, promovierte in seiner Geburtsstadt und ist seit 1996 Richter in Sachsen-Anhalt. Unter seinem Pseudonym Falk van Helsing veröffentlichte er viele Humorbü- cher mit einer Gesamtauflage von 130 000 Exemplaren.

In unserem Hause sind von Patrick Burow außerdem erschienen:
Ich habe nicht geschossen, nur ein bisschen
Jurafakten (gemeinsam mit Dallan Sam)
Was Vermieter und Nachbarn nicht dürfen (gemeinsam mit Dallan Sam)

PATRICK BUROW

SCHULDLOS IN HAFT

Ein Schwarzbuch der Justizirrtümer

Ullstein

Besuchen Sie uns im Internet:

www.ullstein.de

Wir verpflichten uns zu Nachhaltigkeit
- Klimaneutrales Produkt
- Papiere aus nachhaltiger
  Waldwirtschaft und anderen
  kontrollierten Quellen
- ullstein.de/nachhaltigkeit

MIX
Papier | Fördert
gute Waldnutzung
FSC® C021394

Das Buch stützt sich in Teilen auf das 2013 im Eichborn Verlag
erschienene Buch des Autors mit dem Titel *Das Lexikon der Justizirrtümer*.

Originalausgabe im Ullstein Taschenbuch
1. Auflage Juni 2023
© Ullstein Buchverlage GmbH, Berlin 2023
Lektorat: Antonia Falkenberg
Umschlaggestaltung: zero-media.net, München
Titelabbildung: © FinePic®, München
Gesetzt aus der Quadraat Pro powered by *pepyrus*
Druck und Bindearbeiten: ScandBook, Litauen
ISBN 978-3-548-06799-5

Inhalt

Einleitung

Was ist ein Justizirrtum? Eine Definition

»Ich bin unschuldig!«, schreien viele Verurteilte, wenn sie aus dem Gerichtssaal abgeführt werden. »Das ist ein Justizirrtum!«, ergänzen sie gerne noch. Jeder hat so etwas schon einmal gehört, sei es real, sei es in Film und Fernsehen. Es klingt billig, kitschig, abgedroschen.

Doch was, wenn der Verurteilte die Wahrheit sagt?

Von einem Justizirrtum spricht man, wenn ein Angeklagter verurteilt wird, obwohl er unschuldig ist. Der Richter unterliegt einer Fehlvorstellung über den tatsächlichen Geschehensablauf. Dabei muss ein Justizirrtum nicht immer ein Urteil sein. Auch der Haftbefehl gegen einen Unschuldigen oder die Freilassung eines Schuldigen kann ein Justizirrtum sein.

Nehmen Sie sich einen Augenblick Zeit, und stellen Sie sich folgende Situation vor: Sie liegen gemütlich in Ihrem Bett. Plötzlich wird mit einem lauten Krachen Ihre Wohnungstür eingetreten. Ein Spezialeinsatzkommando der Polizei stürmt in Ihr Schlafzimmer. Während zwei maskierte Einsatzkräfte Ihnen den Lauf einer MP5 vor die Nase halten, dreht Ihnen ein Dritter die Arme auf den Rücken und fixiert Ihre Hände mit einem Kabelbinder. Sie werden mäßig bekleidet durchs Treppenhaus hinabgezerrt, in einen Einsatzwagen bugsiert und stehen schon bald vor dem Ermittlungsrichter. Der Vorwurf: Mitgliedschaft in einer terroristischen Vereinigung, Vorbereitung eines Anschlags. Sie beteuern Ihre Unschuld, versichern verzweifelt, es müsse sich um einen Irrtum handeln, eine Verwechslung, ein Missverständnis. Doch man glaubt Ihnen nicht, weder jetzt noch später im Prozess. Sie wandern jahrelang unschuldig hinter Gitter. In den USA werden Sie vielleicht sogar hingerichtet.

Es kann jeden treffen. Jeder von uns kann Opfer eines Justizirrtums werden. Auch der unbescholtene Bürger, auch die unbescholtene Bürgerin kann fast über Nacht zum verurteilten Verbrecher oder zur verurteilten Verbrecherin werden. Die spektakulärsten Fälle dieser Art werden in diesem Buch geschildert. Sie lassen tief blicken in den Abgrund hoch angesehener Justizsysteme.

Übrigens: Bedenken Sie bei jedem Urteil, das Ihnen in den folgenden Kapiteln begegnet: Jedes Urteil, auch das Fehlurteil, wird »Im Namen des Volkes« verkündet – also in unser aller Namen!

Justizirrtümer sind häufig, werden jedoch verschwiegen

Sie werden erkennen, dass Justizirrtümer viel öfter vorkommen, als man denkt. Ihre Ursachen sind so banal wie alltäglich: Augenzeugen irren sich, Informanten lügen, Geständnisse werden erzwungen, Verteidiger schlafen während der Verhandlung, Sachverständige begutachten ohne Sachverstand. Opfer eines Justizirrtums kann jeder werden, vom vorbestraften Junkie über den biederen Familienvater bis hin zum Prominenten. Dabei wird die Existenz von Justizirrtümern offiziell meist verschwiegen, um das hohe Ansehen, das sich die Justiz selbst zuschreibt, nicht zu gefährden. Das institutionelle Verschweigen zeigt sich schon daran, dass »Justizirrtum« kein juristischer Fachbegriff ist: Nicht ein einziges deutsches Gesetz verwendet diesen Begriff. »Ein Richter irrt nicht« und »Wir wollen die Bevölkerung nicht beunruhigen« – das scheinen die Leitlinien zu sein. Auch die juristische Fachliteratur, die sich sonst jedes noch so unbedeutenden Rechtsproblems in epischer Breite annimmt, schweigt hierzu überwiegend. Folglich gibt es auch keine amtlichen Statistiken über Justizirrtümer oder Fehlurteile, obwohl in der Justiz sonst so gut wie alles statistisch erfasst wird. Beispielsweise wird akribisch aufgelistet, wie viele Verfahren ein Richter monatlich erledigt und auf welche Weise. Es existieren auch Statistiken zur Verfahrensdauer und zu den entstandenen Kosten. Ob das Resultat richtig oder falsch war, scheint dagegen niemanden zu interessieren. Die Justiz hat aus mehr oder weniger nachvollziehbaren Gründen nicht das geringste Interesse daran, die Häufigkeit und Ursachen von Fehlurteilen zu dokumentieren, geschweige denn zu erforschen.

Dabei ist es ein Leichtes, zumindest die Erfolgsquote von Wiederaufnahmeanträgen statistisch zu erfassen. Einige wenige Autoren haben immerhin versucht, aufgrund der Anzahl erfolgreicher Wiederaufnahme- und Revisionsverfahren sowie anhand der von der Justiz gezahlten Haftentschädigungen Rückschlüsse auf die Fehlurteilsquote zu ziehen. Die Schätzungen variieren zwischen einem und 30 Prozent. Laut dem Richter am Bundesgerichtshof Eschelbach sei es die »Lebenslüge« der Justiz, dass es »kaum falsche Strafurteile« gebe. Er schätzt die Fehlurteilsquote auf 25 Prozent. Nach Angaben des rechtspolitischen Sprechers der SPD-Fraktion, Johannes Fechner, werden pro Jahr in Deutschland 400 Menschen zu Unrecht inhaftiert. Aber gleichgültig, ob es ein Prozent oder 30 Prozent sind, es sind auf jeden Fall zu viele.

Ein Blick nach Amerika zeigt das Ausmaß dieses Problems noch deutlicher. Ein Juraprofessor hat in New York das Innocence Project (deutsch: Projekt Unschuld) gegründet, das sich um die

Aufklärung von Justizirrtümern bemüht. Studenten nehmen sich alte Strafakten vor, suchen nach Fehlern in der jeweiligen Verurteilung und versuchen, gegebenenfalls eine Wiederaufnahme des Verfahrens zu erreichen. Seit 1992 hat das Innocence Project 375 Menschen aus den Gefängnissen befreit, darunter 21 Todeskandidaten. Das National Registry of Exonerations ist ein Projekt dreier Universitäten. Es sammelt alle bekannten Fehlurteile in den USA. Seine Mission ist, umfassend über nachträgliche Entlastungen unschuldiger Angeklagter zu informieren, um künftige Fehlverurteilungen durch Lehren aus vergangenen Fehlern zu verhindern. Seit 1989 wurden in der Datenbank über 3 200 Fehlurteile erfasst. Das entspricht 27 000 Jahren Lebenszeit, die unschuldigen Menschen geraubt wurden. Eine systematische Untersuchung in den USA kam zu dem Schluss, dass 11,6 Prozent der Häftlinge unschuldig im Gefängnis sitzen.

Allein diese aufgedeckten Fehlurteile zeigen deutlich, dass die Anzahl der Justizirrtümer allgemein viel zu hoch ist, als dass man noch von Einzelfällen sprechen könnte. Es gibt inzwischen Unschuldsprojekte in allen US-Bundesstaaten und Ländern wie Australien, Kanada und Großbritannien. Zusammengerechnet gehen die aufgedeckten Fehlurteile in die Zehntausende. In Deutschland gibt es auch erste Ansätze dazu. So haben die Universitäten Berlin und Göttingen das gemeinsame Projekt »Fehlurteil und Wiederaufnahme« ins Leben gerufen (www.wiederaufnahme.com).

Die Justizopfer der in diesem Buch geschilderten rund hundert Fehlentscheidungen haben zusammengerechnet 955 Jahre unschuldig in Haft gesessen, 13 wurden sogar hingerichtet.

Dabei sind die aufgedeckten Fehlurteile nur die Spitze des Eisbergs. Die Dunkelziffer unschuldig Verurteilter ist sehr hoch. Denn viele Justizirrtümer werden nur durch Zufall aufgedeckt, zum Beispiel, wenn der wahre Täter überraschend die Tat gesteht oder durch massive Hilfe Dritter wie Journalisten oder eben der genannten Unschuldsprojekte. Nicht wenige unschuldig Inhaftierte werden über die Jahre eher resignieren, anstatt weiter für die Aufklärung ihres Justizirrtums zu kämpfen. Auch in deutschen Gefängnissen sitzen unter Garantie zahlreiche unschuldig Verurteilte ein, denen kein rettender Zufall oder Journalist zu Hilfe kommt.

Ein weiterer Faktor, der in den letzten 20 Jahren zu einer Welle von aufgedeckten Fehlurteilen geführt hat, sind neuartige DNA-Analysen. Dadurch ist das Thema der Justizirrtümer aktueller denn je. Während früher die Analyse von am Tatort gesicherten Blutspuren, Spermien und Haaren nur ungenaue Ergebnisse lieferte, kann heute durch den genetischen Fingerabdruck eine Person zu 99,99 Prozent als Täter überführt oder aber entlastet werden. Solche wissenschaftlichen und forensischen Fortschritte machen Hoffnung, dass dadurch in Zukunft die Dunkelziffer unschuldig Verurteilter verringert, deren Wiederaufnahmeverfahren ermöglicht und bestenfalls Fehlurteilen vorgebeugt werden kann.

Verheerende Folgen von Justizirrtümern

Die Fehler von Strafrichtern zerstören Leben, denn die Folgen von Justizirrtümern sind für die Betroffenen desaströs:

- Den unschuldig Verurteilten wird wertvolle Lebenszeit, bei Todesstrafe sogar ihr Leben geraubt.
- Der wahre Täter bleibt auf freiem Fuß und kann weitere Verbrechen begehen.
- Die bürgerliche Existenz wird vernichtet. Der Arbeitsplatz

geht verloren, und etwaiges Vermögen wird für hohe Rechts-
anwaltskosten aufgebraucht. Eine Rückkehr in den alten Beruf ist selbst nach einer Rehabilitierung oft nicht möglich.
Ein Justizopfer zu werden ist für die meisten gleichbedeutend
mit dem existenziellen Ruin.

- Ehen und Familien zerbrechen. Kinder müssen ohne ihren
  Vater oder ihre Mutter aufwachsen, manche davon im Heim.
  Auch das Leben der Angehörigen des oder der Verurteilten
  wird durch den Justizirrtum aus der Bahn geworfen oder sogar mit zerstört.
- Unschuldig Verurteilte werden durch das Fehlurteil und ihre
  Inhaftierung oft traumatisiert. Eine langjährige Gefängnisstrafe ist wie ein »Tod auf Raten«. Viele Inhaftierte verlassen
  das Gefängnis trotz späteren Freispruchs als gebrochene, gesundheitlich und psychisch angeschlagene Menschen; einige
  von ihnen sterben bald oder begehen Selbstmord. Die Justizopfer sind zudem oft jahrelang dem gefährlichen Leben im
  Knast ausgesetzt. Schlägereien und sogar Vergewaltigungen
  sind dort keine Seltenheit.
- Der gute Ruf eines unschuldig Inhaftierten bleibt dauerhaft
  beschädigt. Denn auch nach einer Urteilsaufhebung gibt es
  immer Zweifler, die meinen, der Freigesprochene habe die
  Tat ja sicher begangen oder zumindest irgendetwas in dieser
  Richtung verbrochen.

Die in Deutschland vorgesehene Haftentschädigung von 75 Euro
pro Tag hat nur Symbolcharakter. Sie ist nicht ansatzweise geeignet, den angerichteten Schaden zu kompensieren. Und wenn die
Justiz – wie in manchen Ländern – einen Unschuldigen gar hin-
richtet, wird sie selbst zum Mörder. Nicht umsonst ist die Gefahr
von Fehlurteilen ein Hauptargument gegen die Todesstrafe, denn

sie kann nach der Vollstreckung nicht rückgängig gemacht werden. Wird in einem späteren Verfahren die Unschuld eines bereits Hingerichteten bewiesen, spricht man zu Recht von Justizmord. Wenigstens ist das in Deutschland kein Thema.

Schließlich schadet sich die Justiz durch Fehlurteile auch selbst. Die Justizminister werden nicht müde, das hohe Ansehen der Justiz zu betonen. Bekannt gewordene Justizirrtümer führen aber zwangsläufig zu einem schwindenden Vertrauen der Bürger in die Justiz. Wenn dieses fehlt, kann dies dazu führen, dass Gesetze nicht mehr beachtet und Urteile nicht mehr akzeptiert werden. Die Justiz kann ihre wichtige Rolle in der Gewaltenteilung des demokratischen Systems ohne Vertrauen der Bürger nicht ausüben.

Skandalöser Umgang mit Fehlurteilen

Als Richter haben mich bei dem Umgang der Justiz mit ihren Fehlurteilen vor allem drei Dinge schockiert.

Beharrungsvermögen der Justiz

Erstens die Sturheit der Justiz. Nur weil ein Inhaftierter Beweise für seine Unschuld in den Händen hält, bedeutet das oft noch lange nicht, dass die Verantwortlichen ihren Irrtum unmittelbar einsehen und für seine schnelle Freilassung sorgen. Man sollte meinen, alle Akteure im Gerichtssystem hätten ein Interesse daran, falsche Verurteilungen zu korrigieren, doch das ist tatsächlich nicht der Fall. Staatsanwälte und Richter zeigen vielmehr eine bemerkenswerte Feindseligkeit gegenüber der Aufhebung von Verurteilungen. Die unschuldige Person hat meist einen jahrelangen Kampf vor sich, denn Gerichte und Staatsanwaltschaften verteidigen hartnäckig einmal gefällte Urteile. Die Rechtskraft ist die heilige Kuh der Justiz. Auf Biegen und Brechen hält sie an einmal gefällten Entscheidungen fest. Nur widerwillig und zögernd lässt sie zu, dass als abgeschlossen betrachtete Fälle noch einmal aufgerollt werden. Gegen das Beharrungsvermögen der Justiz brauchen ihre Opfer Durchhaltevermögen, viel Geduld und einen eisernen Willen.

Das einzige Rechtsmittel gegen rechtskräftige Urteile ist ein Wiederaufnahmeantrag. Doch die Wiederaufnahme zugunsten des Verurteilten ist nur unter den engen Voraussetzungen des § 359 stopp möglich. Der in der Praxis relevanteste Fall ist der des § 359 Nr. 5 stopp, also die Beibringung neuer Tatsachen oder Beweismittel. Es reicht nicht, dass das frühere Urteil offensichtlich falsch ist, sondern der Antragsteller muss zusätzlich neue, im früheren Verfahren nicht berücksichtigte Tatsachen oder Beweismittel beibringen. Das ist schwierig, denn der lange Zeitablauf führt eher zum Verlust von Beweismitteln als zum Auftauchen neuer. Zeugen erinnern sich nicht mehr oder sind verstorben, Asservate sind verschwunden, Akten vernichtet.

Die Gerichte prüfen Wiederaufnahmeanträge streng und lehnen sie ganz überwiegend ab. Die Erfolgsquote von Wiederaufnahmeverfahren wird von Experten auf magere drei Prozent geschätzt. »Die Justiz will keine Wiederaufnahmen. Selbst wenn ein Wiederaufnahmegesuch bestens begründet ist, versuchen die mit der Wiederaufnahme befassten Gerichte immer, irgendeinen Vorwand zu finden, um diese Wiederaufnahme wegzudrücken. Die Justiz verteidigt die Rechtskraft eines einmal gesprochenen Urteils wirklich mit Zähnen und mit Klauen«, sagt Gerhard Strate aufgrund seiner Erfahrungen als Spezialist für Wiederaufnahmeverfahren.

Ein Grund dafür, dem Antragsteller maximalen Widerstand

entgegenzusetzen, ist der Unfehlbarkeitswahn der Richter. »Deutsche Richter irren nicht« ist das Motto vieler Robenträger. Das eigene Selbstbild und die Autorität könnten leiden, wenn Fehlurteile aufgedeckt werden.

Ein weiterer Grund liegt auf der Hand: Wiederaufnahmeanträge sind wie Strafarbeiten in der Schule. Sie bedeuten erhebliche Mehrarbeit, im Falle ihrer Stattgabe muss sogar der ganze Prozess neu aufgerollt werden. Dabei hat der Verurteilte seinen Prozess doch schon gehabt, denken viele Richter. Sie fürchten eine Schwemme von Anträgen, wenn sie Wiederaufnahmegesuchen großzügig stattgeben.

Was zudem auffällt, sind extrem lange Verfahrensdauern. Die ursprüngliche Verurteilung erfolgte oft innerhalb weniger Monate nach der Tat. Bei Wiederaufnahmeverfahren gehen regelmäßig mehrere Jahre ins Land. Jahre, in denen der Verurteilte womöglich unschuldig im Gefängnis sitzt. Wiederaufnahmeverfahren stehen in der Prioritätenliste der Gerichte ganz weit unten und sind zusammengefasst nichts weiter als totes Recht.

Mangelnde Fehlerkultur

Zweitens lernt die Justiz nichts aus ihren Fehlern. Dabei sind Justizirrtümer eben keine untypischen Einzelfälle oder unvermeidbare Missgriffe, sondern folgen sich ständig wiederholenden Fehlermustern. Die Ursachen für einen Justizirrtum sind im Grunde immer dieselben und beruhen letztlich systembedingt auf einer abzählbaren Reihe von Gründen.

Man würde von einer modernen Justiz eigentlich erwarten, dass sie diese grundlegenden Mängel erkennt und abstellt. *Errare humanum est* – »Irren ist menschlich«, stellte schon Seneca fest. Richter sind auch nur Menschen, denen Fehler unterlaufen können. Doch aus Fehlern kann man lernen, um es dann beim nächsten Mal anders und besser zu machen – wenn man das will.

In Unternehmen gehört Fehlerkultur zum Tagesgeschäft. Stellt sich ein Produkt als fehlerhaft heraus, starten die Hersteller große Rückrufaktionen. So musste der Autohersteller Toyota wegen klemmender Gaspedale zwischen 2009 und 2011 mehr als zehn Millionen Fahrzeuge in die Werkstätten beordern. Wöchentlich wird in den Medien über größere und kleinere Rückrufaktionen berichtet.

Jeder Flugzeug-Crash wird von der Bundesstelle für Flugunfalluntersuchung analysiert. In anderen Ländern gibt es vergleichbare Stellen. In ausführlichen Untersuchungsberichten legen sie die Ursachen und Vermeidbarkeit der Unfälle dar. Zweck ist die Verhütung von Flugunfällen und damit eine Verbesserung der Flugsicherheit. Dieses System funktioniert. Fliegen ist das sicherste Verkehrsmittel.

Auch in der Medizin passieren Fehler. Gutachterkommissionen und Schlichtungsstellen bei den Ärztekammern analysieren Behandlungsfehler und erfassen sie statistisch. Ihre Erkenntnisse fließen in die Aus- und Fortbildung von Ärzten sowie in die Qualitätssicherung von medizinischen Einrichtungen ein. Ziel ist es, Fehlerhäufigkeiten zu erkennen und Fehlerursachen zu bekämpfen. Das klappt nicht immer, aber doch weitgehend.

Aber die Firma mit der Waage im Logo meint, auf eine Fehlerkultur gänzlich verzichten zu können.

Vernachlässigung der Opfer

Drittens werden Justizopfer im Stich gelassen. Man würde annehmen, die Justiz würde sich um eine Wiedergutmachung bemühen, wenn jemand aufgrund eines Fehlurteils unschuldig hinter Gittern gesessen hat. Eine Entschuldigung von höherer Stelle wäre angebracht. Eine schnelle, unbürokratische Entschädigungszahlung für die Haftzeit sowie Hilfen bei der Wiedereingliederung in ein bürgerliches Leben wären zweifellos angemessen und wichtig. Doch nichts dergleichen passiert. Wie schon Wiederaufnahmeverfahren dauern auch Entschädigungsverfahren ewig. Bei der Höhe der Entschädigung ist der Staat überdies knauserig, und eine Nachbetreuung ist nicht vorgesehen. Die Justizopfer werden ignoriert und sich selbst überlassen. Die Justiz hat das Leben der Betroffenen ruiniert und tut so, als wäre es nicht ihr Problem.

Eine Studie zu Justizopfern der Kriminologischen Zentralstelle in Wiesbaden hat 29 Justizirrtümer ausgewertet. Sie kommt zu diesem Fazit: »Das derzeitige Verfahren im Umgang mit zu Unrecht inhaftierten Personen erscheint objektiv verbesserungswürdig. Die Interviews zeigten [...], dass den unschuldigen ehemals Inhaftierten nicht die Hilfe entgegengebracht wird, die sie – auch im Sinne einer Wiedergutmachung – erwarten und verdienen. Dies gilt sowohl wirtschaftlich als auch im Rahmen der schnellen und reibungslosen Wiedereingliederung in ein bürgerliches Leben. Zum Teil langjährig Inhaftierte werden nach ihrer oft kurzfristig erfolgten Haftentlassung mit ihren Problemen alleingelassen und sind damit überfordert.«

Wie das in der Praxis aussieht, zeigt der Fall Horst Arnold. Der Lehrer hatte fünf Jahre unschuldig in Haft gesessen. Sein Haftentschädigungsantrag wurde bis zu seinem Tod nicht beschieden, auch eine Wiedereinstellung als Lehrer wurde ihm verweigert. Er starb als gebrochener Mann – und als Sozialhilfeempfänger.

Wer, mag sich der juristische Laie fragen, wird bei einem nachgewiesenen Justizirrtum eigentlich zur Rechenschaft gezogen? Die Antwort: Den Polizisten, Staatsanwälten und Richtern passiert auch bei nachweisbarem Fehlverhalten in der Regel nichts. Denn die Beamtengesetze stellen sie von den Folgen ihres

Handelns weitgehend frei. Sofern in einem der hier geschilderten Fälle ausnahmsweise doch jemand zur Verantwortung gezogen wurde, weise ich ausdrücklich darauf hin.

Das Buch verfolgt einen systematischen Ansatz und analysiert die häufigsten Ursachen für Fehlurteile. Sie finden dazu rund hundert Fälle mit bewegenden Einzelschicksalen, alphabetisch gegliedert nach Fehlerursachen – von »Anklage falsch« über »Ermittlungsfehler« bis zu »Zeugenaussagen unzutreffend«. Manche Fallgeschichte hätte in mehr als eine Kategorie gepasst, weil das jeweilige Fehlurteil auf verschiedenen Ursachen basierte. Für mich war entscheidend, welche davon nach meiner Einschätzung den Ausschlag gegeben hat.

Da Justizirrtümer unabhängig von den Besonderheiten des jeweiligen Rechtssystems weltweit vorkommen, stammen die geschilderten Fälle aus der ganzen Welt, überwiegend sind es aber deutsche und amerikanische Prozesse neueren Datums. Für die verhältnismäßig vielen Beispiele aus den USA gibt es zwei Gründe: Zum einen werden nirgends auf der Welt mehr Bürger wegen Straftaten verurteilt, zum anderen sind Justizirrtümer und ihre Ursachen dort durch zahlreiche Unschuldsprojekte der Universitäten besonders gut erforscht. Zudem verleiht die dort häufig verhängte Todesstrafe den Fehlurteilen eine besondere Tragik.

Es geht bei diesen Fällen meist um Mord und Vergewaltigung. Der unschuldig Verurteilte wird eine geringe Strafe, zum Beispiel eine Geldstrafe wegen eines Bagatelldelikts, meist zähneknirschend hinnehmen, wohingegen er gegen eine mehrjährige, lebenslängliche oder sogar tödliche Strafe allen Anlass hat, gegen sie anzukämpfen. Auch wird nur bei Kapitalverbrechen überhaupt der Aufwand betrieben, Fälle nochmals neu aufzurollen und bereits ergangene Urteile erneut zu prüfen. So gesehen sind die hier dargestellten Fälle nur die Spitze des Eisbergs an Fehlurteilen.

Bedenken Sie, dass auf jeden nachträglich Freigesprochenen unzweifelhaft zahllose andere kommen, die – obwohl unschuldig – inhaftiert bleiben! Mit Blick auf die in diesem Buch zusammengetragenen Fälle, hinter denen immer auch menschliche Schicksale stehen, möchte ich dieses Buch mit einigen Reformvorschlägen für Maßnahmen, wie Justizirrtümer zukünftig verhindert werden könnten, abschließen.

Falsche Anklage

Nicht erst das Fehlurteil, sondern bereits die Anklage kann einen Unschuldigen zum Justizopfer machen. Monatelange Untersuchungshaft und eine öffentliche Hauptverhandlung können genauso den beruflichen und privaten Ruin bedeuten wie eine Verurteilung. Eine Anklageschrift ist schnell allein auf der Grundlage der polizeilichen Ermittlungsakte verfasst. Der Staatsanwalt erhebt Anklage, wenn er einen hinreichenden Tatverdacht bejaht und eine Verurteilung für wahrscheinlich hält. Bei dieser Einschätzung wird zulasten der Beschuldigten oft großzügig verfahren – eine altbekannte Weisheit der Staatsanwaltschaft lautet: »U-Haft schafft Rechtskraft.«

Der Fall Kachelmann

Als Jörg Kachelmann am 20. März 2010 mit seinem Gepäck auf dem Frankfurter Flughafen zum Ausgang strebte, sollten dies für mehrere Monate seine letzten Schritte in Freiheit sein. Er war soeben aus Vancouver zurückgekehrt, wo er die Olympischen Winterspiele für die ARD moderiert hatte. Zivilbeamte hatten sich unauffällig am Gepäckband, hinter der Zollabfertigung und auf dem Parkdeck, wo sein grauer Volvo stand, auf die Lauer gelegt. Sie beobachteten, wie ihm nach der Zollkontrolle seine spätere Ehefrau Miriam um den Hals fiel, und folgten dem Paar, das sich, umarmend und immer wieder küssend, in Richtung Parkhaus begab. Beide ahnten nicht, dass die Wiedersehensfreude nur von kurzer Dauer sein würde. 50 Meter vor seinem Volvo stellte sich einer der Beamten Jörg Kachelmann in den Weg und drückte ihm einen roten Haftbefehl in die Hand.

Der Grund für die Verhaftung: Die Radiomoderatorin Claudia D. hatte am Tag seines Abflugs nach Kanada Anzeige gegen Jörg Kachelmann erstattet. Sie beschuldigte ihn, sie in der Nacht vom 8. auf den 9. Februar 2010 in ihrer Wohnung in Schwetzingen mit einem Messer bedroht und vergewaltigt zu haben. Sie sei seit elf Jahren seine Lebensgefährtin und habe sich eine Heirat und gemeinsame Kinder gewünscht. Doch am Nachmittag des Tattages hatte sie in ihrem Briefkasten angeblich einen anonymen Brief gefunden, zusammen mit einer Fotokopie von zwei Flugtickets, die vom September 2008 stammten und auf Kachelmann und eine ihr unbekannte Frau ausgestellt waren. Die entscheidende Botschaft in dem Brief: »Er schläft mir ihr!« Als Kachelmann spät in der Nacht zu ihr gekommen sei, habe sie ihn sofort damit konfrontiert. Nach einem langen heftigen Streit habe sie die Beziehung für beendet erklärt und ihn gebeten, zu gehen. Da habe er ein Messer aus der Küche geholt, ihr an den Hals gehalten und sie vergewaltigt.

Kachelmann bestritt die Vorwürfe. Seine Version: Sie hatten an dem Abend Geschlechtsverkehr, aber der war einvernehmlich. Als sie anschließend gemeinsam auf dem Sofa saßen, hielt Claudia D. ihm den Brief mit den Flugscheinen vor, woraufhin er die Beziehung mit der anderen Frau einräumte. Als Reaktion darauf wollte Claudia D. die Trennung, was er verstand und akzeptierte. Kachelmann sah in der Anzeige die Rache einer gekränkten Frau.

In der Untersuchungshaftanstalt putzte Kachelmann als Hilfsreiniger die Toiletten seiner Mitgefangenen. Über die Haftbedingungen sagte er später in einem Interview: »Die Zelle war so, wie man es sich für einen Regimegegner in Nordkorea ausmalt. Sie müssen sich einfach allen Dreck, alle Scheiße im Klo und ganz viele Kakerlaken auf einmal vorstellen.«

Nach einer unter Richtern verbreiteten Faustformel sind schätzungsweise 50 Prozent aller Vergewaltigungen nach Beziehungsstreitigkeiten vorgetäuscht. Grund für eine solche Falschbeschuldigung ist in manchen Fällen eine nicht verschmerzte Trennung, in anderen eine Auseinandersetzung um Geld oder Sorgerecht. Die Vergewaltigungsanzeige wird dann aus Rache erstattet oder als perfides Mittel, um die eigene Rechtsposition zu verbessern. Das weiß jeder erfahrene Strafrechtler.

Damit kein Missverständnis aufkommt: Selbstverständlich dürfen behauptete Vergewaltigungen im Zusammenhang mit einer Trennung nicht von vornherein als vorgetäuscht abgetan werden. Genauso wenig aber darf der Angezeigte als Vergewaltiger vorverurteilt werden. Bei einer solchen Quote von Falschbeschuldigungen kann die Devise nur lauten, den Sachverhalt besonders genau zu prüfen.

Für den 36-jährigen Staatsanwalt Lars-Torben Oltrogge war die Causa Kachelmann sein bis dahin größter Fall. Ein großes Vergewaltigungsverfahren gegen einen Prominenten ist wie dafür geschaffen, sich zu profilieren – so einen medienträchtigen Fall bekommt man nicht alle Tage. Oltrogge glaubte von Anfang an vorbehaltlos Claudia D. Den Motiven zur Falschbeschuldigung, die sie als Betrogene gehabt haben könnte, schenkte er keinerlei Beachtung. Selbst als er sie beim Lügen ertappte, sah er keine Veranlassung, ihre Aussagen und damit ihre Anzeige kritisch zu hinterfragen. Dabei hatte Claudia D. in zwei entscheidenden Punkten die Unwahrheit gesagt: Eine Kopie der Flugtickets hatte sie schon ein halbes Jahr vor dem angeblichen Tattag bekommen. Und statt von einem anonymen Absender stammte der kompromittierende Brief von ihr selbst. Der Staatsanwalt bagatellisierte diese bewussten Falschaussagen mit seiner Einschätzung, sie würden nicht das Kerngeschehen betreffen.

Ich habe solche Vergewaltigungsfälle auch schon verhandelt. Es sind die schwierigsten überhaupt, da hier Aussage gegen Aussage steht. Ist der Angeklagte ein Vergewaltiger oder das vermeintliche Opfer in Wahrheit eine rachsüchtige Lügnerin? Vor diesem Hintergrund versucht man als Jurist besonders hartnäckig, stichhaltige Beweismittel zu finden, die eine der Aussagen stützen können. Doch die gab es im Fall Kachelmann nicht. Am angeblichen Tatort waren keine Spuren der behaupteten Vergewaltigung gefunden worden. An dem Küchenmesser, das der Moderator Claudia D. an den Hals gehalten haben soll, konnte das Landeskriminalamt weder Fingerabdrücke noch Genspuren von Kachelmann nachweisen. Eine gefundene Blutspur am Messer war so klein, dass sich nicht feststellen ließ, ob sie von einem Menschen oder einem Tier stammte. Möglich also, dass sie schlicht Rückstände von einem Stück Fleisch waren, das fürs Essen geschnitten und zubereitet worden war. Die Hämatome an den Oberschenkeln konnten Folge einer Vergewaltigung sein, aber ebenso gut auch selbst zugefügt.

Während auf der einen Seite keine Beweise für eine Vergewaltigung gefunden wurden, gab es auf der anderen Seite zumindest Hinweise darauf, dass der Anzeige eine Falschaussage zugrunde lag. Auf dem sichergestellten Laptop von Claudia D. wurden Fotos mit blauen Flecken gefunden. Diese legten durchaus den Verdacht nahe, dass sie vor der angeblichen Vergewaltigung mit Selbstverletzungen experimentiert hatte – und zwar, dem Datum der Fotos nach, bereits ein Jahr vor der Anzeige. Entsprechend sah der Rechtsmediziner in den Ritzungen, die der Angeklagte ihr mit dem Messer zugeführt haben sollte – je einen Schnitt an Bauch, Arm und Bein –, später mehrere Anhaltspunkte für Manipulationen.

Am 19. Mai 2010 erhob die Staatsanwaltschaft Mannheim Anklage gegen Jörg Kachelmann wegen Vergewaltigung in einem besonders schweren Fall in Tateinheit mit gefährlicher Körperverletzung. Kachelmann habe in der Nacht auf den 9. Februar 2010 die Geschädigte Claudia D. nach vorangegangenem Beziehungsstreit in ihrer Küche an den Haaren gepackt. Er habe sie mit einem Messer bedroht, ins Schlafzimmer geschoben und dort gegen ihren Willen ungeschützten Vaginalverkehr bis zum Samenerguss durchgeführt.

Die Anklage stützte sich im Wesentlichen auf die Aussage von Claudia D. Staatsanwalt Oltrogge wusste, dass er wenig mehr als die Belastungszeugin selbst aufzubieten hatte und es deshalb entscheidend auf ihre Glaubwürdigkeit ankommen würde. Deshalb gab er am 15. April 2010 ein Gutachten zur Glaubwürdigkeit seiner Zeugin in Auftrag. Doch wartete er das Ergebnis nicht ab, sondern erhob schon vor Eingang des Gutachtens Anklage.

Zwei Wochen nach Anklageerhebung lag das Gutachten der Bremer Psychologin Luise Greul vor. Sie kam zu dem Ergebnis, dass die Schilderung der Vergewaltigung »nicht die Mindestanforderungen an logischer Konsistenz, Detaillierung und Konstanz« erfülle. Das mutmaßliche Opfer könne die Tat selbst bei eingehender Befragung nur vage und oberflächlich wiedergeben, so Greul. Zudem würden Sachverhalte dargestellt, die »handlungstechnisch unwahrscheinlich bis unmöglich« seien.

Angesichts einer unglaubwürdigen Zeugin bei gleichzeitigem Fehlen jeglicher Beweise Anklage zu erheben, ist riskant bis leichtfertig. Am 29. Juli 2010 hob das Oberlandesgericht Karlsruhe den Haftbefehl gegen Kachelmann auf. Es bestehe kein dringender Tatverdacht mehr. Bei der Anzeigeerstatterin (wie es in der Juristensprache heißt) könnten Bestrafungs- und Falschbelastungsmotive nicht ausgeschlossen werden. Das Oberlandesgericht hielt es also für möglich, dass Claudia D. die behauptete Tat nur vorgetäuscht hatte. Die Brieflüge erschüttere auch den Wahrheitsgehalt ihres Vergewaltigungsvorwurfs. Aufgefallen war dem Gericht insbesondere, dass die Schilderungen der Zeugin zur Tat und dem Streit davor »wenig detailreich« waren, während sie von den Ereignissen vor dem Erscheinen Kachelmanns in ihrer Wohnung in aller Ausführlichkeit erzählt hatte. Kachelmann hatte bis zur Aufhebung des Haftbefehls vier Monate in Untersuchungshaft gesessen.

Das Landgericht Mannheim verhandelte vom 6. September 2010 bis zum 31. Mai 2011 an insgesamt 44 Verhandlungstagen. Kachelmann konnte es sich, im Gegensatz zu vielen anderen (fälschlich) Beschuldigten, leisten, drei Anwälte und fünf eigene Sachverständige zu seiner Verteidigung aufzubieten.

»Warum lügt sie so schlecht? Das treibt mich um, seit ich die Akten gelesen habe«, sagte Richter Joachim Bock über die Zeugenaussage von Claudia D. Gleichwohl wurde weiterverhandelt. Neun Monate lang versuchte das Gericht akribisch, Beweise für eine Schuld des Angeklagten zu finden. Eine derart langwierige Beweisaufnahme wäre nicht erforderlich gewesen – der Fall war nicht kompliziert. Insbesondere die Vernehmung von zehn Ex-Freundinnen des Wettermoderators (»Lausemädchen-Parade«) tat nichts zur Sache, denn keine war in der fraglichen Nacht dabei gewesen. Und nur über diese galt es zu urteilen. Auch konnte keine der Zeuginnen von körperlicher Gewalt Kachelmanns als Bestandteil des Liebesspiels berichten. Es gab keinen Grund, das

Sexualleben des Angeklagten in dieser Weise öffentlich auszuforschen. Das Gericht mag die Parallelbeziehungen zu den »Lausemädchen« für moralisch verwerflich halten, eine strafrechtliche Relevanz hatten sie nicht.

Die Staatsanwaltschaft hielt Jörg Kachelmann auch nach der Beweisaufnahme weiterhin für schuldig. Von der Ergebnislosigkeit der neunmonatigen Hauptverhandlung unbeeindruckt, beantragte sie eine Freiheitsstrafe von vier Jahren und drei Monaten. Die Verteidigung plädierte auf Freispruch. Am 31. Mai 2011 wurde Kachelmann freigesprochen. Es war ein Freispruch zweiter Klasse nach dem Grundsatz *in dubio pro reo* – im Zweifel für den Angeklagten. Das Landgericht war nicht von der Unschuld des Angeklagten überzeugt. Aber auch nicht von dessen Schuld. *Non liquet* (»Es ist nicht klar«) würde ein Zivilrechtler das nennen. Ein mittelloser Angeklagter, der sich keine guten Anwälte und keine Privatgutachter hätte leisten können, wäre womöglich nicht freigesprochen worden.

Am Ende haben alle verloren. Jörg Kachelmanns Ruf und seine Karriere als Fernsehmoderator war mehr als angekratzt. Er konnte seit seiner Verhaftung nicht mehr als ARD-Wettermoderator arbeiten, verlor Werbeverträge und musste seine Produktionsgesellschaft verkaufen. In dem ähnlich gelagerten Fall des früher beliebten Moderators Andreas Türck führte das gegen ihn geführte Strafverfahren trotz Freispruchs im Jahr 2005 zunächst zum Ende seiner Moderatorentätigkeit im Fernsehen, bevor er – über sieben Jahre später – im Dezember 2012 wieder für Pro Sieben ins Fernsehen zurückkehren konnte.

Dank des Freispruchs zweiter Klasse musste Kachelmann lange mit dem Stigma leben, ein potenzieller Vergewaltiger zu sein. Claudia D. schließlich muss damit leben, als rachsüchtige Lügnerin zu gelten. Und aus Rache jemanden der Vergewaltigung zu bezichtigen und mittels fingierter Briefe sowie selbst beigebrachter Verletzungen Beweise zu fälschen, setzt schon eine hohe kriminelle Energie voraus.

Der Kinderschänderring von der Tosa-Klause

Pascal war auf der Kirmes, als er das letzte Mal lebend gesehen wurde. Eine Budenbesitzerin schenkte dem Fünfjährigen mit dem blonden Stoppelschnitt und der Zahnlücke, der an diesem Nachmittag allein mit seinem gelb-blauen Kinderfahrrad unterwegs war, einen bunten Luftballon. Am Abend dieses 30. September 2001 kam Pascal nicht nach Hause – und blieb spurlos verschwunden.

Schon bald nach der Vermisstenmeldung wurde eine Sonderkommission »Hütte« eingerichtet. Eine groß angelegte Suchaktion blieb ergebnislos, kurz darauf beschuldigte die jüngere von Pascals Stiefschwestern die ältere, Pascal mit einer Schaufel erschlagen und ihr anschließend die Tat gestanden zu haben. Sie widerrief diese Aussage jedoch wenig später.

Ein Jahr lang kam die Soko der Aufklärung des Falles nicht näher. Dann auf einmal tauchte eine heiße Spur auf: Ein siebenjähriger, geistig zurückgebliebener Junge, von der Polizei später Kevin genannt, erzählte seiner Pflegemutter, er sei früher einmal sexuell missbraucht worden, und zwar zusammen mit dem verschwundenen Pascal. Den Beamten gegenüber behauptete er, eine Gruppe von Erwachsenen hätte sich in einer Bierkneipe an ihnen vergangen – in einer Kammer, in der neben den Bierkästen eine Liege stand.

Augenblicklich richteten sich die Ermittlungen der bis dahin erfolglosen Soko gegen die Wirtin der Tosa-Klause und ihre

Stammgäste. Die Polizei glaubte, einem Kinderschänderring auf der Spur zu sein.

Tatsächlich gestand bei den Vernehmungen eine der Beschuldigten, Andrea G., sie habe Pascal in die Kneipe gelockt, wo er von den Gästen mehrfach vergewaltigt und schließlich mit einem Kissen erstickt worden sei. Seine Leiche hätten sie in einer Kiesgrube verscharrt. Weitere Beschuldigte belasteten sich wechselseitig oder legten ebenfalls ein Geständnis ab.

Im Februar 2004 erhob die Staatsanwaltschaft Anklage gegen 13 Personen. Ihrer Ansicht nach war der sich heftig wehrende Pascal am 30. September 2001 in ein fensterloses Kämmerchen der Klause geschleppt worden, wo vier Männer ihn zum Analverkehr gezwungen hatten und alles sowohl fotografiert als auch auf Video aufgenommen worden sei. Die Wirtin Christa W. habe sich dafür jeweils 20 DM zahlen lassen. Schließlich, so die Staatsanwaltschaft weiter, töteten sie das blutende Kind, indem sie Pascals Kopf gewaltsam nach unten in ein Kissen drückten. Die Leiche hätten sie in einen blauen Müllsack verstaut und mit dem Auto in die besagte Kiesgrube gefahren.

Die Anklage beruhte allein auf den widersprüchlichen Geständnissen und Beschuldigungen der Angeklagten, die sie zum Teil längst widerrufen hatten. Trotz intensiver Ermittlungen wurde nicht ein einziger Sachbeweis für die angebliche Gräueltat gefunden. Auch die Leichensuche in der Kiesgrube blieb erfolglos, obwohl man einen Tornadojet mit Bodenradar und eine Polizeihundertschaft mit Leichenspürhunden einsetzte. Und obwohl die Spurensucher sogar die gesamte Holzverkleidung der Tosa-Klause abmontiert hatten, fanden sich dort keine DNA-Spuren von Pascal, kein Blut, keine Haare, nicht einmal Fasern seiner Kleidung. Nach den kriminaltechnischen Untersuchungen gab es also nicht den geringsten Anhaltspunkt dafür, dass Pascal jemals im Hinterzimmer der Tosa-Klause gewesen ist. Auch die angeblich bei der Tat gemachten Fotos oder Videoaufnahmen tauchten trotz ausgiebiger Wohnungsdurchsuchungen niemals auf. Auch nicht im Internet, der beliebtesten, weil leicht zugänglichen Pornografie-Quelle, wo das Bundeskriminalamt mithilfe automatischer Gesichtserkennungsprogramme nach ihnen gefahndet hatte. Auch das Fahrrad, mit dem Pascal am Tag seines Verschwindens unterwegs war, blieb verschollen.

Das Fehlen jeglicher Beweismittel hätte Anlass geben müssen, die Geständnisse einer kritischen Prüfung zu unterziehen, zumal die Angeklagten aus dem Trinkermilieu stammten und die Vermutung nahelag, dass sie leicht zu beeinflussen waren, besonders unter Vernehmungsdruck. Sachverständige attestierten ihnen Alkoholabhängigkeit, Persönlichkeitsstörungen und intellektuelle Minderbegabung. Ein Angeklagter unterlag ihrer Einschätzung nach einem krankhaften Zwang zur lügenhaften Übertreibung.

Trotzdem scheuten die Beamten der Soko »Hütte« nicht vor massiven Vorhalten und Suggestion zurück. So konfrontierten sie die Angeklagten zum Teil mit frei erfundenen Tatversionen, die sie nur nachzuplappern brauchten. Eine Mordanklage ohne einen einzigen Sachbeweis und auch ohne Leiche zu erheben, nur aufgrund von mehr als unzuverlässigen Geständnissen, ist mutig.

Das Verfahren gegen Peter S. wurde abgetrennt. Er hatte ausgesagt, Pascal und Kevin in dem Hinterzimmer sexuell missbraucht zu haben. Verteidigt wurde der geistig zurückgebliebene, schwer alkoholkranke Angeklagte nur von einem Arbeitsrechtler. In einem zweitägigen Schnellverfahren stellte das Gericht ihn schließlich vor die Alternative, entweder den sexuellen Missbrauch an Kevin zu gestehen und zu sieben Jahren Gefängnis verurteilt zu werden – oder wegen des Mordes an Pascal zu lebenslanger Haftstrafe. Er entschied sich für Ersteres und wurde entsprechend verurteilt.

Die Geständnisse der übrigen Angeklagten wurden teilweise schon vor Anklageerhebung, sämtlich aber in der Hauptverhandlung widerrufen. Ihre Verteidiger warfen der Polizei vor, bei den Verhören so viel Druck ausgeübt zu haben, dass die Beschuldigten schließlich alles zugaben.

Das Verfahren entwickelte sich zu einem Mammutprozess, der sich über drei Jahre hinzog. In 147 Verhandlungstagen wurden 294 Zeugen vernommen. Es endete im September 2007 mit Freisprüchen für alle Angeklagten. Damit korrigierte es den Justizirrtum, der in der Anklageerhebung gelegen hatte. Wenn nicht ein einziger Beweis für eine Tat vorhanden ist, spricht viel dafür, dass sich diese Tat nicht ereignet hat. Der Bundesgerichtshof verwarf die Revisionen der Staatsanwaltschaft.

Das Schicksal von Pascal bleibt ungeklärt. Von dem Jungen fehlt bis heute, 21 Jahre nach dem Verschwinden, jede Spur.

Massenhafter Kindesmissbrauch – die Wormser Prozesse

Die Vorwürfe klangen ungeheuerlich. 25 Personen aus Worms und Umgebung sollen Mitglieder eines Kinderpornorings gewesen sein und massenhaft Kindesmissbrauch betrieben haben. Die sogenannten Wormser Prozesse dauerten von 1993 bis 1997 und gingen in die Rechtsgeschichte ein. Vor allem, weil es sie niemals hätte geben dürfen.

Auslöser des Mammutprozesses war ein Scheidungsverfahren, in dem erbittert um das Sorgerecht gestritten wurde. Die Eltern kämpften mit allen Mitteln gegeneinander, schließlich auch mit dem gegenseitigen Vorwurf des sexuellen Kindesmissbrauchs. Die aufgebrachte Großmutter (väterlicherseits) der Kinder, die in den eskalierenden Streit involviert war, wurde vom Jugendamt wegen der Missbrauchsvorwürfe zum Verein Wildwasser Worms e. V. geschickt. Wildwasser-Vereine gibt es in zahlreichen deutschen Städten, alle haben es sich zur Aufgabe gemacht, Mädchen und Frauen vor sexualisierter Gewalt zu schützen – mit Information, Beratung und allgemeiner wie konkreter Aufklärungshilfe. Auf die Erzählung der Großmutter hin sah eine Wildwasser-Mitarbeiterin, die 42-jährige Religionspädagogin Ute P., dringenden Handlungsbedarf. Sie befragte die Kinder unter anderem mithilfe von anatomisch korrekten Puppen. Die Kinder spielten arglos mit den Puppen, deren lange Zungen und überdeutliche Geschlechtsteile genau in die vaginalen und analen Körperöffnungen hineinpassten. Wurde eine Kind-Puppe entsprechend mit einer Papa-Puppe zusammengesteckt, hatte das Kind nach Ansicht der Religionspädagogin damit seine eigene Vergewaltigung demonstriert. Es musste dann nur noch gefragt werden, wen die Papa-Puppe in Wirklichkeit darstellte. Dem schlossen sich noch weitere Fragen an: Wer war noch dabei? Wer ist sonst noch böse? Das jeweilige Kind zählte arglos auf, wer noch alles mit zur Familie gehörte oder wen es nicht mochte.

Nach den verhörähnlichen Befragungen der Kinder war Ute P. sich sicher, auf einen massenhaften Kindesmissbrauch gestoßen zu sein. Nicht nur das, ihrer Überzeugung nach waren die Taten auch fotografiert und gefilmt worden. Denn ein Kind hatte auf eine entsprechende Frage genickt. Ute P. war einem riesigen Kinderpornoring auf der Spur. Wildwasser schickte die Kinder zu einem Kinderarzt, der ebenfalls Anzeichen für Kindesmissbrauch sah.

Das reichte der Staatsanwaltschaft Mainz. Sie glaubte, den

größten Fall sexuellen Missbrauchs in Deutschland aufgedeckt zu haben. Insgesamt beschuldigte sie 25 Männer und Frauen, Pornofilme und -fotos mit 16 eigenen wie auch fremden Kindern gemacht zu haben. Sie alle wurden unter dem Tatverdacht des sexuellen Missbrauchs festgenommen. Ein Großteil der Kinder kam ins Heim. »Der Fall sprengt die Grenzen des Vorstellbaren«, so Oberstaatsanwalt Seeliger.

Eine Hauptverhandlung gegen 25 Angeklagte wäre organisatorisch nicht durchführbar gewesen. Deshalb spaltete das Landgericht Mainz diesen größten bisher da gewesenen Missbrauchsprozess in drei Teile auf, die nacheinander verhandelt wurden. Mit einem eindeutigen Ergebnis: Die vom Wormser Wildwasser-Verein erhobenen Beschuldigungen erwiesen sich als haltlos. So war ein Kind zur angeblichen Tatzeit noch gar nicht geboren. Und nach einigen der Aussagen hätten Eltern den sexuellen Missbrauch selbst dann noch verübt haben müssen, als sie bereits inhaftiert und die Kinder im Heim waren.

Nach den Glaubwürdigkeitsgutachten des Rechtspsychologen Max Steller waren die vielen, zum Teil sich widersprechenden Aussagen der Kinder durch Suggestion erzeugt worden und basierten nicht auf eigenen Erlebnissen. Kleine Kinder können noch nicht gut zwischen Selbsterlebten und Gehörtem unterscheiden. Zudem waren die Kinder im Vorfeld der Prozesse bis zu dreißigmal von Erwachsenen inquisitorisch befragt worden – von der Wildwasser-Mitarbeiterin, aber auch von Polizisten. Die Religionspädagogin hatte den Kindern das eingeredet, was sie von ihnen hören wollte. Auf diesen Druck reagierten sie mit noch mehr Fantasie. Überdies konnte die Polizei bei unangekündigten Hausdurchsuchungen keine Beweise finden, die auf sexuellen Missbrauch schließen ließen.

»Den Wormser Massenmissbrauch hat es nie gegeben«, sagte

der Vorsitzende Richter Lorenz bei der Urteilsverkündung. »Bei allen Angeklagten, für die ein langer Leidensweg zu Ende geht, haben wir uns zu entschuldigen.« Die Wormser Prozesse endeten mit 25 Freisprüchen. Von der ersten Verhaftung November 1993 bis zu den letzten Freisprüchen Juni 1997 in »Worms III« vergingen dreieinhalb Jahre.

Die Anklagen hätten nie erhoben werden dürfen. Die Staatsanwaltschaft war auf eine fachlich inkompetente Wildwasser-Mitarbeiterin hereingefallen, die normales kindliches Verhalten in Missbrauchssymptome umdeutete. Die unprofessionelle Kinderschützerin hatte in Verkennung ihrer eigentlichen Aufgabe versucht, Straftaten aufzudecken. Ihre Sexspiele mit anatomisch korrekten Puppen waren unter wissenschaftlichen Aspekten indiskutabel. Es hätte der Staatsanwaltschaft bereits zu denken geben müssen, dass bei zahlreichen unangekündigten Hausdurchsuchungen keine kinderpornografischen Aufnahmen gefunden worden waren – wenn ein angeblicher Kinderpornoring mit 25 Mitgliedern nicht ein einziges Kinderpornovideo besitzt, existiert er womöglich gar nicht. Auch den Befunden des mit Wildwasser verbundenen Kinderarztes hätte die Staatsanwaltschaft nicht ungeprüft glauben dürfen. Denn dieser besaß keine ausreichende Qualifikation zur Diagnose sexuellen Missbrauchs. Der Staatsanwaltschaft hätte auffallen müssen, dass er Missbrauch selbst dann »zweifellos« feststellte, wenn er ein Kind gar nicht untersucht hatte.

Ein weiterer Widerspruch im Tatvorwurf bestand darin, dass die um das Sorgerecht kämpfenden Eltern samt ihrer jeweiligen Familie, obwohl erbittert miteinander verfeindet, beim Kindesmissbrauch einvernehmlich zusammengewirkt haben sollen. Und schließlich waren die Tatvorwürfe in sich nicht stimmig: So sollen Kinder gemeinsam missbraucht worden sein, die einander nie be-

gegnet sein konnten, weil das eine bereits in einem Heim untergebracht war, als das andere überhaupt erst geboren wurde.

Die Folgen des Missbrauchsprozesses für die Angeklagten waren verheerend und auch durch die Freisprüche nicht mehr gutzu-
machen. Das Lebensglück unschuldiger Eltern wurde zerstört. Sie
waren beruflich und gesundheitlich ruiniert sowie gesellschaftlich geächtet. Unschuldige Eltern saßen bis zu 21 Monate hinter
Gittern. Unter dem Eindruck der Missbrauchsvorwürfe gingen
Ehen auseinander; Existenzen wurden zerstört, weil die Beschuldigten trotz Freispruch auf hohen Anwaltskosten sitzen blieben.
Die 70-jährige Großmutter, die auf Anraten des Jugendamts Wildwasser eingeschaltet hatte, starb noch in der Untersuchungshaft.
Die vorgeblich zu schützenden Jungen und Mädchen schließlich
verbrachten einen Teil ihrer Kindheit im Heim. Selbst nach den
Freisprüchen dauerte es eine Weile, bis sie zu ihren Eltern zurückkehren konnten. Sie waren durch wiederholte Vernehmungen und
Heimaufenthalte traumatisiert. Sechs Kinder kehrten überhaupt
nicht zurück, da sie völlig von den Eltern entfremdet worden waren. Ein Junge erkrankte im Heim an Diabetes und starb kurz nach
seiner Entlassung.

Der Seitenwechsel des Staatsanwalts

Er erstarrte, als er in die Mündung einer Pistole sah, die ein Polizist entsichert auf ihn richtete. Eine Zivilstreife hatte ihn ge-
stoppt, als er auf sein Grundstück fuhr. Kurze Zeit später rollte
ein Sondereinsatzkommando mit acht Fahrzeugen auf den Bauernhof nahe Stendal. Schwer bewaffnete Männer mit Schusswes-
ten umringten ihn, Handschellen klickten. Der Mann wurde festgenommen, ein Grund wurde ihm nicht mitgeteilt. Eduard Zim-

mermann verstand die Welt nicht mehr, denn er war Staatsanwalt. Normalerweise war er es, der dafür sorgte, dass Kriminelle in Untersuchungshaft kommen.

Eduard Zimmermann war wie sein Namensvetter, der die Sendung »Aktenzeichen XY ... ungelöst« moderiert hat, ein unnachgiebiger Verbrechensbekämpfer. Untersetzt, Halbglatze, gepflegter Schnurrbart und auffallende Krawatten waren sein Markenzeichen. Ursprünglich wollte er wie sein Großvater Polizist werden, aber man konnte ihm keine Stelle bei der Kriminalpolizei garantieren. Deshalb studierte der gebürtige Pfälzer Jura und wurde Staatsanwalt in Sachsen-Anhalt.

Während seiner Referendarzeit lernte er Sabine Schulze kennen (Name geändert). Sie war ausgesprochen attraktiv, aber seelisch labil und ohne familiäre Bindungen. Nachdem sie im Sommer 1997 zu Zimmermann nach Stendal gezogen war, wechselten sich Streitereien, Trennungen und tränenreiche Versöhnungen ab. Im Oktober 1998 wollte Zimmermann einen endgültigen Schlussstrich ziehen und forderte Sabine Schulze schriftlich zum Auszug auf. Als die gesetzte Frist von acht Tagen ergebnislos verstrichen war, eskalierte die Situation: Sie schlug ihm ins Gesicht, trat ihm in die Nieren und ging mit einem Messer auf ihn los. Er konnte sie aufgrund seines Körpergewichts niederringen. Am nächsten Morgen versöhnten sie sich wieder. Aber der Frieden währte nicht lange, denn Sabine Schulze erstattete Strafanzeige wegen Körperverletzung und Bedrohung. Kurz darauf erweiterte sie die Anzeige auf Vergewaltigung. Dieser Vorwurf führte schließlich zur Verhaftung von Eduard Zimmermann.

Zimmermann kam in Untersuchungshaft. Als Staatsanwalt zieht man den Hass der Mitgefangenen auf sich, immerhin sind die Anklageschriften von Männern wie Zimmermann für ihre Gefängnisstrafen verantwortlich. Dennoch sorgte sich niemand um die Sicherheit des einsitzenden Beamten. Im Dezember 1998 griff ein Mithäftling Zimmermann an. »Ich bring dich um!«, schrie er, während er auf ihn einprügelte. Zimmermann wurde schwer verletzt, er erblindete fast auf einem Auge.

Während die Monate der Untersuchungshaft ins Land gingen, erhob die ehemalige Lebensgefährtin immer abstrusere Beschuldigungen gegen Zimmermann. Er habe magische Kräfte und verhexe die Menschen. Er klaue überall Klopapier, sammele in seinem Büro DDR-Pornos und habe die Türklinken des Landgerichts mit lebensgefährlichen Viren verseucht. Zudem horte er in seinem Haus Waffen, die er gegen jeden einsetze, der sein Grundstück zu betreten versuche. Bei Untersuchungen in der Staatsanwaltschaft und im Landgericht Stendal wurden jedoch weder DDR-Pornos noch virenverseuchte Türklinken gefunden. Und trotz achtmaliger Durchsuchung fand man auf seinem Bauernhof auch keine Klopapierberge oder ein Waffenarsenal.

Am Rande hatte ich mit dem Fall als Ermittlungsrichter zu tun. Es ging um die Beschlagnahme einer Schreibmaschine der Anzeigeerstatterin, auf der sie die Strafanzeige geschrieben haben soll. Die dünne Akte hätte eigentlich die Alarmglocken bei der Staatsanwaltschaft schrillen lassen müssen. Die Protokolle von Sabine Schulzes Vernehmungen und ihre Briefe vermittelten das Bild einer psychisch gestörten Frau. Und es gab außer ihren Anschuldigungen keine objektiven Beweismittel für eine Vergewaltigung durch Zimmermann. Trotzdem erhob die Staatsanwaltschaft Dessau am 29. Dezember 1998 Anklage gegen ihren Kollegen. Das Landgericht Stendal beschloss am 9. April 1999 die Eröffnung des Hauptverfahrens und ordnete zugleich Fortdauer der Untersuchungshaft an.

Wenn Aussage gegen Aussage steht, wird bei Sexualdelikten oft ein Glaubwürdigkeitsgutachten eingeholt. Die in diesem Fall beauftragte Psychologieprofessorin bescheinigte Sabine Schulzes Aussagen uneingeschränkte Glaubwürdigkeit. Rolf Bossi, der Verteidiger von Zimmermann, griff das Gutachten an. Die Sachverständige sei schon 80 und habe mental bereits ein wenig abgebaut. Zudem habe sie Sabine Schulze nur sieben Stunden untersucht. Das Landgericht entband die Professorin und bestellte statt ihrer die Bremer Psychologin Dorothea Pierwoß. Verteidiger Bossi gelang es zusätzlich, Professor Reinmar du Bois bestellen zu lassen. Beide nahmen an der Hauptverhandlung teil und erhoben bald massive Zweifel an der Glaubwürdigkeit der Hauptbelastungszeugin. Du Bois diagnostizierte eine schizotype Persönlichkeitsstörung mit paranoidem Einschlag. Sie habe als Jugendliche unter einem Identitätsproblem gelitten. Durch die Beziehung zu Zimmermann habe sie ihre Identität neu definieren können, doch die Trennung habe sie dieser Identität wieder beraubt und sie in ein tiefes Loch fallen lassen. Erst ihre Rolle als Hauptbelastungszeugin im Strafverfahren habe ihrer Persönlichkeit wieder Halt gegeben. Beide Sachverständige kamen zum gleichen Ergebnis: Die Aussagen von Sabine Schulze waren nicht glaubhaft.

Der Prozess schleppte sich vom 22. April 1999 bis zum 18. August 2000 über 64 Sitzungstage dahin. Dann wurde Eduard Zimmermann freigesprochen. Für die erlittene Untersuchungshaft erhielt er eine Entschädigung.

Der seelisch tief verletzte Zimmermann war auf dem einen Auge fast blind, das andere war inzwischen durch Überbeanspruchung geschädigt. Obwohl er wieder als Staatsanwalt in Stendal arbeitete, musste er einen Karriereknick hinnehmen. Niemand der Beteiligten hat sich bei ihm entschuldigt. Er starb im Jahr 2013 im Alter von 48 Jahren. Ich habe ein paar Monate vor seinem Tod mit ihm telefoniert. Zimmermann hatte die Sache noch nicht verwunden.

Dieser Fall zeigt in erschreckender Weise, wie schnell jemand unschuldig ins Gefängnis kommen kann und wie lange die Justiz braucht, um einen Irrtum zu erkennen und zu korrigieren – und dies sogar bei ihren eigenen Mitarbeitern. Das Anzeigeverhalten von Schulze bot von Anfang an zahlreiche Anhaltspunkte für eine psychische Krankheit. Wäre man diesen nachgegangen, hätte es gar nicht erst zur Anklage kommen dürfen.

Aussageerpressung –
wenn die Aussage auf Folter,
Drohung oder Täuschung beruht

Zur Erzielung von Geständnissen darf weder Folter noch Drohung oder Täuschung angewandt werden. Dies gebieten die Achtung der Menschenwürde sowie die Rechtsstaatlichkeit. In Deutschland sind die verbotenen Vernehmungsmethoden in § 136a Strafprozessordnung normiert. Ein Geständnis hat nur vollen Beweiswert, wenn es ohne Androhung oder gar Anwendung physischer oder seelischer Gewalt zustande gekommen ist. Ansonsten besteht die Gefahr, dass der Beschuldigte unter der Anwendung verbotener Vernehmungsmethoden Taten gesteht, die er gar nicht begangen hat. Die Inquisitionsverfahren im Mittelalter haben bewiesen, dass durch Folter jedes gewünschte Ergebnis erreicht werden kann.

Obwohl diese dunklen Zeiten lange vorbei sind, gibt es auch heute noch Fälle, in denen Geständnisse aufgrund von Ermüdung, Täuschung oder Folter erzwungen wurden. Und der Mordfall Jakob von Metzler, bei dem der Kindermörder Markus Gäfgen unter Androhung von Gewalt dazu gezwungen werden sollte, das Versteck des entführten Jungen preiszugeben, zeigte, dass es auch heutzutage in Deutschland noch Polizeipräsidenten gibt, die Folterdrohung als legitimes Mittel der Wahrheitsfindung ansehen.

Geständiger Muttermörder – der Fall Peter Reilly

Blutüberströmt und mit durchschnittener Kehle lag seine Mutter im Schlafzimmer. Der 17-jährige Peter Reilly war soeben von einem Jugendklub in einer Kirche nach Hause gekommen. Sie lag halb nackt in einer Blutlache und hatte zahlreiche Stichwunden. Ihre Nase, drei Rippen und beide Oberschenkelknochen waren gebrochen. In ihrer Vagina steckte eine Flasche. Sie lebte noch, keuchte und kriegte kaum Luft. Entsetzt stürzte Peter Reilly zum Telefon und rief einen Krankenwagen. Als die Sanitäter eintrafen, war Barbara Gibbons tot.

Der Leutnant vor Ort nahm Peter Reilly an diesem 28. September 1973 in Connecticut mit auf die Wache. Obwohl keine Blutflecken an ihm gefunden wurden, machte er ihn für die Ermordung seiner Mutter Barbara Gibbons verantwortlich. Er unterstellte ihm einen Ödipuskomplex, aufgrund dessen er die 51-jährige Mutter umgebracht habe. Der Teenager wurde über 24 Stunden festgehalten – ohne Schlaf, Essen und Verteidiger – und dabei zehn Stunden lang verhört.

Der erst 17-Jährige hatte eine unreife Persönlichkeit und ein mangelndes Selbstbewusstsein. Isoliert von Eltern und Freunden, allein im Polizeirevier, war er den gerissenen Vernehmungsbeamten nicht gewachsen. Sie sagten ihm wahrheitswidrig, sie hätten Beweise, dass er seine Mutter umgebracht habe. Leugnen sei zwecklos. Ihm wurde eingeredet, er hätte ein psychisches Problem. Nur deshalb, so suggerierten sie ihm, könne er sich nicht daran erinnern, dass er seine Mutter so zugerichtet hatte. Wenn er es zugeben würde, käme er für drei Monate in psychiatrische Behandlung, mehr würde ihm nicht passieren.

Die vernehmenden Beamten gingen sogar noch weiter. Sie erklärten ihm, er habe während der Tat einen Blackout gehabt, und forderten ihn auf, sich vorzustellen, wie er die Tat begangen haben könnte. Peter Reilly hatte seinen Vater nie kennengelernt; offenbar sah er in dem Hauptvernehmer eine Vaterfigur, der er vertrauen konnte. Und so begann er, über den Tathergang zu spekulieren, wurde darin von dem »väterlichen« Vernehmer bestärkt – und war am Schluss selbst der Überzeugung, den Mord begangen zu haben. Schließlich unterschrieb Reilly ein Geständnis. Er gestand darin, direkt nach dem Nachhausekommen seiner Mutter die Kehle durchgeschnitten und dann einen Krankenwagen gerufen zu haben.

Hätte Peter Reilly einfach von seinem Schweigerecht Gebrauch gemacht, wäre es nicht zu einer Anklage gekommen. Es gab weder Beweismittel noch Augenzeugen für einen von ihm begangenen Mord. Im Strafprozess wurde ihm dann sein Geständnis vor der Polizei zum Verhängnis. Das Gericht verurteilte ihn wegen Totschlag zu sechs bis 16 Jahren Haft. Die Differenz bedeutet: Wie lange genau er im Gefängnis bleiben musste, würde von seiner Führung abhängen.

Fünf Jahre saß Reilly ab, bevor es zu einer Wiederaufnahme des Falles kam. Nachdem der Staatsanwalt an einem Herzinfarkt gestorben war, wurden in seinen Akten die eidesstattlichen Aussagen zweier Alibizeugen entdeckt. Ein Polizist und seine Frau hatten Peter Reilly zum Zeitpunkt der Ermordung seiner Mutter fünf Meilen von zu Hause entfernt gesehen. Die Aussage war, obwohl sie sich in den Akten befand, nicht in den Prozess eingeführt worden. Es wurde außerdem ein neues Gutachten angefertigt, nach welchem Reilly unmöglich seine Mutter erstochen haben konnte, ohne irgendwelche Blutspritzer abzubekommen.

Reilly wurde freigesprochen. Der Mord an Barbara Gibbons wurde nie aufgeklärt.

Durch Foltern zum Geständnis – die Guildford Four

Die erste Bombe detonierte um 20:30 Uhr. Ein gleißend heller Lichtblitz zerriss die Nacht, gefolgt von einem ohrenbetäubenden Krachen. Die Vorderfront des Pubs Horse and Groom im englischen Guildford explodierte und ließ Glassplitter und Trümmer auf den Gehweg niederprasseln. Die Sechs-Pfund-Bombe auf Nitroglyzerinbasis hatte eine verheerende Wirkung. Sie tötete vier Soldaten und einen Zivilisten. 65 weitere Menschen wurden teils schwer verletzt. Der Pub in Guildford war insbesondere bei britischen Soldaten beliebt. Unmittelbar nach dem Anschlag wurden andere Pubs in Guildford evakuiert. Als eine zweite Bombe um 21 Uhr im Pub Seven Stars detonierte, gab es deshalb keine weiteren Schwerverletzten.

Etwa zwei Monate nach den Bombenanschlägen vom 5. Oktober 1974 verhaftete die Polizei die Nordiren Gerad Conlon und Paul Hill. Aufgrund des gerade erlassenen Prevention of Terrorism Act (Antiterrorgesetz) konnte die Polizei Terrorverdächtige bis zu sieben Tage auch ohne Haftbefehl festhalten. Hill und Conlon wurden unter Anwendung tagelanger Folter Geständnisse abgepresst. Die Folter erstreckte sich von Gewaltandrohung über Schlaf- und Nahrungsmittelentzug bis hin zu einer Scheinhinrichtung. Hill wurde außerdem mit Handschellen gefesselt auf einen Stuhl gesetzt, dann schlug einer der Polizisten derart kräftig zu, dass Hill mitsamt dem Stuhl umkippte. Paul Hill schrieb später in seiner Autobiografie: »Schließlich gestand ich, mit den Nerven am Ende. Ich hätte in alles eingewilligt, nur um endlich in Ruhe gelassen zu werden.«

Die Polizisten setzten ein Geständnis auf, das Hill dann unterschrieb. Aufgrund seiner Aussagen wurden noch Patrick Armstrong und dessen englische Freundin Carole Richardson verhaftet. Die vier Beschuldigten wurden später als Guildford Four bekannt.

Die Guildford Four wurden wegen der beiden Bombenanschläge vor dem Old Bailey (dem zentralen Strafgerichtshof in London) angeklagt. Die Angeklagten widerriefen zu Prozessbeginn ihre Geständnisse mit der Begründung, sie seien durch Folter erzwungen worden. Die Vernehmungsbeamten bestritten jedoch unter Eid die Anwendung von Gewalt.

Drei Angeklagte konnten Alibis für den Tatzeitraum der Guildford-Anschläge angeben. Keiner der Überlebenden erkannte einen der Guildford Four als Bombenleger wieder. Die Beweisaufnahme ergab weder die Angeklagten belastende Zeugenaussagen noch sonstige objektive Beweise. Ferner gab es keinen Nachweis für eine Zugehörigkeit der Guildford Four zur IRA, die damals für eine Anschlagsserie verantwortlich war. Der Richter verurteilte die vier trotzdem jeweils zu lebenslanger Freiheitsstrafe. Der Schuldspruch beruhte allein auf den erzwungenen Geständnissen der vier Angeklagten.

Eine Berufung der Guildford Four wurde zurückgewiesen, obwohl sich die IRA inzwischen zu den Bombenanschlägen bekannt hatte. Ihre Balcombe Street Gang hatte diese und weitere Anschläge in London und Umgebung verübt.

Erst 1987 wurde der Fall durch eine vom britischen Innenministerium eingesetzte Kommission neu untersucht. Dieser fiel neben weiteren Ungereimtheiten auf, dass es in den Akten eine maschinenschriftliche Vorlage für Armstrongs handschriftliches Geständnis gab. Es war offensichtlich fingiert worden. Außerdem fand sich in den Akten Colons Alibi, das von der Polizei zurückgehalten worden war.

Die Verurteilungen der Guildford Four wurden 1989 aufgehoben und die drei Männer und die Frau aus der Haft entlassen. Bei ihrer Inhaftierung waren sie zwischen 17 und 25 Jahre alt gewesen. Jeder der vier hatte 15 Jahre unschuldig im Gefängnis gesessen und dadurch seine Jugend verloren. Gerad Conlon sagte nach seiner Entlassung: »Wenn es eine Hölle gibt, dann ist es, im Gefängnis zu sitzen und zu wissen, dass man unschuldig ist.«

Die Guildford Four waren kein Einzelfall, wie die ähnlich gelagerten Fälle der Birmingham Six, Maguire Seven und Tottenham Three zeigten. Im Kampf gegen den Bombenterror der IRA schien der britischen Polizei damals jedes Mittel recht.

Foltern wie in »Schurkenstaaten« – der Fall Aaron Patterson

Plötzlich ging das Licht aus. Dem 21-jährigen Aaron Patterson wurde eine Schreibmaschinenabdeckung über den Kopf gezogen, gleichzeitig schlug jemand mit der Faust gegen seine Brust. Panisch zerrte er an seinen Handschellen, die an einem Ring an der Wand befestigt waren. In Todesangst schnappte er nach Luft. Die Prozedur wurde wiederholt. Die Männer schrien ihn an, er solle gestehen, sonst würde ihm etwas Schlimmeres passieren. Sie werden mich hier töten, dachte Patterson. Anschließend beantwortete er jede Frage zu dem ihm angelasteten Doppelmord mit: »Was immer Sie sagen.«

Dem Afroamerikaner wurde die Ermordung des älteren Ehepaares Sanchez 1986 vorgeworfen. Er sollte sie erstochen und ausgeraubt haben. In Verdacht geraten war er angeblich durch die Aussage der 16-jährigen Marva Hall, die angab, Patterson habe zwei Tage nach der Tat versucht, ihr eine bei den Sanchez geraubte Schrotflinte zu verkaufen. Im Übrigen gehörte Aaron Patterson als

Anführer einer örtlichen Jugendbande zu den üblichen Verdächtigen.

Nachdem er die Tat, die er nicht begangen hatte, »gestanden« hatte, ließen ihn die Polizisten alleine im Vernehmungszimmer zurück. Mit einer Büroklammer ritzte Patterson (auf Englisch) eine Botschaft in die Bank: »Aaron 4/30. Ich habe hinsichtlich der Morde gelogen. Polizisten drohten mir mit Gewalt. Schlugen mir ins Gesicht und erstickten mich fast mit Plastik. Kein Anwalt oder Vater. Durfte nicht telefonieren. Habe falsches Geständnis unterschrieben.«

Es gab keine objektiven Beweise gegen Patterson. Am Tatort sichergestellte Fingerabdrücke stammten nicht von ihm. Das Messer wurde nie gefunden. Seine frühere Freundin gab ihm ein Alibi. Belastet wurde er einzig durch die Aussage der 16-jährigen Marva Hall.

Dennoch verurteilte das Gericht Aaron Patterson 1989 wegen der Ermordung des Ehepaars Sanchez zur Todesstrafe und begründete dies hauptsächlich mit dem vor der Polizei abgegebenen Geständnis. Dessen Widerruf und das Zustandekommen durch Folter blieben unbeachtet.

Marva Hall widerrief nach der Verurteilung Pattersons ihre Zeugenaussage. Der Staatsanwalt hätte Druck auf sie ausgeübt, damit sie Patterson belaste. Sie habe Angst gehabt, ins Gefängnis zu müssen. »Es war, als ob ich von einem Blatt Papier abgelesen hätte«, sagte sie über ihre Zeugenaussage. Patterson hatte zwar versucht, ihrem Onkel eine Schrotflinte zu verkaufen, aber das war zwei Wochen *vor* dem Raubüberfall auf das Ehepaar gewesen.

Trotzdem blieben sämtliche Rechtsmittel Pattersons erfolglos.

Im Laufe der Jahre verdichteten sich die Hinweise auf systematische Folter im Chicagoer Polizeirevier unter der Leitung von

Jon Burge. Er und seine Männer waren berüchtigt für die Anwendung von Folter zur Erpressung von Geständnissen. Dabei benutzten sie Foltermethoden, die wenige Spuren hinterließen. Häufig wurde ein elektrischer Viehtreiber eingesetzt. Geständnisse wurden aus den Beschuldigten herausgeprügelt. Auch wurden Scheinhinrichtungen mit über den Kopf gestülpten Plastiktüten durchgeführt – Vorgänge, die man in zivilisierten Staaten nicht vermuten würde.

Gouverneur George Ryan ließ schließlich die Fälle sämtlicher Todestraktinsassen in Illinois untersuchen. Am 10. Januar 2003 begnadigte Ryan vier Männer, darunter auch Aaron Patterson, wegen erwiesener Unschuld. Ihre Geständnisse und andere Informationen waren nachweislich unter Folter erlangt worden. Aaron Patterson hatte 17 Jahre unschuldig in der Todeszelle gesessen.

Erstaunlich an diesem Fall ist, dass der Justiz das systematische und jahrelange Erfoltern von Geständnissen in dem Chicagoer Polizeirevier nicht aufgefallen war. Wenn Geständnisse regelmäßig unter Hinweis auf Folter widerrufen werden, sollte das einem Staatsanwalt und später dem Richter zu denken geben. Stattdessen wurden die Geständnisse trotz Widerrufs immer wieder ungeprüft als Verurteilungsgrundlage verwertet.

Falsche Beschuldigungen

Das Phänomen von Falschbeschuldigungen ist leider vor allem bei Vergewaltigungen sehr verbreitet. Praktisch tätige Juristen schätzen, dass 30 bis 50 Prozent dieser Anzeigen fingiert sind. Hintergrund ist oft eine Trennung oder Scheidung; die Anzeige einer Sexualstraftat wird dann bewusst als Waffe eingesetzt, um beispielsweise bei einem Sorgerechtsstreit die besseren Karten zu haben. Manchmal leiden die Anzeigeerstatterinnen unter psychischen Störungen und wollen dadurch Aufmerksamkeit erreichen. Oder die Anzeige wird schlicht aus Rache erstattet.

Die Vergewaltigung ist für falsche Beschuldigungen das ideale Delikt, da sie leicht vorgetäuscht werden kann, es im Normalfall keine Zeugen gibt und sie auch nicht zwingend nachweisbare Verletzungen hinterlässt. Allein durch die schlichte Behauptung einer Vergewaltigung kann der Beschuldigte für Jahre hinter Gitter gebracht werden. Diese missbräuchlichen Anzeigen schaden natürlich auch den tatsächlich vergewaltigten Frauen. Vor Gericht haben sie einen umso schwereren Stand, je häufiger sich Vergewaltigungsvorwürfe als vorgetäuscht herausstellen – was für die Opfer solch eines Verbrechens unerträglich ist.

Die Falschbeschuldigung wird zum Fehlurteil, wenn die Aussage der Anzeigeerstatterin nicht kritisch hinterfragt, sondern ungeprüft hingenommen wird. Richter scheuen verständlicherweise davor zurück, eine geschundene Frau durch eine hartnäckige Vernehmung ein zweites Mal zu traumatisieren. Gleichwohl muss eine solche schwerwiegende Anzeige genau geprüft werden. Für die meist männlichen Justizopfer wirkt sich ein gegenstandsloser Vergewaltigungsvorwurf nämlich verheerend aus. Denn über die zu erwartende langjährige Gefängnisstrafe hinaus ist man gesellschaftlich geächtet. Niemand will etwas mit einem potenziellen Vergewaltiger zu tun haben.

Mobbing unter Lehrern – der Fall Horst Arnold

Am 28. August 2001 drückte der 43-jährige Sport- und Biologielehrer Horst Arnold seine 13 Jahre jüngere Kollegin während einer Schulpause im Biologie-Vorbereitungsraum von hinten gegen den Arbeitstresen und hielt ihr mit der linken Hand den Mund zu. Er boxte ihr in den Rücken und trat ihr gegen die Wade. Mit der rechten Hand zog er sich Trainings- und Unterhose herunter. Dann hob er den knöchellangen Wickelrock von Heidi K. hoch, schob ihren Slip zur Seite und drang mit seinem erigierten Glied in ihren After ein.

So jedenfalls schilderte Heidi K. die Vorkommnisse, als sie Arnold wegen Vergewaltigung anzeigte. Am angeblichen Tattag war sie später noch mit Kollegen Pizza essen. Zwei Tage danach bei einer Routineuntersuchung durch die Amtsärztin sagte Heidi K. nichts von einer Vergewaltigung, und diese bemerkte auch keine Anzeichen dafür. Eine Woche nach der angeblichen Vergewaltigung suchte K. ihre Frauenärztin auf, die alte Kratzwunden und Blutergüsse, aber keine vaginalen oder analen Verletzungen feststellte.

Der Beschuldigte war übergewichtig, galt als aufbrausend und hatte ein Alkoholproblem. Die 30-jährige Heidi K. galt dagegen als attraktiv und charmant. Sie unterrichtete seit drei Wochen an der hessischen Gesamtschule und strebte eine Verbeamtung an.

Arnold kam in Untersuchungshaft. In der Hauptverhandlung wiederholte Heidi K. weinend ihre Aussage vor der Polizei, während Arnold die Tat abstritt. Mangels Beweise stand also Aussage gegen Aussage. Das Landgericht Darmstadt verurteilte Arnold am 24. Juni 2002 wegen Vergewaltigung in Tateinheit mit Körperverletzung und Nötigung zu einer Freiheitsstrafe von fünf Jahren. Die Verurteilung stützte sich allein auf die Aussage von Heidi K. Die Revision wurde vom Bundesgerichtshof verworfen. Auch hat man Arnold übliche Vergünstigungen, wie vorzeitige Entlassung nach Verbüßung von zwei Dritteln der Strafe, verweigert, weil er weiterhin seine Unschuld beteuerte und keine Reue zeigte. So verbüßte Horst Arnold die Freiheitsstrafe vollständig. Währenddessen wurde Heidi K. zur Konrektorin befördert.

Als Arnold im Oktober 2006 nach 1800 Tagen hinter Gittern entlassen wurde, war er am Ende. Er war sofort nach dem Urteil als Lehrer entlassen worden und lebte fortan von Hartz IV. Seine Versuche, außerhalb des Schuldienstes eine Arbeit zu finden, scheiterten, da niemand einen vorbestraften Vergewaltiger einstellen wollte. Sein Haus hatte er verkaufen müssen, weil er kein Lehrergehalt mehr bekam und Anwalts- und Gerichtskosten von über 40 000 Euro bezahlen musste. Deshalb musste er wieder zu seinen Eltern ziehen. Verwandte und Freunde hatten sich längst von ihm abgewandt.

Ausgerechnet eine Frauenbeauftragte brachte die Wende in dem Fall. Anja K. hatte Heidi K. seinerzeit zu dem Vergewaltigungsprozess begleitet und den Kontakt danach aufrechterhalten. Erst nachdem Arnold seine Freiheitsstrafe bereits vollständig verbüßt hatte, kamen ihr die Opfergeschichten der Bekannten immer unrealistischer vor. So erzählte Heidi K., ihr Lebensgefährte sei durch einen Kopfschuss getötet worden. Dann habe man sie an der Schule vergiften wollen, und den ermittelnden Polizisten habe jemand heimtückisch ermordet. K. kam ins Grübeln: Wenn diese unglaubwürdigen Opfergeschichten nicht stimmten, stimmte möglicherweise auch die Vergewaltigungsgeschichte nicht. Daher wandte sie sich 2007 hilfesuchend an ihren Bruder Hartmut Lierow, einen Berliner Rechtsanwalt. Obwohl er überwiegend Zivilfälle bearbeitete, begann er zu ermitteln. Dabei fiel ihm als Erstes auf, dass Heidi K. auffallend häufig die Schule gewechselt hatte. An früheren Schulen galt sie als notorische Lügnerin, war gar als »Märchentante« verschrien.

Lierow erreichte eine Wiederaufnahme des Verfahrens, und im Sommer 2011 wurde eine neue Hauptverhandlung durchgeführt. In dieser gewann das Gericht bald das Bild einer Frau, die dazu neigt, immer dann die Unwahrheit zu sagen, wenn sie sich Vorteile davon verspricht. Am 5. Juli 2011 sprach das Landgericht Kassel Horst Arnold nachträglich frei. Das Gericht war davon überzeugt, dass Heidi K. es auf die Biologielehrerstelle von Arnold abgesehen und daher die Vergewaltigung erfunden hatte.

Der Freispruch wurde rechtskräftig, nachdem der Bundesgerichtshof im Februar 2012 eine Revision von Heidi K. verwarf. Dem ehemaligen Lehrer nützte diese späte Einsicht der Justiz nichts. Die Freiheitsstrafe war voll verbüßt, sein Haftentschädigungsantrag wurde bis zu seinem Tod nicht beschieden, auch eine Wiedereinstellung als Lehrer wurde ihm verweigert. Das Fehlurteil hatte sein Leben zerstört. Das wäre vermeidbar gewesen, hätte das Landgericht Darmstadt sich intensiver mit der Glaubwürdigkeit der Anzeigeerstatterin befasst.

Horst Arnold erlag am 29. Juni 2012 im Alter von 53 Jahren einem Herzversagen. Der Stress durch die zu Unrecht erfolgte Verurteilung, die fünfjährige Inhaftierung und die Frustration durch die erfolglosen Rehabilitierungsversuche dürften zu einem tödlichen Herzinfarkt geführt haben.

Den Prozess gegen Heidi K. erlebte Arnold nicht mehr. Die Staatsanwaltschaft warf K. vor, es sei ihr darum gegangen, Arnold ins Gefängnis zu bringen, indem sie bei Vernehmungen und vor Gericht falsche Verdächtigungen gegen ihn erhob. Die Vergewaltigung habe nie stattgefunden.

Das Landgericht Darmstadt verurteilte Heidi K. am 13. September 2013 wegen schwerer Freiheitsberaubung in mittelbarer Täterschaft zu einer Freiheitsstrafe von fünf Jahren und sechs Monaten.

Amelie – die manipulative Jungfrau

Nach einem heftigen Streit mit ihrem Vater hielt es die 18-jährige Amelie nicht mehr im Elternhaus aus; sie zog zu den Großeltern. Nach einem Selbstmordversuch wegen einer unglücklichen Liebe kam sie in die Jugendpsychiatrie. »Ich will nicht hierbleiben. Ich will nach Hause, und mein Vater soll weg!«, schimpfte sie.

Am 8. November 1994 zeigte sie ihren Vater Adolf S. wegen zehnfacher Vergewaltigung an. Zusätzlich beschuldigte sie ihn, einen Abtreibungsversuch mit einem Kleiderbügel an ihr vorgenommen zu haben.

In der Psychiatrie wurden an Amelie ältere Blutergüsse an Brüsten und Schenkeln entdeckt. Diese erklärte sie mit Vergewaltigungsversuchen durch ihren Onkel Bernhard M. Auch dieser habe sie vergewaltigt – insgesamt viermal.

In der Psychiatrie zeigte die junge Frau Verhaltensauffälligkeiten. Sie fügte sich mit Glasscherben, Rasierklingen oder Spritzen blutende Wunden zu, schrieb Abschiedsbriefe, beging weitere Suizidversuche, trank Alkohol und nahm wahllos Tabletten.

Das Landgericht Osnabrück verurteilte Adolf S. am 31. März 1995 zu einer Freiheitsstrafe von sieben Jahren. Die Verurteilung erfolgte nur aufgrund der Aussage von Amelie. Es gab keine Geständnisse, andere Tatzeugen oder objektive Beweise. Die gleiche Kammer verurteilte auch den Onkel Bernhard M. am 29. Januar 1996 zu vier Jahren und sechs Monaten Freiheitsstrafe. Der Bundesgerichtshof verwarf in beiden Fällen die Revision. Ein Wiederaufnahmeantrag von M. wurde als unzulässig verworfen. Beide Verurteilten verbüßten ihre Freiheitsstrafe vollständig.

Amelie unternahm weitere Suizidversuche. Nach wiederholten Psychiatrieaufenthalten und Entgiftungskuren lebte sie schließlich in einem Haus für betreutes Wohnen. Einen Beruf erlernte sie nicht, ihre psychiatrische Behandlung dauerte an.

Erst ein Artikel in der *Zeit* 2002 brachte eine Wende des Falles. Die Reporterin Sabine Rückert hatte recherchiert und behauptete einen doppelten Justizirrtum. Die Justiz zeigte sich entrüstet, ließ jetzt aber zähneknirschend eine Wiederaufnahme beider Fälle zu. Rückert hatte zusammen mit dem neuen Verteidiger Johann Schwenn (der übrigens auch Jörg Kachelmanns Freispruch erwirkte) eine Reihe von Wiederaufnahmegründen zusammengetragen. Diese waren allerdings nur im Rechtssinne neu. Erkennbar gewesen waren sie auch schon zur Zeit der beiden Verurteilungen.

- Bei Amelie wurde eine emotional instabile Persönlichkeitsstörung vom Borderline-Typus diagnostiziert. Borderline-Patienten neigen zum Lügen und zum Manipulieren ihrer Umwelt.
- Amelie war trotz 14 angeblichen Vergewaltigungen und ei-

nem Abtreibungsversuch mit einem Kleiderbügel immer noch Jungfrau. Der rechtsmedizinische Gutachter bezeichnete es daher als unmöglich, dass diese Ereignisse stattgefunden haben konnten.

- Bernhard M. war seit einer schweren Hirnentzündung im Säuglingsalter impotent. Er konnte keine stabile Erektion bekommen und hatte noch nie mit einer Frau geschlafen. Deshalb konnte er die ihm zur Last gelegten Vergewaltigungen nicht begangen haben.

- Amelie hatte vor der Verhaftung des Onkels dem Therapieteam in einem Brief gebeichtet, die Beschuldigungen gegen den Onkel seien gar nicht wahr.

- Als Amelie eine Schwangerschaft von ihrem Vater vortäuschte, um ihn von weiteren Vergewaltigungen abzuhalten, dem angeblich die Abtreibung mit dem Kleiderbügel folgte, lag der letzte von ihr behauptete Geschlechtsverkehr 19 Monate zurück. Schwangerschaften dauern aber neun Monate.

- Der Rechtsmediziner erkannte die an Amelie gefundenen Blutergüsse als typische Selbstverletzungen. Sie hatte zudem Blutgerinnungsmittel genommen, damit die Hämatome dramatischer aussahen.

- Der 110 Kilogramm schwere Bernhard M. konnte die 90 Kilo schwere Amelie wegen der beengten Platzverhältnisse nicht auf dem Beifahrersitz eines Kleinwagens vergewaltigt haben.

Bernhard M. wurde am 14. Dezember 2005 wegen erwiesener Unschuld freigesprochen. Bei der Urteilsbegründung sagte der Vorsitzende zum Angeklagten: »Ihr Schicksal hat uns erschüttert.« Bernhard M. hatte 1642 Tage im Gefängnis gesessen. Durch seine Verurteilung und die Inhaftierung erlitt er eine posttraumatische

Belastungsstörung und lebte in einem betreuten Wohnheim. Am 2. Oktober 2006 wurde auch Adolf S. freigesprochen.

Das Landgericht Osnabrück war bei den beiden Verurteilungen auf die Fabulierkunst einer Borderline-Patientin hereingefallen. Dabei waren ihre psychische Störung und die zahlreichen Ungereimtheiten ihrer Tatschilderung schon damals erkennbar gewesen. Ein leider häufiger Irrtum von Richtern besteht darin, die psychische Störung einer Klägerin als Folge der Vergewaltigung und nicht als Ursache der Falschbeschuldigung anzusehen.

Die Tote im Schnee – der Fall David Milgaard

Die junge Frau lag tot mit dem Gesicht nach unten im Schnee. Die 20-jährige Säuglingsschwester Gail Miller hatte an diesem 31. Januar 1969 in Saskatoon, Kanada, bei bitterer Kälte morgens um halb sieben auf den Bus gewartet, als ihr plötzlich jemand von hinten die Hand auf den Mund und ein Messer an die Kehle hielt. Ein Mann drängte sie in eine einsame Nebenstraße und vergewaltigte sie dort. Anschließend stach er mit einem Messer zwölfmal auf ihren Oberkörper ein. Die Stichwunden verursachten eine Blutsammlung im Brustkorb. Gail Miller verstarb an einem rechtsseitigen Hämothorax.

Die Polizei setzte für Hinweise zur Ergreifung des Täters eine Belohnung von 2000 kanadischen Dollar aus und ging danach Hunderten Hinweisen nach. Unter anderem wurde ein Mann namens Larry Fischer befragt, der jeden Tag an der betreffenden Bushaltestelle wartete. Er gab an, ihm sei nichts Ungewöhnliches aufgefallen.

Später meldete sich ein Albert Cadrain bei der Polizei und berichtete von dem Besuch dreier Freunde zur Tatzeit. Er habe gesehen, wie sein 16-jähriger Freund David Milgaard versucht habe, einen kleinen Kosmetikkoffer zu beseitigen. Die drei Freunde - neben David Milgaard waren es Ron Wilson und dessen Freundin Nicol John - wurden vernommen. Als Ron Wilson klar wurde, dass er zu den Verdächtigen gehörte, belastete er seinerseits David Milgaard schwer. Dieser besitze ein Messer, und seine Hosen seien am Tattag blutverschmiert gewesen. Nicol John behauptete schließlich sogar, sie habe gesehen, wie David eine junge Frau erstochen habe.

David Milgaard wurde verhaftet und angeklagt. Er beteuerte seine Unschuld, aber das Gericht verurteilte ihn aufgrund der drei Zeugenaussagen zu lebenslanger Freiheitsstrafe wegen Mordes.

Im Gefängnis unternahm Milgaard mehrere Selbstmordversuche und trat später in einen Hungerstreik. Zwei Fluchtversuche scheiterten. Milgaards Anwalt versuchte, eine Wiederaufnahme des Falles durch eine neue Untersuchung des am Tatort gefundenen Spermas zu erreichen. Zur Vorbereitung des Antrags beauftragte er zwei Gerichtsmediziner mit der nochmaligen Untersuchung des biologischen Spurenmaterials. Der erste Sachverständige stellte fest, dass die Proben nicht David Milgaard zugeordnet werden konnten. Der zweite Sachverständige kam zum selben Ergebnis und meinte darüber hinaus, dass es sich bei der Probe eher um den Urin eines Hundes als um Sperma handelte. Der Wiederaufnahmeantrag wurde trotzdem abgelehnt.

Joyce Milgaard, die Mutter des Inhaftierten, wendete sich an die Öffentlichkeit, sammelte Spenden und beauftragte einen Privatdetektiv. Dieser fand heraus, dass es zur damaligen Zeit in und um Saskatoon eine Häufung von Vergewaltigungen gegeben hatte. Er sprach mit sechs jungen Frauen, die in ähnlicher Weise in Saskatoon vergewaltigt worden waren. Viele dieser Fälle waren bereits geklärt. Täter war jeweils der geständige Larry Fisher –

genau der, der seinerzeit im Fall Gail Miller befragt worden war und zum Tatzeitpunkt in unmittelbarer Nähe des Tatorts gewohnt hatte. Mit der Begründung, nur Fisher könne der Mörder von Gail Miller sein, stellte David Milgaard einen zweiten Wiederaufnahmeantrag. Diesmal wurde dem Antrag stattgegeben.

Das Fehlurteil beruhte auf drei Falschbeschuldigungen. Albert Cadrain hatte Milgaard als Täter benannt, um die ausgesetzte Belohnung zu kassieren. Die Belastungszeugen Ron Wilson und Nicol John gaben zu, beim Prozess gelogen zu haben. Sie waren von den Polizisten unter Druck gesetzt worden und hatten Milgaard belastet, um nicht selbst des Mordes bezichtigt zu werden. Milgaard wurde freigelassen, nachdem er 22 Jahre unschuldig in Haft gesessen hatte.

Der Mord an Gail Miller konnte 1997 mittels moderner DNA-Analytik endgültig aufgeklärt werden. Larry Fisher wurde als der wahre Mörder von Gail Miller überführt und zu »lebenslänglich« verurteilt.

Nachtisch für Falschbeschuldigung – der Fall des evangelischen Pfarrers

Hätte Pfarrer B. gewusst, wie seine Anzeige ausgelegt werden würde, wäre er nicht zur Staatsanwaltschaft gegangen. Er war Vorstandsmitglied eines großen Behindertenheims und litt unter Gerüchten, die im Heim kursierten. Er sollte sich drei geistig behinderten Frauen unsittlich genähert haben. Die Heimbewohnerin Christine L. hatte am 24. April 1998 herumerzählt, der Pfarrer habe sie unsittlich berührt. Zwei weitere Heimbewohnerinnen behaupteten, auch sie hätten schon Ähnliches mit dem Geistlichen erlebt. Daraufhin erstattete der Pfarrer wenige Tage später Selbstanzeige bei der Staatsanwaltschaft.

Doch die Ermittlungen zielten nicht, wie vom Pfarrer erhofft, darauf ab, die Vorwürfe zu entkräften, sondern versuchten sie zu bestätigen. Eine Kriminalbeamtin vernahm die drei Frauen zusammen mit einer Psychologin. Eine der zwischen 25 und 36 Jahre alten Frauen gab zu Protokoll, dass der Geistliche sie »auf den Tisch gelegt« habe. Eine andere erklärte, er habe ihr Hose und Unterhose heruntergezogen und sie angefasst. Die dritte schließlich gab an, der Pfarrer habe ihre Brüste gestreichelt. Das Landgericht Mosbach verurteilte Pfarrer B. im Dezember 1999 wegen sexuellen Missbrauchs Widerstandsunfähiger in drei Fällen zu einer Gesamtfreiheitsstrafe von drei Jahren. Die Aussagen der drei Frauen seien glaubwürdig und keine Erfindung, sagte der Vorsitzende Richter zur Begründung. »Saubermänner« wie der Pfarrer seien dagegen nicht immer sauber.

Der Bundesgerichtshof hob im Folgejahr das Urteil wegen eines Verfahrensfehlers auf. Der Angeklagte war während der Vernehmung einer der Zeuginnen unzulässig aus dem Sitzungssaal entfernt worden, aber er habe ein Recht, Belastungszeugen persönlich zu befragen.

Der Fall wurde vom Landgericht Karlsruhe im Jahr 2003 neu verhandelt. Die Richter staunten nicht schlecht, als sie sich – anders als die Mosbacher Richter – die Tonbandaufnahmen von den Vernehmungen der Frauen anhörten. Diese dokumentieren, wie die verwirrten Frauen unter Druck gesetzt worden waren. Frage: »Was hat er mit dir gemacht?« Antwort: »Gar nichts hat er gemacht.« Darauf die Fragestellerin: »Doch, er hat was mit dir gemacht, und du sagst uns jetzt, was.« Die leicht beeinflussbaren Frauen waren suggestiv bedrängt worden, bis sie schließlich die gewünschten Antworten gaben. Oder es wurde mit Belohnungen gearbeitet: »Wenn du uns erzählst, was der Pfarrer gemacht hat, bekommst du den Nachtisch.« Zudem war die Übertragung der Tonbandaufnahmen in schriftliche Protokolle von der Kommissarin massiv verfälscht worden. So machte sie aus einer »Gymnastik mit dem Vater« eine Gymnastik mit dem Pfarrer.

Das Landgericht Karlsruhe sprach den Pfarrer frei. Nach Überzeugung der Kammer beruhten sämtliche Vorwürfe auf reiner Erfindung. Aus Frustration und Geltungsbedürfnis heraus habe die erste Zeugin den anderen Heimbewohnerinnen von einem vermeintlichen sexuellen Übergriff berichtet. Zuvor hatte sie erfahren, dass ihre bevorstehende Geburtstagsfeier kleiner als erhofft ausfallen musste und der Pfarrer nicht mitfeiern konnte. Die Frau sei leicht beeinflussbar und habe es genossen, bei den zahlreichen Vernehmungen im Mittelpunkt zu stehen. Der zweiten Frau bescheinigte die Kammer ein starkes sexuelles Interesse und einen ausgeprägten Kinderwunsch. Durch Suggestion sei in sie etwas hineingefragt worden. Von der Vernehmung der dritten Frau gab es keine Tonbandaufnahme, sondern nur ein schriftliches Vernehmungsprotokoll, von dem nicht geklärt werden konnte, wie es zustande gekommen war.

Der Justizirrtum hatte seinen Ursprung in der Aussage einer geistig benachteiligten Frau, die den Pfarrer aus Rache und Geltungsbedürfnis fälschlich belastete. So richtig Fahrt gewann der Vorwurf des sexuellen Missbrauchs durch die suggestive Befragung durch die Kriminalbeamtin und die Psychologin. Die Falschbeschuldigung wäre auch für das Landgericht Mosbach durch schlichtes Anhören der Tonbandaufnahmen der Vernehmungen erkennbar gewesen. Damit hätte der Justizirrtum vermieden werden können.

Pfarrer B. war wegen des Missbrauchsprozesses erst suspendiert und dann in den Ruhestand versetzt worden. Sein Fazit:

»Wenn ich daran denke, was in der deutschen Justiz möglich ist, läuft es mir eiskalt den Rücken herunter.«

Die Rache des Onkels – der Fall Wolfgang J.

Anke S. hatte sich geschminkt und die Haare hochgeföhnt. Die 16-Jährige aus Herford wollte in die Disco Akropolis. Der Vater gibt ihr 20 DM, damit sie nicht per Anhalter fahren musste. Anke kehrte nie zurück. Zwei Tage später wurde ihre Leiche in einem Gebüsch gefunden. Sie war vergewaltigt und dann ermordet worden. Im Vaginalabstrich, im Slip der Getöteten und in einem Taschentuch fanden sich Spermaspuren.

Der Mordfall im Juli 1985 blieb zunächst unaufgeklärt. Dann meldete sich plötzlich ein Mann und behauptete, der Verlobte seiner Nichte, der 40 Jahre alte Metzgergeselle Wolfgang J., sei der Täter. Als das Paar gerade auf dem Weg zur standesamtlichen Trauung war, wurde der Beschuldigte von Polizisten verhaftet. Es gab weitere belastende Zeugenaussagen aus der Familie der Braut. Wolfgang J. bestritt verzweifelt, irgendetwas mit der Tat zu tun zu haben. Zudem wies er darauf hin, dass er selbst einige Zeit zuvor eben jenen Vater seiner Verlobten bei der Polizei dafür angezeigt hatte, die eigene Tochter jahrelang sexuell missbraucht zu haben. Dennoch verurteilte das Landgericht Koblenz ihn aufgrund der Zeugenaussagen zu lebenslanger Freiheitsstrafe.

Wolfgang J. saß bereits zwei Jahre im Gefängnis, als sein Verteidiger eine DANN-Analyse in Auftrag gab – es war eine der Ersten in Deutschland. Die Analyse ergab, dass Wolfgang J. nicht der Täter sein konnte. Es existierte zwischen der Spermaspur und seinen Genen keine Übereinstimmung. So kam es 1988 zu einem Wiederaufnahmeverfahren. In dem neuen Prozess stellte sich heraus, dass es sich bei der Zeugenaussage, die zu Verhaftung und Verurteilung des mutmaßlichen Täters geführt hatte, in Wahrheit um einen vom Onkel der Verlobten eingefädelten Racheakt gehandelt hatte. Er wollte seinem zukünftigen Schwiegersohn heimzahlen, dass er ihn wegen sexuellen Missbrauchs angezeigt hatte. Wolfgang J. wurde freigesprochen.

Der Mord an Anke S. blieb für 18 Jahre unaufgeklärt. Dann kam die Polizei bei einem routinemäßigen DANN-Abgleich dem wahren Täter auf die Spur. Das bei dem Opfer gefundene Sperma konnte zweifelfrei dem einschlägig vorbestraften Dirk S. zugeordnet werden.

Der gestand schließlich gegenüber der Gefängnispsychologin den Mord an Anke S. Er hatte das Mädchen nach der Disco getroffen, im Auto mitgenommen, vergewaltigt und mit einem Kissen aus seinem Wagen erstickt. Diesmal wurde der Richtige zu lebenslanger Freiheitsstrafe verurteilt.

Wolfgang J. hingegen war Opfer einer Falschbeschuldigung aus Rache für eine von ihm erstattete Strafanzeige geworden. Das Landgericht Koblenz hatte dies nicht erkannt und die Zeugenaussagen aus der verfeindeten Familie für ausreichend erachtet.

Wie eine Lüge Thomas Ewers ins Gefängnis brachte

Thomas Ewers hatte eine langjährige Beziehung mit Claudia K., aus der eine gemeinsame Tochter hervorging. Die Beziehung zerbrach, und Claudia K. wandte sich einem anderen Mann zu. Thomas Ewers wollte das aber nicht akzeptieren und suchte weiter Kontakt zu ihr.

Die Ex-Freundin zeigte Ewers an; er habe sie zweimal vergewaltigt und einmal für Stunden mit Handschellen an der Heizung festgekettet.

Das Landgericht Dortmund verurteilte Ewers am 18. Juli 2002 wegen Freiheitsberaubung und Vergewaltigung in zwei Fällen zu einer Gesamtfreiheitsstrafe von sieben Jahren und zwei Monaten. Der Bundesgerichtshof reduzierte das Strafmaß auf sechs Jahre und acht Monate, weil er die Freiheitsberaubung als verjährt ansah. Thomas Ewers verbüßte das Urteil voll. Er kam nicht in den Genuss der Zweidrittelstrafe, nach der der Strafrest zur Bewährung ausgesetzt werden kann, weil er weiterhin seine Unschuld beteuerte.

Im Jahr 2010 hinterfragte die inzwischen 18-jährige Tochter die Vergewaltigungsvorwürfe gegenüber ihrem Vater. Claudia K. gab zu, die Vergewaltigungsvorwürfe frei erfunden zu haben. Sie habe sich damals nach der Trennung von Thomas Ewers belästigt gefühlt und wollte ihn loswerden. Ihr neuer Freund habe sie auch zu den falschen Beschuldigungen gedrängt. Deswegen habe sie sich die Vergewaltigungen ausgedacht. Claudia K. setzte ein knappes Schreiben an Ewers auf, in dem sie zugab, die Vergewaltigungsvorwürfe frei erfunden zu haben. Mit dem Schreiben konnte Ewers eine Wiederaufnahme beantragen. Doch bis der neue Prozess tatsächlich stattfand, vergingen noch ein paar Jahre.

Das Landgericht Essen sprach Ewers mit Urteil vom 30. Juni 2014 frei. Denn die Zeugin hatte ihre Aussage zurückgezogen und ihre früheren Angaben als ausgedacht bezeichnet. Das war zwölf Jahre nach dem ersten Urteil. Ewers hatte 2434 Tage unschuldig im Gefängnis gesessen. Der Vorsitzende Richter sagte: »Für das, was Sie erlebt haben, fehlen einem die Worte. Wir fühlen mit Ihnen.«

Claudia K. wurde vom Landgericht Dortmund zu drei Jahren und vier Monaten Freiheitsstrafe verurteilt.

Dieser Fall zeigt, wie einfach es ist, jemanden mit einer Lüge für Jahre hinter Gitter zu bringen.

Unterdrückte und
fingierte Beweise

Eine hohe Aufklärungsquote ist für die Karriere von Polizisten förderlich. Manch ehrgeiziger Beamter verfällt deshalb auf die Idee, ein bisschen nachzuhelfen. Entlastendes Beweismaterial, das einer Anklage und späteren Verurteilung schaden könnte, wird unterdrückt. Sind die Beweise zu schwach für eine Verurteilung oder gar nicht existent, wird hingegen schon mal belastendes Beweismaterial fingiert.

Todeszeitpunkt passend gemacht –
der Fall Ellis Wayne Felker

Der Mann fand statt der gesuchten Aluminiumdosen eine Leiche. In einem Bach im US-Bundesstaat Georgia lag die seit zwei Wochen vermisste Evelyn Joy Ludlum. Sie war vergewaltigt und stranguliert worden.

Schon unmittelbar nach dem Verschwinden der 19-jährigen Studentin war ein Mann namens Ellis Wayne Felker in Verdacht geraten. Erstens hatte Ludlum in ihrem Terminkalender für den Tag ihres Verschwindens am 23. November 1981 eine Verabredung mit Felker eingetragen (er hatte ihr einen Nebenjob in seinem Lederwarengeschäft angeboten). Zweitens war Felker wegen Vergewaltigung vorbestraft. Deshalb wurde er bereits wenige Stunden nach dem Verschwinden von Ludlum zwei Wochen lang überwacht. Währenddessen wurde die Leiche der Gesuchten gefunden, unabhängig von der Observierung.

Wayne Felker wurde am 15. März 1984 zum Tode verurteilt. Während er in der Todeszelle saß, mehrten sich Zweifel an seiner Schuld. Die Autopsie hatte ergeben, dass Ludlum seit fünf Tagen tot gewesen war, als sie im Bach gefunden wurde. Dieser Todeszeitpunkt hätte Felker als Mörder ausgeschlossen, da er zu dieser Zeit bereits observiert wurde. Eine spätere Nachuntersuchung ergab, dass Ludlum nicht als länger als drei Tage tot gewesen war. Auch dann hätte Felker nicht der Täter sein können. Doch auf Anweisung der Polizei änderte der zuständige Rechtsmediziner sein Untersuchungsergebnis dahingehend ab, dass der Todeszeitpunkt bis zu zwei Wochen vor dem Auffinden gelegen haben konnte.

Erst im September 1996, über zwölf Jahre nach dem Todesurteil, erhielten Felkers Anwälte aufgrund einer Offenlegungsklage Kartons voller Beweismaterial, das bislang von der Staatsanwaltschaft zurückgehalten worden war. Dazu gehörten mögliche DNA-Proben des Täters und das schriftliche Geständnis eines anderen Verdächtigen. Die Versuche der Anwälte, die Exekution Felkers zu verhindern und eine Wiederaufnahme des Verfahrens zu erreichen, scheiterten. Trotz erheblicher Zweifel an seiner Schuld wurde Wayne Felker am 15. November 1996 auf dem elektrischen Stuhl hingerichtet. Er hat bis zum Schluss seine Unschuld beteuert.

Freispruch wegen Zeugungsunfähigkeit –
der Mordfall Lesley Molseed

Die Mutter schickte ihre elfjährige Tochter Lesley zum Brotkaufen. Das kleine Mädchen nahm die Pfundnote von ihrer Mutter und sagte: »Bin bald zurück, Mama.« Doch sie kam nie in dem Laden an. Drei Tage später wurde ihre Leiche in einem Moor gefunden. Zwölfmal hat der Mörder mit dem Messer auf Lesley eingestochen. Ein Stich ging mitten ins Herz. Der Täter hatte auf ihre Unterwäsche ejakuliert, die Spermaspuren wurden sichergestellt.

Die Suche nach dem Mörder verlief in jenem Oktober 1975 in Großbritannien zunächst ergebnislos. Dann meldeten sich vier Mädchen und gaben an, ein Mann namens Stefan Kiszko habe sich vor dem Mord vor ihnen entblößt. Kiszko war ein übergewichtiger Angestellter der Steuerbehörde und erinnerte an Oliver Hardy, bekannt aus *Laurel and Hardy* (deutsch: *Dick und Doof*). Er sah aus wie ein zu groß geratenes Kind und benahm sich auch entsprechend. Deshalb wurde er von den Kindern in der Umgebung stets gehänselt.

Die Polizei stand unter starkem Erfolgsdruck. Kindermorde erregen besonderes Aufsehen und versetzen die Menschen in Angst und Schrecken. Eltern trauen sich kaum noch, ihre Kinder ohne Begleitung auf die Straße zu schicken. Stefan Kiszko konnte als mutmaßlicher Exhibitionist und Außenseiter der gesuchte Täter sein. Allein dadurch wurde er zum Hauptverdächtigen und 24 Stunden lang ohne Schlaf und ohne Verteidiger vernommen. Schließlich gestand er, Lesley Molseed entführt, auf ihren Körper ejakuliert und sie anschließend erstochen zu haben. Er widerrief sein Geständnis aber noch am selben Tag. Es sei unter Vernehmungsdruck zustande gekommen. Seine ursprüngliche Aussage hätten die Polizisten nicht glauben wollen, und der Druck sei erst weg gewesen, als er angefangen habe, Lügen zu erzählen. Er habe darauf vertraut, dass die Polizei nachprüfen würde, was er gesagt habe, und herausfinden würde, dass es nicht stimmte.

1976 wurde Kiszko vor dem Crown Court in Leeds der Prozess gemacht. Die Anklage beruhte hauptsächlich auf seinem zunächst abgelegten Geständnis. Objektive Beweise für seine Täterschaft gab es keine. Dennoch wurde er wegen Mordes zu lebenslanger Freiheitsstrafe verurteilt. Im Gefängnis zerbrach Kiszko seelisch und körperlich. Er stritt weiterhin ab, Lesley Molseed ermordet zu haben, was aber als krankhafter Unschuldswahn abgetan wurde.

Erst 1990 gelang es Kiszkos Mutter, eine Wiederaufnahme des Verfahrens zu erreichen. Seine Anwälte hatten eine Petition an den Innenminister geschickt, der damals das Recht hatte, die Wiederaufnahme rechtskräftig abgeschlossener Strafverfahren anzuordnen. Die neuen Ermittlungen entlasteten Kiszko. So hatte er sich keineswegs exhibitioniert - die Mädchen hatten lediglich einen Mann, der nicht einmal Kiszko war, beim Urinieren im Freien überrascht. Entscheidend aber war schließlich die Ejakulatprobe, die der Beschuldigte kurz nach der Tat abgegeben hatte. Sie enthielt keine Spermien. Kiszko war wegen seiner nicht entwickelten Hoden vollständig unfruchtbar. Auf Lesleys Kleidung hatte man jedoch Spermien festgestellt. Die zuständigen Beamten hatten seinerzeit das Untersuchungsergebnis der Spermaprobe unterdrückt und es weder der Verteidigung noch der Jury mitgeteilt. Der Court of Appeal in London hob am 18. Februar 1992 die Verurteilung von 1976 auf und ordnete Kiszkos sofortige Entlassung an. Wegen seiner Unfähigkeit, Spermien zu produzieren, sei Kiszko nachweislich unschuldig.

Kiszko hatte 16 Jahre lang unschuldig im Gefängnis gesessen und verließ es als gebrochener Mann. Er starb nur ein Jahr nach dem Freispruch im Alter von 41 Jahren an einem Herzinfarkt.

Nach dem Freispruch von Stefan Kiszko wurden die Ermitt-lungen zur Aufklärung des Mordes an Lesley Molseeds wieder auf-genommen. Eine DNA-Analyse war nicht möglich, da das Beweis-material nach der vermeintlichen Aufklärung schon in den Acht-zigerjahren vernichtet worden war.

Im Jahr 1999 dann wurde zufällig im Archiv eines gerichtsme-dizinischen Labors ein Klebestreifen mit den Spermaspuren von Lesley Molseeds Unterwäsche entdeckt. Die daraufhin veranlasste DNA-Untersuchung ergab wie erwartet, dass die Spermaspuren nicht mit der DNA von Kiszko übereinstimmten, sie konnten aber auch niemandem sonst zugeordnet werden. Das gelang erst im Oktober 2005 durch einen Zufallstreffer. Sie stammten von einem Mann namens Ronald Castree. Im November 2007 wurde dieser wegen Mordes an Lesley Molseed zu lebenslanger Freiheitsstrafe verurteilt. So konnte 32 Jahre nach der Tat doch noch der wahre Täter seiner gerechten Strafe zugeführt werden.

Shirley Kinge – die Mutter als Komplizin

Am 23. Dezember 1989 wurde im Bundesstaat New York eine Fa-milie in ihrem Haus von einem unbekannten Täter überfallen. Warren und Dolores Harris sowie ihre 15-jährige Tochter Shelby und ihr elfjähriger Sohn Marc wurden gefesselt. Shelby musste sich ihr Abschlussball-Kleid anziehen und wurde dann vergewal-tigt. Anschließend wurden alle vier durch Kopfschüsse getötet. Um alle Beweise zu vernichten, holte der Täter zwei Benzinkanis-ter aus der Garage und setzte das Haus in Brand.

Die Polizei ermittelte, dass ein gewisser Michael Kinge am Morgen nach der Tat mit der Kreditkarte der ermordeten Dolores Harris in mehreren Einkaufszentren für 600 Dollar eingekauft hatte, und zwar in Begleitung seiner Mutter. Als die Polizei ihn vier Wochen nach dem Vierfachmord zu Hause festnehmen wollte, zog er eine Waffe – die Polizisten erschossen ihn. Shirley Kinge, die Mutter des mutmaßlichen Mörders, wurde verhaftet, weil sie als Komplizin ihres Sohnes angesehen wurde.

Die Mittfünfzigerin gab zu, eine aus dem Haus der Harris gestohlene Kreditkarte benutzt zu haben, aber mit dem Mord und der Brandstiftung habe sie nichts zu tun. Der Polizeibeamte David Harding sagte im Prozess aus, er habe zwei Fingerabdrücke von Shirley Kinge auf dem Benzinkanister gefunden. Damit sei bewiesen, dass sie zumindest zum Zeitpunkt der Brandstiftung mit im Haus der Familie Harris gewesen sei. Aufgrund dieser Aussage wurde die Frau wegen Einbruch und Brandstiftung zu 17 bis 44 Jahren Gefängnis verurteilt. Shirley Kinge würde also mindestens 17 Jahre ihrer Strafe absitzen müssen, bevor sie auf eine Freilassung auf Bewährung hoffen konnte.

David Harding bewarb sich später bei der CIA. Im Vorstellungsgespräch wurde er gefragt, ob er bereit sei, für sein Land das Recht zu brechen. »Ja«, antwortete er und erklärte dann, wie seine Polizeieinheit routinemäßig durch gefälschte Beweismittel für Verurteilungen sorge. Wenn man glaube, einen Schuldigen zu haben, nehme man ihm auf dem Revier die Fingerabdrücke ab und behaupte, man habe sie zuvor ebenfalls am Tatort gefunden. Offenbar nahm Harding an, seine Antwort würde der CIA gefallen, doch diese informierte stattdessen das Justizministerium. Was als Bewerbungsplus gedacht war, führte zu einem Polizeiskandal. Insgesamt wurden 36 Fälle von Beweismittelfälschungen aufgedeckt. Fünf Polizisten wurden angeklagt, drei von ihnen zu Haftstrafen zwischen zweieinhalb und 18 Jahren verurteilt.

Die Polizeibeamten Harding und Lishansky gaben zu, dass sie am Arbeitsplatz von Shirley Kinge gesicherte Fingerabdrücke genommen und behauptet hatten, diese auf dem Benzinkanister in dem Haus der Harris' gefunden zu haben. Ursprünglich hatten sie auf den Kanistern gar keine Fingerabdrücke gefunden. Die Aussage von Harding im Prozess war komplett falsch. Shirley Kinge war nur aufgrund des vorgetäuschten Fingerabdruckfunds auf dem Benzinkanister verurteilt worden, es hatte sonst keinen Beweis für ihre Anwesenheit am Tatort gegeben.

Als Shirley Kinges Verurteilung daraufhin aufgehoben wurde, hatte sie zweieinhalb Jahre unschuldig im Gefängnis gesessen. Ob ihr Sohn für den Vierfachmord und die Brandstiftung verantwortlich war, weiß bis heute niemand, da das Feuer alle Spuren vernichtet hatte. Im Strafverfahren gegen seine Mutter hatte das Gericht das Ziehen der Waffe bei der Festnahme als Schuldeingeständnis gewertet und ihm daher die Täterschaft unterstellt.

17 unterschlagene Zeugenaussagen

Der 56-jährige Allen Ray Jenkins wurde am 14. April 1995 tot in seinem Haus in Aulander, North Carolina, aufgefunden. Ihm war zweimal mit einer Schrotflinte in die Brust geschossen worden. Seine Leiche hatte bereits begonnen zu verwesen, weshalb der Todeszeitpunkt nicht genau feststellbar war. Es war bekannt, dass er eine Schwäche für minderjährige Mädchen hatte. In den Fokus der Ermittlungen gerieten zwei 15-jährige Mädchen, die Jenkins öfter zum Weintrinken zu sich nach Hause eingeladen hatte. Die Mädchen wurden mehrfach vernommen und verwickelten sich dabei in Widersprüche. Schließlich belastete eins der Mädchen ihren Freund, den 20-jährigen Alan Gell. Zu dritt hätten sie den Plan gefasst, Jenkins auszurauben. Gell habe Jenkins dann erschossen.

Der Staatsanwalt bot den beiden Mädchen einen Deal an: Nur zehn Jahre Gefängnis, wenn sie vor Gericht gegen Gell aussagten. Beide bekannten sich des Totschlags schuldig und wurden zu zehn Jahren Gefängnis verurteilt. Beide sagten aus, sie hätten gesehen, wie Gell am 3. April mit einer Schrotflinte auf Jenkins geschossen habe. Sie hätten Gell angerufen und ihn gebeten, zu Allen Jenkins' Haus zu kommen, um ihnen dabei zu helfen, Jenkins auszurauben.

Gell wurde 1998 in einem Schwurgerichtsverfahren wegen Mordes zum Tode verurteilt. Seine Berufung blieb erfolglos, und er landete in der Todeszelle.

Vier Jahre später wartete Gell weiterhin auf seine Hinrichtung, als sich eine neue Anwältin des Falles annahm. Ihr erster Schritt war, die damalige Ermittlungsakte anzufordern und durchzuarbeiten. Sie konnte nicht glauben, was sie entdeckte: In der Akte fanden sich nicht weniger als 17 Aussagen von Zeugen, die Jenkins zwischen dem 7. Und dem 10. April 1995 lebend gesehen hatten. Das stand im krassen Widerspruch zu den Aussagen der Mädchen, nach der Gell Jenkins bereits am 3. April erschossen haben soll. Und nicht nur das: Gell war wegen eines Autodiebstahls am 6. April verhaftet worden. Am 10. April 1995, dem nach den Zeugenaussagen frühestmöglichen Todestag von Jenkins, saß Gell im Gefängnis. Er konnte deshalb nicht der Mörder sein. Die Staatsanwaltschaft hatte diese 17 Zeugenaussagen im Mordprozess gegen Gell schlicht unterschlagen. Dabei wäre sie verpflichtet gewesen, der Verteidigung auch dieses entlastende Material zur Verfügung zu stellen.

Das State Superior Court hob die Verurteilung auf und verwies den Fall an das Bertie County Superior Court zurück. Die Verteidigung präsentierte 17 Augenzeugen, die Jenkins nach dem 3. April lebend gesehen hatten, dem Tag, an dem die Staatsanwälte behaupteten, Gell habe ihn getötet. Außerdem hörten sie den Telefonmitschnitt eines der Mädchen, auf dem sie ihrem Freund sagte, sie habe sich eine Geschichte ausdenken müssen, um sie der Polizei zu erzählen. Die Geschworenen berieten zweieinhalb Stunden, bevor sie »nicht schuldig« urteilten und Gell vom Mord an Allen Ray Jenkins im Jahr 1995 freisprachen. Gell hatte sechs Jahre unschuldig in der Todeszelle gesessen.

Mangel an Beweisen

Jeder Schuldspruch muss auf einer tragfähigen Beweisgrundlage aufbauen. Fehlen ausreichende Beweise, muss der Richter nach dem Grundsatz *in dubio pro reo* freisprechen – im Zweifel für den Angeklagten. Doch nur allzu oft werden unschuldige Menschen allein aufgrund von Vermutungen ins Gefängnis geschickt.

Pistazieneismord

»Mir ist schrecklich schlecht«, klagte die siebenjährige Anna B. am 20. Januar 1993 abends um halb elf gegenüber ihrem Vater. Sie erzählte, dass sie schon zweimal »gespuckert« hatte. Die Eltern versuchten, ihrer Tochter mit den üblichen Hausmitteln wie Wärmflasche, Tee und Magentropfen zu helfen. Trotzdem wurde die Nacht zur Qual. Das Kind übergab sich immer wieder, wurde von Krämpfen geschüttelt und bekam Durchfall. Als sich am Morgen der Zustand des Mädchens dramatisch verschlechterte, fuhren die Eltern sie ins Krankenhaus. Dort kam sie auf die Intensivstation, erhielt Infusionen, wurde künstlich beatmet und zum Schluss sogar mit Elektroschocks behandelt. Um 11:32 Uhr starb Anna – 13 Tage vor ihrem achten Geburtstag.

Am Vortag hatte ihre Patentante Elisabeth F. sie besucht und ihr ihre Lieblingsspeise mitgebracht: Pistazieneis von Dr. Oetker. Während Annas Eltern unterwegs waren, servierte sie ihrer Nichte, die sich wie immer sehr auf den Besuch der Tante gefreut hatte, gleich drei Portionen Eis mit Schokoladensoße. Am nächsten Morgen, als nach der schlimmen Nacht alle in heller Aufruhr waren, schaltete sie die Spülmaschine ein. Anschließend begleitete sie Anna zwar ins Krankenhaus, ging dann aber bald, um ihren Hund zu einem vorher vereinbarten Tierarzttermin zu bringen.

Die Ärzte vermuteten eine Vergiftung. Doch die Kriminalpolizei versäumte es nach dem Tod des Kindes, Speisen und Getränke bei seiner Familie zu beschlagnahmen.

Nach acht Wochen lag das Obduktionsergebnis vor. Anna war mit Arsenik vergiftet worden. Da die im Magen des Kindes gefundene Menge Arsen spätestens nach zwei Stunden zum Brechreiz führt, musste sie das Gift am Abend geschluckt haben.

Tatverdächtig waren danach die Eltern und die Patentante. Zeitlich kamen alle drei als Täter in Betracht, denn Anna konnte das Gift auch noch nach Rückkehr der Eltern zu sich genommen haben. Nach einem Sachverständigengutachten stand nämlich nicht fest, dass sich das Gift im Pistazieneis befunden hatte. Sicher war nur, dass die Giftbeibringung längstens 24 Stunden vor dem Todeseintritt erfolgte.

Die Kriminalpolizei suchte nach Motiven, fand bei den drei Verdächtigen aber keine. Gefahndet wurde auch nach einem Produkterpresser, der knapp zwei Wochen vor Annas Tod einen Drohbrief an die Firma Oetker geschickt hatte. In dem verlangte er 80 000 DM, sonst würde er die Produkte von Oetker vergiften.

Schließlich entschieden sich die Ermittlungsbehörden für Elisabeth F. als Täterin, trotz des fehlenden Motivs. Die Beschuldigte hatte sogar so sehr an ihrem Patenkind gehangen, dass sie sie zur

Erbin ihres Vermögens machen wollte. Trotzdem verurteilte das Landgericht Stuttgart sie am 3. November 1995 wegen Mordes zu lebenslanger Freiheitsstrafe: Für F. als Täterin spreche, so die Begründung, dass sie gleich am nächsten Morgen die Spülmaschine angeschaltet habe, obwohl das Leben des Kindes auf dem Spiel stand. Dies lasse sich nicht anders erklären, als dass sie die Giftspuren auf Annas Glasschale beseitigen wollte.

Der Bundesgerichtshof hob die Verurteilung auf die Revision von F. jedoch auf und verwies die Sache zu neuer Verhandlung an das Landgericht Heilbronn zurück. Die vom Landgericht festgestellte Täterschaft von Elisabeth F. beruhe auf bloßen Vermutungen, und die reichten für eine Verurteilung nicht aus.

Nach einer zweiten Hauptverhandlung verurteilte das Landgericht Heilbronn F. am 25. Juli 1996 wiederum wegen Mordes. Sie habe dem Pistazieneis das Arsen beigemengt, in der Absicht, das Kind zu töten. Dass ihre Zuneigung zu Anna nur vorgespielt gewesen sei, ergab sich für das Gericht daraus, dass die Angeklagte die Klinik trotz des schlimmen Zustandes von Anna verlassen hatte, nur um ihren Hund zum Tierarzt zu bringen. Und schließlich hätten weder Vater noch Mutter ein Motiv für die Kindstötung.

Auch die zweite Verurteilung wurde vom Bundesgerichtshof aufgehoben. Da sich die Karlsruher Richter von einer dritten Hauptverhandlung keine neuen Erkenntnisse versprachen, verkündeten sie nun selbst den Freispruch. Das Ingangsetzen der Spülmaschine am nächsten Morgen begründe keine Täterschaft, denn dies würde zur Spurenbeseitigung nur ausreichen, wenn sich das Gift nur in der Glasschale, nicht jedoch auch in der Eispackung befand, die ja weiter vorhanden war. Und eine wirkliche Giftmörderin würde mit der Spurenbeseitigung auch nicht bis zum nächsten Morgen warten. Auch das Verlassen des Krankenhauses zwecks Tierarztbesuch werteten die Bundesrichter nicht als Hinweis auf ihre Täterschaft. Zu diesem Zeitpunkt habe F. noch nicht von einem lebensbedrohlichen Zustand des Kindes ausgehen können und wohl eher auf eine erfolgreiche Behandlung vertraut. Auch hätte das Landgericht nicht aus dem Fehlen eines Tatmotivs bei den Eltern auf eine Täterschaft von Elisabeth F. schließen dürfen, da ja auch sie kein erkennbares Motiv hatte.

Elisabeth F. hat von ihrer lebenslänglichen Freiheitsstrafe fast vier Jahre abgesessen. Der heimtückische Giftmord an der sieben-jährigen Anna ist bis heute ungeklärt und ungesühnt.

Mordfall Peggy Hettrick – die Zeichnung als Geständnis

Der 15-jährige Timothy Masters war ein einsamer, verstörter Teen-ager mit einer Vorliebe für blutrünstige Zeichnungen, als er Peggy Hettrick zum ersten Mal sah. Ihre Leiche lag an diesem 11. Fe-bruar 1987 um 6:55 Uhr fast gefroren auf einem Feld in Fort Col-lins, Colorado. Masters kam im Morgengrauen auf seinem Weg zum Schulbus an ihr vorbei. Die blonde Frau sah extrem bleich aus. Kann das echt sein? Er glaubte nicht, dass es ein toter Körper war. Für ihn sah sie aus wie eine Übungspuppe aus dem Erste-Hilfe-Kurs seiner Schule. Er dachte, er sei das Opfer eines üblen Scherzes seiner Klassenkameraden geworden. Sie hätten die Übungspuppe gestohlen, um ihn zu erschrecken und damit er den Schulbus verpasst. Darauf wollte er nicht reinfallen. Deshalb mel-dete er seine Entdeckung nicht der Polizei.

Wenig später entdeckte ein Radfahrer die Leiche. Auch er dachte zuerst, es sei eine Puppe, rief aber trotzdem die Polizei. Todesursache war nach dem Obduktionsergebnis ein einzelner Stich in den Rücken. Die Klinge war in Hettricks linken Lungenflügel eingedrungen und hatte massive innere Blutungen verursacht. Zudem war die Frau an den Genitalien verstümmelt worden. Und der Fundort war nicht der Tatort.

Tim Masters lebte allein mit seinem Vater in unmittelbarer Nähe des Feldes. Die Mutter des Zehntklässlers war schon vor ein paar Jahren gestorben. Ausgerechnet der Vater erzählte der Polizei, er habe seinen Sohn am Morgen auf dem Feld gesehen, auf dem später die Leiche gefunden wurde.

Die Polizei holte Tim Masters daraufhin direkt aus der Schule auf das Polizeirevier und befragte ihn. Obwohl er seine Unschuld beteuerte, galt er als Hauptverdächtiger. Die Auswertung der Spuren am Tatort brachte jedoch keinen Hinweis auf seine Täterschaft. Auch stammten die an der Leiche festgestellten Fingerabdrücke und Haare nachweislich nicht von ihm.

Die Polizei führte trotzdem eine Hausdurchsuchung durch. Blutspuren von Hettrick wurden weder an Masters Kleidung noch irgendwo sonst im Haus gefunden. Aber die Beamten fanden Pornos, Hunderte Zeichnungen mit Gewaltfantasien und Messer. Masters hatte auch Sexualverbrechen gezeichnet. Die Polizei war sich sicher, ihren Täter gefunden zu haben. Doch da auch an den Messern von Masters kein Blut von Peggy Hettrick nachgewiesen werden konnte, ließ die Polizei ihn wieder gehen.

Fünf Jahre nach der Tat flackerte der Mordverdacht gegen Masters wieder auf. Er hatte einem ehemaligen Mitschüler erzählt, dass Peggy Hettrick eine Brustwarze abgeschnitten worden war. Dies war nicht allgemein bekannt gemacht worden. Bei einem erneuten Verhör erklärte Tim Masters, er habe die Informationen von einem Bekannten erhalten. Dies stellte sich als wahr heraus.

Zehn Jahre nach dem Mord ließ der für den ungeklärten Mordfall zuständige Inspektor die beschlagnahmten Zeichnungen von einem Psychologen analysieren. Obwohl der Psychologe nie mit

Masters gesprochen hatte, gelangte er zu der Einschätzung, dass Masters' Psyche von Gewalt- und Sexfantasien beherrscht sei. Seine Diagnose beruhte allein auf den Zeichnungen. Einige von ihnen, so der Sachverständige, würden das von ihm verübte Verbrechen wiedergeben.

Aufgrund dieses Gutachtens wurde Tim Masters elf Jahre nach der Tat verhaftet und wegen Mordes angeklagt. Die Jury verurteilte ihn am 26. März 1999 trotz Bedenken einiger Geschworener zu einer lebenslangen Freiheitsstrafe. Ausschlaggebend war eine Zeichnung, die den Mord an einer Frau sowie die Verstümmelung ihrer Vagina darstellte.

Mehrfache Berufungen gegen das Urteil scheiterten. Die Verteidigung führte an, niemand könne nur aufgrund seines Gekritzels wegen Mordes verurteilt werden. Zudem wies sie darauf hin, dass Tim Masters aus zwei Gründen gar nicht der Täter sein konnte: Erstens waren die Genitalverstümmelungen mit chirurgischer Präzision mit einem Skalpell durchgeführt worden. Das kann ein 15-jähriger Schüler ohne medizinische Ausbildung nicht. Zweitens war die Leiche zu ihrem späteren Fundort getragen worden. Das hätte der zur Tatzeit schmächtige Junge allein niemals schaffen können.

Im Januar 2008 gab Masters' Anwalt schließlich eine DNA-Analyse in den Niederlanden in Auftrag, die die Textilfasern von den Kleidungsstücken des Opfers mit dem genetischen Fingerabdruck seines Mandanten abgleichen sollte. Deren Ergebnis schloss Masters eindeutig als Spurengeber aus. Das negative DNA-Ergebnis war der zwingende Beweis für seine Unschuld. Er wurde sofort freigelassen.

Tim Masters hatte 21 Jahre unter Mordverdacht gestanden und fast zehn Jahre davon unschuldig im Gefängnis gesessen. Allein die Zeichnungen mit Gewalt- und Sexfantasien waren hierfür nie eine tragfähige Beweisgrundlage gewesen.

Der Fall Edith Thompson – tödliche Liebesbriefe

Am 3. Oktober 1922 um Mitternacht war das Ehepaar Thompson auf dem Heimweg von einem Theaterbesuch, als ein Mann mit einem Messer in der Hand hinter den Büschen hervorsprang. Es kam zu einem heftigen Kampf zwischen den Männern, bei dem Edith Thompson zur Seite gestoßen wurde. »Tu das nicht!«, rief sie. Ihr Mann Percy Thompson erlitt mehrere tiefe Stichwunden. Der Messerstecher floh. Edith Thompson schrie um Hilfe. Obwohl schnell ein Arzt hinzukam, verblutete Percy Thompson noch am Tatort.

Auf dem Polizeirevier war die 28-jährige Edith Thompson immer noch aufgelöst. Sie gab an, den Mörder zu kennen. Sein Name sei Frederick Bywaters, ein 20-jähriger Schiffssteward. In der Überzeugung, als Zeugin und nicht als Komplizin auszusagen, verriet sie offenherzig Details zu ihrer Beziehung mit Bywaters. Die attraktive Buchhalterin hatte eine leidenschaftliche Affäre mit dem acht Jahre jüngeren Frederick Bywaters. Der junge impulsive Mann hatte ihr romantisches Interesse durch Erzählungen von seinen Schiffsreisen rund um die Welt geweckt. Ihren deutlich älteren Ehemann fand sie dagegen inzwischen spießig und langweilig.

Bywaters hatte als Untermieter in dem Haus der Thompsons gewohnt. Als Percy Thompson die Affäre bemerkt hatte, war es zu einem heftigen Streit gekommen. Anschließend hatte der Ehemann den Liebhaber aus dem Haus geworfen. Bywaters und Edith Thompson setzten ihre Affäre heimlich fort. Und sie schrieben sich zahlreiche Liebesbriefe, wenn Bywaters auf See war. Diese sollten sich für Edith Thompson noch als verhängnisvoll erweisen.

Frederick Bywaters gestand den Mord. Er habe Percy Thompson zur Rede stellen wollen, weil dieser Edith schlecht behandele. Doch die Situation sei eskaliert. Er habe die tödliche Konfrontation alleine geplant und ausgeführt. Seine Geliebte habe von seinem Vorhaben nichts gewusst. Edith Thompson sagte ebenfalls aus, von Bywaters' Plänen keine Kenntnis gehabt zu haben. Keinesfalls habe sie gewollt, dass Bywaters ihren Ehemann tötete. Trotzdem wurden beide des Mordes an Percy Thompson angeklagt.

Der Prozess fand im Dezember 1922 im Old Bailey statt. Die Anklage stützte sich auf 60 Liebesbriefe, die Edith Thompson an Bywaters geschrieben hat. Sie handelten von leidenschaftlicher Liebe, hemmungslosem Sex und der Vorstellung eines Lebens zu zweit ohne ihren Ehemann Percy. So fantasierte sie in einem Brief über die Möglichkeit, ihren Mann zu vergiften. Aber es gab weder Beweise für eine Tatbeteiligung noch für eine Mitwisserschaft von Edith. Auch sprach ihr Verhalten während des Überfalls dagegen. Dessen ungeachtet wurde sie ebenso wie Frederick Bywaters zum Tode verurteilt. Die Jury war überzeugt, dass Edith Thompson ihren unerfahrenen jungen Liebhaber zum Mord an ihrem Ehemann angestiftet hatte.

Am 9. Januar 1923 wurden beide gleichzeitig durch Erhängen hingerichtet. Edith Thompsons' Verurteilung zum Tode ohne nachgewiesene Tatbeteiligung sorgte seinerzeit für heftige Diskussionen. Die Liebesbriefe waren kein ausreichender Beweis. Diese Todesstrafe gilt heute als Fehlurteil.

Sally Clark – schuldig durch Statistik

»Mein Kind atmet nicht mehr«, meldete die aufgeregte Anruferin der Notrufzentrale am 26. Januar 1998 um 21:57 Uhr. Als die Rettungssanitäter neun Minuten später eintrafen, kniete der Vater neben seinem Baby und versuchte es wiederzubeleben. Der acht Wochen alte Harry war erschlafft, blau angelaufen und zeigte keine Lebenszeichen. Sämtliche Wiederbelebungsversuche scheiterten.

Nachdem Harry im Krankenhaus für tot erklärt wurde, untersuchte ein Kinderarzt die Babyleiche auf äußere Verletzungen und auf Anzeichen für Missbrauch. Bei seiner sorgfältigen Untersuchung fand er nichts dergleichen. Während er seine Beobachtungen aufschrieb, erinnerte er sich, dass er das Gleiche vor etwa einem Jahr schon einmal für ein anderes Baby der Clarks getan hatte. Auch das hatte einen unversehrten Körper gehabt.

Sally und Steve Clark waren ein glückliches Ehepaar in Wiltshire, England. Beide waren Rechtsanwälte und verdienten gut. Dann starb im Dezember 1996 ihr erster Sohn Christopher im Alter von elf Wochen. Als Todesursache wurde ein plötzlicher Kindstod angenommen. Die Eheleute trauerten, und Freunde und Familie ermutigten Sally Clark, möglichst schnell wieder schwanger zu werden, um über den Verlust hinwegzukommen. Tatsächlich brachte sie ein knappes Jahr später, am 29. November 1997, wieder einen Sohn zu Welt: Harry.

Die Kriminalpolizei kam im Morgengrauen, um Sally Clark zu verhaften. Sie war noch im Bademantel. Zweimal in so kurzer Zeit ein plötzlicher Kindstod war aus Sicht der Polizei ein zu großer Zufall. Der Kinderarzt des Krankenhauses hatte wegen der ungeklärten Todesursache die Polizei informiert und eine Autopsie empfohlen. Der zuständige Pathologe stellte Blutungen an der

Netzhaut fest, was ein Anzeichen für ein Schütteltrauma sein kann, aber nicht muss. Sally Clark war bei beiden Todesfällen allein mit den Säuglingen. Für sie brach eine Welt zusammen. Ein Kind zu verlieren ist schrecklich, ein zweites zu verlieren ist niederschmetternd. Dann auch noch fälschlich der Ermordung beider Kinder beschuldigt zu werden, ist unerträglich.

Sally Clark wurde des zweifachen Mordes angeklagt. Sie bestritt die Taten, doch für die Staatsanwaltschaft war sie eine zweifache Babymörderin. Die Babys hätten ihrer Karriere im Weg gestanden. Sie habe es gehasst, sich um die schreienden Kinder zu kümmern und nicht mehr in ihre Kleider zu passen, während ihr Mann sich anderswo vergnügt habe. Deshalb habe sie die Säuglinge erstickt.

Das Gericht hörte den umstrittenen Kinderarzt Professor Roy Meadows an. Der kämpfte schon länger gegen die Diagnose »plötzlicher Kindstod«, denn nach seiner Meinung verbarg sich dahinter meistens ein Mord durch die Eltern. Meadows' Credo lautet: Ein plötzlicher Kindstod in der Familie ist eine Tragödie, zwei sind verdächtig, drei weisen auf Mord hin, wenn nicht das Gegenteil bewiesen werden kann. Er stellte folgende Berechnung an: In einer von 8 500 Familien stirbt ein Säugling zufällig an plötzlichem Kindstod, also besteht dafür eine Wahrscheinlichkeit von 1:8 500. Für das zweite Kind besteht eine genauso große Wahrscheinlichkeit, am plötzlichen Kindstod zu sterben. Beide Wahrscheinlichkeiten multipliziert ergibt 1:72 250 000. Nur in einer von 72 Millionen Familien würde es zu zwei Fällen von plötzlichem Kindstod in Folge kommen. In England wäre das alle hundert Jahre einmal der Fall. Die Wahrscheinlichkeit von Sally Clarks Unschuld sei damit sehr gering.

Das Gericht folgte dieser Argumentation. Sally Clark wurde im November 1999 wegen des Mordes an ihren beiden Kindern zu lebenslanger Freiheitsstrafe verurteilt. Die Berufung wurde 2000 zurückgewiesen, obwohl sogar die Königliche Statistische Gesellschaft gegen den »Missbrauch von Statistik« vor Gericht protestierte. Bereits die Grundannahme, dass für das zweite Kind eine genauso große Wahrscheinlichkeit bestehe, am plötzlichen Kindstod zu sterben, sei falsch. Denn noch nicht näher untersuchte genetische Ursachen sowie Umweltbedingungen führen zu einer Prädisposition für plötzlichen Kindstod in manchen Familien, sodass ein zweiter Fall in einer prädisponierten Familie wahrscheinlicher auftritt als der erste bei einer nicht vorbelasteten Familie. Nach den englischen Statistiken über plötzlichen Kindstod steigt nach dem ersten die Wahrscheinlichkeit eines zweiten um das Fünf- bis Zehnfache.

Sally Clark blieb weiter inhaftiert. Die Mitgefangenen machten ihr das Leben zur Hölle, da sie in ihren Augen eine zweifache Babymörderin war und als Polizistentochter sowie Rechtsanwältin ohnehin nicht wohlgelitten.

Erst nach drei Jahren erreichte ihr Mann eine Wiederaufnahme des Verfahrens. Sally Clark wurde 2003 schließlich freigesprochen. Allerdings nicht, weil die Justiz ihren Statistik-Irrtum eingesehen hatte, sondern weil die Staatsanwaltschaft im ersten Prozess verschwiegen hatte, dass der kleine Harry vor seinem Tod an einer starken Bakterieninfektion litt, die sich dann zu einer Gehirnhautentzündung entwickelt hatte. Dieser unterschlagene Befund des Pathologen legte eine natürliche Todesursache nahe.

Das Fehlurteil kam zustande, weil das Gericht den Grundsatz »im Zweifel für den Angeklagten« ignorierte. Der Mangel an Beweisen hätte zu einem Freispruch führen müssen. Stattdessen hat das Gericht aufgrund einer falschen Statistik die Täterschaft von Clark vermutet. Außer der errechneten Unwahrscheinlichkeit eines zweifachen plötzlichen Kindstodes gab es keinerlei objektiven Beweis für die Schuld der trauernden Mutter.

Als Sally Clark aus dem Gefängnis entlassen wurde, hatte sie über drei Jahre ihrer Strafe abgesessen. Sie erholte sich nie von der Verurteilung und der Haft. Sie wurde psychisch krank und alkoholabhängig. 2007 starb sie im Alter von 42 Jahren an einer Alkoholvergiftung.

Fluch und Segen von DNA-Analysen

Die DNA-Analyse als neues Beweismittel ist eine wahre Wunderwaffe zur Aufklärung von Straftaten. Selbst kleinste Spuren von Blut, Speichel, Sperma, Hautschuppen oder Haaren lassen noch nach Jahrzehnten eine zweifelsfreie Identifizierung des Täters zu. Der Fortschritt der DNA-Analysen hat in den letzten zehn Jahren eine Welle von Fehlurteilen nach oben gespült. In einer erschreckend hohen Anzahl von Fällen hat sich im Nachhinein die Unschuld rechtskräftig Verurteilter durch DNA-Vergleiche herausgestellt. Allein das Innocence Project in New York hat durch nachträgliche DNA-Analysen die Freilassung von 375 unschuldigen Gefangenen erreicht, darunter waren auch zahlreiche Verurteilte, die in der Todeszelle auf ihre Hinrichtung warteten. Nicht selten konnte nicht nur die Unschuld des Verurteilten bewiesen, sondern durch einen Treffer in den DNA-Datenbanken auch der wahre Täter ermittelt werden.

Die DNA-Analyse birgt aber auch Gefahren. Wenn nämlich bei der Spurensicherung und Laboranalyse nicht alle Hygienevorschriften peinlich genau eingehalten werden, kann es zu einer Kontaminierung der DNA-Probe und damit zu falsch positiven Ergebnissen kommen. Die Interpretation von DNA-Testergebnissen stellt besondere intellektuelle Anforderungen an das Gericht. Fehlentscheidungen aufgrund mangelnder Kenntnis der hinter dem genetischen Fingerabdruck steckenden Molekularbiologie kommen durchaus vor.

Rettender Spermatest

Die Leiche der 18-jährigen Sabine R. wurde im Juni 1985 unter einem Rosenbusch gefunden, blutverschmiert und halb nackt. Die Obduktion ergab, dass der Täter das Mädchen zunächst vergewaltigt und dann erwürgt hatte. An der Leiche fanden sich Spermareste.

Sabine R. war am Abend ihrer Ermordung in einer Diskothek gewesen. Dort lernte sie einen britischen Soldaten kennen, mit dem sie in einer Ecke der Disco Zärtlichkeiten austauschte. Der Brite bot an, sie nach Hause zu bringen. Eine Freundin der Ermordeten ging noch ein Stück des Weges mit den beiden. Sie identifizierte Richard Simmons später als den Mann, der beim nächtlichen Heimweg dabei war. Simmons behauptete, er habe sich wegen seines ziemlich betrunkenen Zustands wenig später von Sabine R. getrennt und sei in die Kaserne zurückgekehrt.

Richard Simmons war allerdings der einzige Verdächtige. Und gegen ihn war bereits ein Verfahren wegen versuchter Vergewaltigung anhängig. Auch wurden an der Leiche Textilfasern von seiner Kleidung gefunden. Er wurde angeklagt und am 13. Mai 1986 vom Landgericht Bielefeld in einem reinen Indizienprozess wegen Mordes in Tateinheit mit Vergewaltigung zu lebenslanger Freiheitsstrafe verurteilt. Ausschlaggebend für die Verurteilung war die Aussage des Rechtsmediziners, nach der die im Sperma gefundene Blutgruppe mit der von Simmons übereinstimmte. Dass die Blutgruppe A positiv mit einem Bevölkerungsanteil von 37 Prozent die häufigste Blutgruppe ist, schien niemanden zu stören.

Auch in Haft beteuerte Simmons weiterhin seine Unschuld. Erst 1994 erreichte ein neuer Verteidiger eine Wiederaufnahme des Verfahrens. Das Gericht ließ ein DNA-Gutachten erstellen. Dieses ergab, dass der genetische Fingerabdruck von Simmons nicht mit den Spermaproben übereinstimmt. Simmons war als Täter auszuschließen. Nach achteinhalb Jahren Gefängnis wurde er freigelassen.

Das Gericht zeigte jedoch wenig Interesse an einem neuen Prozess, weshalb es weitere acht Jahre dauerte, bevor eine zweite Verhandlung begann. Richard Simmons wurde erst am 26. Februar 2002, also 16 Jahre nach seiner Inhaftierung, vom Landgericht Münster freigesprochen.

Das Fehlurteil hatte Simmons Leben da längst zu einem Scherbenhaufen gemacht. Die Armee hatte ihn unehrenhaft entlassen. Familie und Freunde hatten sich von ihm losgesagt. Die Folge waren Selbstgespräche und Depressionen, mehrfach versuchte er, sich das Leben zu nehmen. Simmons Resümee: »Die Justiz hat mein Leben verpfuscht.«

Der Mord an Sabine R. wurde bis heute nicht aufgeklärt.

Freispruch nach 35 Jahren – der Fall James Bain

Die Polizei klingelte kurz vor Mitternacht. Sie nahm den 19-jährigen Highschool-Schüler James Bain am 23. März 1974 mit aufs Revier. Ohne den Grund seiner Festnahme zu erfahren, verbrachte er die nächsten vier Tage in Polizeigewahrsam. Dann wurde ihm der Tatvorwurf eröffnet: Er sollte einen neunjährigen Jungen entführt und vergewaltigt haben. Der Junge habe ihn identifiziert. Nachdem er in der Nacht des 4. März 1974 durch ein offen stehendes Fenster aus seinem Kinderzimmer entführt worden war, hatte der Täter ihn auf einem roten Moped zu einem nahegelegenen Feld verschleppt und dort missbraucht. Als der Junge wieder nach Hause kam, trug er nur T-Shirt und Unterhose.

Der Junge beschrieb den Vergewaltiger als Mann mit schwarzer Hautfarbe, der sich »Jimmy« genannt und ausgeprägte Koteletten gehabt habe. Der Onkel des Opfers sagte, die Täterbeschreibung würde auf James Bain passen, der an der Schule des Jungen Hausmeister war.

Die Polizei führte eine Wahllichtbildervorlage durch. Das kennt jeder aus TV-Krimis: Dem Zeugen werden mehrere Fotos ähnlich aussehender Personen vorgelegt, anschließend wird er gefragt, ob er auf einem der Fotos den Täter wiedererkennt. Man legte dem Jungen Bains Foto zusammen mit Fotos von vier oder fünf anderen Männern vor. Nur Bain hatte Koteletten. Der Junge wählte dessen Foto aus.

Die Samenspuren auf der Unterwäsche des Jungen wurden untersucht. Der Täter hatte die Blutgruppe B, Bain die Blutgruppe AB. Bain gab für die Tatzeit ein Alibi an: Er war bei einem Freund gewesen und hatte später mit seiner Schwester zu Hause ferngesehen. Wegen der nicht übereinstimmenden Blutgruppen sowie seines Alibis konnte Bain nicht der Täter sein. Das Gericht verurteilte ihn trotzdem zu lebenslanger Freiheitsstrafe – allein aufgrund der Aussage des Opfers.

Ein neues Gesetz erlaubte seit 2001 die Wiederaufnahme abgeschlossener Strafverfahren aufgrund von DNA-Tests. Bain erkundigte sich danach. Die Unterhose des Jungen war seit fast 30 Jahren asserviert. Bain beantragte viermal einen DNA-Test. Alle vier Anträge wurden wegen Formfehlern abgelehnt. Zufällig erfuhr das Innocence Project von Bains Fall. Mit dessen Hilfe hatte der fünfte Antrag Erfolg. Die Unterhose mit den Samenspuren wurde erst in einem privaten und dann noch einmal in einem staatlichen

Labor einem DNA-Test unterzogen. Nach beiden Testergebnissen war Bain nicht der Täter. Am 17. Dezember 2009 wurde der mittlerweile 54-Jährige aus dem Gefängnis entlassen.

Der nachträgliche Freispruch von James Bain war der 248. aufgrund einer DNA-Analyse. Von allen aufgrund DNA-Test nachträglich Freigesprochenen hatte er mit 35 Jahren am längsten gesessen. Die Justiz hatte Bain fast zwei Drittel seines Lebens geraubt.

»Wenn ich es getan hätte« – der Fall O. J. Simpson

Ein Freund erzählte O. J. Simpson von einem Kurztrip von dessen Ex-Frau, bei dem Alkohol, Drogen und ausschweifender Sex eine Rolle gespielt hätten. Simpson machte sich wegen der immer häufigeren Abstürze seiner Ex-Frau Sorgen um seine Kinder. Also fuhr er am Abend des 13. Juni 1994 zu ihr, um sie zur Vernunft zu bringen.

Vor Nicole Brown Simpsons Haus angekommen, setzte er eine blaue Wollmütze auf, zog Handschuhe an und holte ein Messer unter dem Sitz hervor. Er sah aus wie ein Einbrecher. Als er sich dem Haus näherte, bemerkte er Kerzenschein und romantische Musik im Inneren. Es war offensichtlich, dass Nicole jemanden erwartete. Gerade als Simpson sich fragte, wer denn der Liebhaber diesmal war, betrat Ron Goldman das Grundstück. Goldman gab vor, eine im Restaurant vergessene Brille von Nicoles Mutter zu bringen. Simpson schimpfte ihn einen Lügner; in Wahrheit sei er gekommen, um die Nacht mit Nicole zu verbringen. Plötzlich wurde die Haustür geöffnet. Aufgeschreckt durch die lauten Stimmen der streitenden Männer, kam Nicole nach draußen. Sie trug ein hautenges schwarzes Cocktailkleid. Während Simpson weiter mit Goldman stritt, schrie Nicole, er solle gehen. Als er nicht reagierte, stürzte sie auf ihn zu. Er duckte sich, sie verlor das Gleichgewicht und fiel mit dem Kopf auf die Treppe. Nicole blieb erst einmal liegen, und Goldman nahm eine Karatestellung ein. Simpson klappte sein Messer auf ...

Dann gerieten die Dinge außer Kontrolle. Wenig später war Simpsons ganze Vorderseite mit Blut bedeckt. Einen Augenblick fragte er sich, ob er verletzt war, aber das war nicht der Fall. Er sah nach unten und dort Nicole in einer Fötushaltung am Ende der Treppe liegen. Goldmann lag nur ein paar Schritte weiter am Zaun. Beide bewegten sich nicht. Beide lagen in einer großen Blutlache. Simpson blickte wieder auf seine blutdurchtränkte Kleidung und das blutige Messer in seiner Hand.

So jedenfalls schilderte der bekannte Football-Spieler und Schauspieler O. J. Simpson die Tatnacht in seinem Buch *If I Did It* (»Wenn ich es getan hätte«). Was sich liest wie das Geständnis eines Mörders, soll natürlich reine Fiktion sein.

Die Polizei glaubte dagegen, dass O. J. Simpson seine Ex-Frau und deren Bekannten so oder so ähnlich aus Eifersucht umgebracht hatte. Als Simpson festgenommen werden sollte, ergriff er mit einem weißen Ford Bronco SUV die Flucht. Er hatte Kleidung zum Wechseln dabei, eine große Menge Bargeld, einen Pass und Sachen zum Verkleiden. Er bescherte der Fernsehnation USA die erste live per Hubschrauber übertragene Verbrecherverfolgungsjagd.

O. J. Simpson wurde gestellt und wegen Doppelmordes angeklagt. Er nahm sich die besten Anwälte. Es folgte ein Sensationsprozess, der ebenfalls live im Fernsehen übertragen wurde.

Die Staatsanwaltschaft glaubte, einen wasserdichten Fall zu haben. Vor allem die DNA-Spuren ließen keinen Raum für begründete Zweifel an der Täterschaft Simpsons. Auf dem Gehweg vor dem Haus waren Blutstropfen sichergestellt worden, die mit einer Wahrscheinlichkeit von 170 Millionen zu eins von O. J. Simpson stammten. Das Blut an dem in Simpsons Garten gefundenen Handschuh stammte laut Gutachten vom ermordeten Ron Goldman. Die Socken, die man in Simpsons Schlafzimmer gefunden hatte, wiesen Blutspuren von Nicole Brown Simpson auf. Blutspuren von O. J. Simpson am Tatort und Blutspuren beider Opfer bei ihm zu Hause – aus forensischer Sicht ein sicherer Tatnachweis.

Doch DNA-Analysen waren Mitte der 1990er noch weitgehend unbekannt. Den Laienrichtern erschloss sich ihre weitreichende Bedeutung nicht. Die meisten Geschworenen hatten keine Hochschulausbildung und konnten die wissenschaftliche Beweisführung nicht verstehen. Hinzu kam, dass die Erläuterung der Laborergebnisse im Prozess extrem ermüdend war. Die Verteidiger drängten die Sachverständigen zudem durch endloses Nachfragen so sehr ins Detail, dass die meisten Geschworenen einfach geistig abschalteten. Stattdessen interessierten sie sich mehr für anschaulichere Aspekte. Da gab es beispielsweise einen Hauptermittler, dessen Lieblingswort »Nigger« war. Die Verteidigung hatte es bei einer überwiegend schwarzen Jury leicht, den Prozess gegen den schwarzen O. J. Simpson als rassistisch zu brandmarken. Vollends überzeugt von der Unschuld Simpsons war die Jury nach der Präsentation eines blutigen Handschuhs, der dem Angeklagten bei der Anprobe im Gerichtssaal nicht passte. Die Möglichkeit, dass der blutdurchtränkte, später getrocknete und mehrfach eingefrorene und wieder aufgetaute Handschuh schlicht geschrumpft sein könnte, beachteten sie nicht. Die Geschworenen sprachen O. J. Simpson am 3. Oktober 1995 frei.

Die Familie von Ron Goldman reichte später eine Zivilklage

gegen Simpson ein. Am 5. Februar 1997 befand eine Jury ihn einstimmig für den Mord an Goldman und Brown schuldig. Das Zivilgericht verurteilte Simpson zu einer Schadensersatzzahlung in Höhe von insgesamt 33,5 Millionen US-Dollar an die Hinterbliebenen. Es ist schon verblüffend, dass zwei Gerichte denselben Fall beurteilten und zu völlig gegensätzlichen Entscheidungen kamen, obwohl die DNA-Beweise eine eindeutige Sprache sprachen. Auf jeden Fall ist eine davon ein krasses Fehlurteil, das entweder einen Mord ungesühnt oder aber einen Menschen finanziell ruiniert hat – welche, ist bis heute ungeklärt.

Der Fall Andrea Butzelar – Freispruch für den Mörder

Der Mann hatte ihr eine Plastiktüte über den Kopf gezogen. Paketklebeband ratschte, und sie spürte einen Druck am Hals, als der Mann die Tüte luftdicht verschloss. Andrea Butzelar schnappte panisch nach Luft und versuchte sich zu wehren, doch der Mann hatte sie zuvor gefesselt. Nach 60 bis 90 qualvollen Sekunden war sie von dem akuten Sauerstoffmangel bewusstlos und ging vor dem Regal mit den Horrorfilmen zu Boden. Fünf Minuten später trat der Hirntod ein. Die 28-jährige Videoverkäuferin hinterließ einen Mann und drei Söhne.

Der Raubüberfall auf die Videothek fand 1993 in Düsseldorf statt, um die Mittagszeit. Der Täter erbeutete 650 DM aus der Tageskasse. Zeugen, die vor der verschlossenen Tür der Videothek standen, sahen durch die Milchglasscheibe einen auffallend kleinen Mann fliehen. Der Mörder rannte in das Hinterzimmer und kletterte über ein Regal auf die Fensterbank, wo er im Staub einen Schuhabdruck hinterließ. Dann öffnete er das Fenster, wobei Fasern seiner Jacke am Fensterrahmen hängen blieben, und sprang

3,35 Meter hinunter in den Innenhof. Bei einem Sprung aus dieser Höhe ist eine Verletzung sehr wahrscheinlich.

Die Polizei fahndete nach dem Raubmörder unter den 6 000 Kunden der Videothek. Erst nach 20 Monaten hatte sie einen Verdächtigen: Werner P. war Kunde der Videothek und wegen räuberischer Erpressung vorbestraft. Die Personenbeschreibung passte, denn Werner P. war nur 1,66 Meter groß. Vor allem war er zwei Tage nach dem Raubmord ins Krankenhaus gegangen, weil er sich den linken Knöchel gebrochen hatte. »Eine typische Sprungverletzung«, sagte der Orthopäde. Die Polizei schlussfolgerte, dass dies beim Sprung vom Fenster in den Hinterhof passiert sein musste. Zudem fand sie in seiner Wohnung ein Paar Herrenslipper, deren Absätze ein Rautenmuster hatten, das zu dem Abdruck auf der Fensterbank im Hinterzimmer der Videothek passte. An der Oberkante des Regals vor dem Fenster klebten Fasern, die mit denen einer Winterjacke des Verdächtigen identisch waren.

Vor dem Landgericht Düsseldorf begann 1996 ein Indizienprozess. Werner P. bestritt den Raubmord. Zur Tatzeit habe er geschlafen. Den Knöchel habe er sich verknackst, als er beim Duschen ausgerutscht sei. Den Schuhabdruck und die Fasern könne auch jemand anderes hinterlassen haben, denn seine Schuhe und seine Jacke seien Massenware.

Das Landgericht Düsseldorf sprach Werner P. 1997 aus Mangel an Beweisen frei. Den Richtern schienen die Indizien nicht ausreichend. Für die 14 Monate, die er in Untersuchungshaft gesessen hatte, erhielt er 80 000 DM Entschädigung.

Der Fall ließ die Polizei nicht ruhen. Neun Jahre später hatten sich die Möglichkeiten der DNA-Analyse erheblich verbessert. Inzwischen reichten selbst kleinste Spurenmengen für eine DNA-Analyse aus. 2006 ließen die Ermittler das vom Mörder verwendete Klebeband noch einmal untersuchen und fanden winzige Hautpartikel. Der DNA-Abgleich brachte eine Übereinstimmung mit dem genetischen Fingerabdruck des Mannes, der vor knapp zehn Jahren freigesprochen worden war: Werner P. »Er ist aus unserer Sicht zu hundert Prozent der Täter«, erklärte die Düsseldorfer Staatsanwaltschaft. Werner P. durfte trotzdem nicht noch einmal angeklagt werden. Eine Gesetzeslücke schützt ihn vor weiterer Strafverfolgung. Denn eine Wiederaufnahme zuungunsten des Angeklagten ist nur unter den engen Voraussetzungen des § 362 StPO möglich – beispielsweise, wenn der Freigesprochene nachträglich ein glaubhaftes Geständnis ablegt. Die Möglichkeit einer Wiederaufnahme aufgrund neuer kriminaltechnischer Untersuchungsmethoden sah das Gesetz nicht vor. Die Staatsanwaltschaft musste deshalb tatenlos zusehen, wie der höchstwahrscheinliche Mörder weiter frei herumlief.

Die Justizministerin von Nordrhein-Westfalen Roswitha Müller-Piepenkötter fand dies schlicht unerträglich. Sie sah in dem ungesühnten Mord eine Gerechtigkeitslücke und brachte im Januar 2008 einen Gesetzesentwurf zur Reform des strafrechtlichen Wiederaufnahmerechts in den Bundesrat ein. Doch die Regierung hatte verfassungsrechtliche Bedenken im Hinblick auf Art. 103 Abs. 3 GG und ließ den Entwurf in der Gesetzgebungsbürokratie versanden. Dies ist ein schönes Beispiel für die Unwilligkeit, aus Justizirrtümern die notwendigen Lehren zu ziehen.

Erst am 30. Dezember 2021 trat ein neuer § 362 Nr. 5 StPO in Kraft, mit dem eine Wiederaufnahme des Strafverfahrens zuungunsten des Angeklagten auch dann zulässig ist, wenn neue Tatsachen oder Beweismittel beigebracht werden können. Von der Gesetzesinitiative der Justizministerin bis zur Verabschiedung hatte es 13 Jahre gebraucht. Werner P. braucht trotzdem kein neues Strafverfahren gegen sich zu befürchten, denn er ist inzwischen an Krebs gestorben. Der Mord an Andrea Butzelar bleibt damit für immer ungesühnt.

Das Heilbronner Phantom –
DNA-Irrtum ohne Folgen

Der Schuss wurde aus nächster Nähe abgegeben. Die Kugel durchschlug den Schädel von Michèle Kiesewetter an der Schläfe und drang am Jochbein wieder aus. Die 22-jährige Polizeibeamtin starb auf dem Fahrersitz ihres Streifenwagens. Ihr Kollege auf dem Beifahrersitz erhielt ebenfalls einen Kopfschuss in die Schläfe. Er überlebte schwer verletzt. Nach mehreren Wochen im Koma hatte er jedoch keine Erinnerung an die Tat.

Die fremden Spuren am Streifenwagen der Beamten wurden einer DNA-Analyse unterzogen. Der genetische Fingerabdruck stellte sich als weiblich heraus. Die Ermittlungen führte fortan die Sonderkommission »Parkplatz«. Für Hinweise auf die gesuchte Frau wurde eine Belohnung von 300 000 Euro ausgelobt. Dieselbe DNA wurde in der Folgezeit an weiteren Tatorten festgestellt, darunter bei sechs Mordfällen und zahlreichen Einbrüchen. Die Polizei war sich sicher, einer schwerstkriminellen und kaltblütigen Serientäterin auf der Spur zu sein. Doch die auch öffentlich geführte Fahndung brachte keine Hinweise auf die Identität der Gesuchten. Kein Zeuge hatte die »Frau ohne Gesicht« gesehen, die ihrer DNA nach aus Osteuropa stammen musste.

Das Heilbronner Phantom hatte nach den DNA-Ergebnissen von 1993 bis 2009 an mindestens 40 Tatorten in Deutschland und Österreich zugeschlagen und dabei völlig unterschiedliche Straftaten begangen, vom Einbruch bis zum Mord. »Da passt nichts zusammen«, bilanzierte ein Polizeisprecher. Die Polizei suchte nach etwas, was die vielen Taten verband. Es musste doch eine Erklärung für das Auffinden der immer gleichen DNA geben.

Aber allmählich kamen Zweifel auf, ob das Heilbronner Phantom wirklich existierte. Eine Hypothese lautete, die Ausrüstung zur Spurensicherung und -analyse könnte verunreinigt sein. Also machte die Polizei sich auf die Suche nach einer Ausrüstung, die in allen 40 Fällen benutzt worden war. Des Rätsels Lösung: Die Spurensicherung hatte in allen Fällen Abstrichbestecke von derselben Firma bezogen. Ende 2009 wurde nachgewiesen, dass die angebliche Serientäterinnen-DNA von Verunreinigungen an den Wattestäbchen stammte. Sie konnte einer Verpackungsmitarbeiterin eines an der Herstellung beteiligten Unternehmens zugeordnet werden. Ihre Aufgabe war es, die aus China importierten Wattestäbchen manuell auf Verschlussstopfen zu montieren und in Plastikröhrchen zu verpacken. Dabei hatte sie die Wattestäbchen mit ihrer eigenen DNA kontaminiert. Das Heilbronner Phantom hatte es nie gegeben.

Am 7. November 2011 konnte der Polizistenmord aufgrund von Waffenfunden schließlich der rechtsterroristischen Gruppe Nationalsozialistischer Untergrund (NSU) zugeordnet werden. Dies war im eigentlichen Sinne kein Justizirrtum, sondern eine Ermittlungspanne. Doch der Fall zeigt, wie fehleranfällig die vermeintlich sichere DNA-Analyse sein kann.

Die nachträgliche Überführung eines Serienvergewaltigers

Die 29-jährige Mutter wurde am 30. Juli 1981 vom Parkplatz des Kentucky Fried Chicken in Atlanta entführt, wo die Schulangestellte aus Decatur gerade ihre Sommerferien verbrachte. Ein mit einer Pistole bewaffneter Mann drang in ihr Auto ein, drohte, sie zu töten, und fuhr mit ihr zu einer abgelegenen Stelle auf dem Land. Dort schlug er sie, fesselte sie und vergewaltigte sie dreimal. Schließlich ließ der Täter sein Opfer nackt und gefesselt am Straßenrand zurück und flüchtete in ihrem Wagen.

Einige Wochen später wurde Robert Clark im gestohlenen Auto der vergewaltigten Frau gesehen, geriet so in Tatverdacht und wurde festgenommen. Die erste Täterbeschreibung des Opfers passte nicht auf Clark. Er war einen Kopf größer. Die Polizei machte eine Wahllichtbildervorlage. Das Opfer erkannte Clark zunächst nicht wieder, sondern zeigte auf jemand anderen. Erst bei einem zweiten Versuch benannte die Frau Clark als jemanden, der dem Angreifer ähnlich sehe. Bei der anschließenden Gegenüberstellung erkannte sie dann schließlich Robert Clark als ihren Vergewaltiger wieder. Die Reihe der Verdächtigen, aus denen das Opfer den Täter auswählen soll, bestand in diesem Fall allerdings auch nur aus dieser einen Person.

Robert Clark bestritt die Entführung und Vergewaltigung. Er habe das Auto von seinem Freund Tony Arnold bekommen, gab der damals 21-Jährige zu Protokoll. Dieser entsprach auch eher der Täterbeschreibung des Opfers. Zudem war Arnold von Zeugen im Wagen des Opfers gesehen worden. Die Polizei ging dieser Spur jedoch nicht nach, denn sie hatte sich bereits auf Clark als Täter festgelegt.

Clark wurde am 26. Mai 1982 zu lebenslänglicher Haft verurteilt. Das Opfer war sich inzwischen sicher, dass er es war, der sie entführt und vergewaltigt hatte.

Das Innocence Project erfuhr 2003 von Clarks Fall und überzeugte das Gericht gegen den Widerstand der Staatsanwaltschaft, Clarks DNA noch einmal mit Spuren vom Tatort zu vergleichen. Das Ergebnis ist eindeutig: Clark hatte die Frau nicht vergewaltigt.

Die in der Vagina des Opfers gefundenen Spermien stammten nicht von ihm. Mittels des DNA-Tests konnte auch der wahre Täter gefunden werden. Es war Tony Arnold, den Clark bereits vor über 20 Jahren als Verdächtigen benannt hatte. Außerdem stimmte Arnolds DNA mit den Spuren von zwei weiteren bislang ungelösten Vergewaltigungen in Atlanta überein.

Robert Clark wurde am 8. Dezember 2005 freigesprochen. Er hatte 23 Jahre im Gefängnis für eine Tat gesessen, die er nicht begangen hatte. Das Fehlurteil hatte nicht nur einen Unschuldigen über zwei Jahrzehnte Freiheit gekostet, sondern auch noch einem Serienvergewaltiger die Gelegenheit zu mindestens zwei weiteren Taten gegeben.

Der ungesühnte Mord

Die 17-jährige Schülerin Frederike von Möhlmann wollte 1981 nach einer Chorprobe nach Hause. Bis zu ihrem Elternhaus waren es acht Kilometer. Abends fuhren keine Busse mehr. Sie stieg zu einem Mann ins Auto. Dieser fuhr auch zunächst in Richtung ihres Heimatortes, doch dann bog er in ein Waldstück ab. Auf einer Lichtung vergewaltigte der Mann das Mädchen. Als es sich wieder anzog, zückte er ein Messer und stach mehrmals zu. Zwei Stiche in Herz und Lunge waren unmittelbar tödlich. Zur Sicherheit schnitt er ihr auch noch die Kehle durch. Vier Tage später wurde ihre Leiche von einer Familie beim Sonntagsspaziergang gefunden.

Reifenspuren im Wald führten zu Ismet H. Profil und Spurweite entsprachen denen eines BMW 1602, genau dieses Modell fuhr H. Faserspuren von dem Sitzkissen und -fellen im Auto stimmten mit Spuren an Frederikes Kleidung und Unterwäsche überein. Der Beschuldigte behauptete, am Tatabend zu Hause gewesen sein zu sein. Doch die von ihm benannten Zeugen - Verwandte, Nachbarn und sein Bruder - wollten sein Alibi nicht bestätigen.

Das Landgericht Lüneburg verurteilte Ismet H. am 1. Juli 1982 zu lebenslänglicher Freiheitsstrafe. Auf die von ihm eingelegte Revision hob der Bundesgerichtshof das Urteil jedoch auf und verwies den Fall an das Landgericht Stade. Dieses sprach Ismet H. 1983 frei. Dem Gericht reichten die Indizien nicht, die Zweifel überwogen.

Das war ein Fehlurteil, wie sich Jahre später zeigte. Hans von Möhlmann setzte sich unermüdlich für die Aufklärung des Mordes an seiner Tochter ein. Im Jahr 2012 erreichte er die Einsetzung einer Sonderkommission. Sie fanden Frederikes Slip in der Asservatenkammer und in ihm eine »sekretverdächtige Anhaftung«. Es gehört wenig Fantasie dazu, sich dieses als Sperma des Vergewaltigers vorzustellen. Die Spur wurde mithilfe einer DNA-Analyse untersucht, eine Methode, die es in den 80er-Jahren noch nicht gegeben hatte. Als Vergleichsspur gab es noch eine Haarprobe von Ismet H. Die DNA-Muster von Sekret und Haar waren in allen Punkten identisch. Damit war H. praktisch des Mordes an Frederike überführt.

Noch mal vor Gericht gestellt werden konnte Ismet H. trotzdem nicht, denn wie im Fall von Andrea Butzelars Mörder Werner P. galt der lateinische Rechtsgrundsatz *ne bis in idem*, nach dem niemand wegen der gleichen Tat zweimal angeklagt werden darf.

Hans von Möhlmann kämpfte für eine Änderung der Gesetzeslage letztlich erfolgreich: Der 2021 eingeführte neue § 362 Nr.5 StPO erlaubte eine Wiederaufnahme zuungunsten des Freigesprochenen, wenn neue Tatsachen oder Beweismittel beigebracht werden. Die Mordanklage gegen ihn wird neu verhandelt.

Hans von Möhlmanns größter Wunsch war: »Bevor ich sterbe, möchte ich, dass der Täter seine gerechte Strafe bekommt.« Die Erfüllung dieses Wunsches blieb ihm versagt. Er starb im Alter von 79 Jahren vor Beginn des neuen Mordprozesses. Auch für ihn mahlten Justitias Mühlen zu langsam.

Ermittlungsfehler – mangelhafte und eingleisige Ermittlungen

Die Polizei steht grundsätzlich unter dem Erfolgsdruck, Kapital-verbrechen möglichst schnell aufzuklären. Das führt manchmal dazu, dass die Kripo sich voreilig auf einen Verdächtigen festlegt und den Fall um ihn herum konstruiert.

Der so entstehende Tunnelblick hat zur Folge, dass entlas-tende Beweise oder Spuren, die vielleicht zum wahren Täter füh-ren könnten, ignoriert werden. Es wird nur noch das ermittelt, was zur selbst gesetzten Täterhypothese passt. Die vorschnelle Festlegung auf einen Tatverdächtigen ist ein häufiger Grund für Fehlurteile.

Verhängnisvoller Korpsgeist – der Fall Harry Wörz

»Ich bring dich um, ich schlage dich tot!«, zerriss eine Männer-stimme am 29. April 1997 die nächtliche Stille in Birkenfeld bei Pforzheim. Es war 2:16 Uhr. Der eskalierende Streit im Schlafzim-mer hatte inzwischen einen Nachbarn auf der anderen Straßen-seite geweckt. Eine Frau antwortete mit wimmernder Stimme:

»Lass mich doch gehen, ich will doch nichts von dir.« Doch der Mann nahm einen Wollschal des zweijährigen Kai, der in der rechten Hälfte des Doppelbettes geschlafen hatte und ebenfalls durch den Streit aufgewacht war, legte ihn der Frau um den Hals und zog ihn zu. Als Andrea Z. bewusstlos zu Boden gegangen war, knotete er den Schal an den Enden zusammen. Sie sollte ganz sicher sterben. Dann schliff er sein Opfer aus dem Schlafzimmer in den Wohnungsflur bis zur Kellertür und legte es dort ab. Der Täter glaubte, die Frau sei tot.

Zur selben Zeit war der im Keller übernachtende Vater des Opfers, Wolfgang Z., durch Geräusche aus der darüber liegenden Erdgeschosswohnung geweckt worden. Er ging über die Kellertreppe nach oben. Sein Versuch, die Tür zu öffnen, scheiterte. Durch einen Spalt sah er die Beine seiner Tochter, erschrocken rief er nach ihr. Da schlug der Täter unvermittelt die Tür zu und Wolfgang Z. ins Gesicht. Die Tür wieder aufdrücken konnte er nicht, weil der Täter sich dagegen stemmte. »Ich hole jetzt meine Waffe und erschieße dich!«, rief der Vater. Während Wolfgang Z. dann nach dem Telefon suchte, entkam der Täter unerkannt.

Wolfgang Z. kniete sich neben seine Tochter, löste die Strangulierung und setzte einen Notruf ab. Andrea Z. konnte von den Sanitätern wiederbelebt werden und wurde, weiterhin bewusstlos, ins Krankenhaus gebracht.

Schon bei seinem Notruf hatte der Vater die Vermutung geäußert, dass es sich um eine Beziehungstat handeln könnte, und zwei Verdächtige benannt: seinen Schwiegersohn Harry Wörz und den Polizeibeamten Thomas H., den damaligen Geliebten des Opfers. Entsprechend stellte sich der Mordanschlag für die Polizisten als Dreiecksgeschichte dar. Andrea Z. lebte zum Zeitpunkt der Tat seit einem Jahr von ihrem Ehemann Harry Wörz getrennt. Möglicherweise war es daraufhin zu einem Streit um das Sorgerecht für den gemeinsamen Sohn gekommen. Zudem hatte Andrea Z. kurz nach der Trennung ein Verhältnis mit dem verheirateten Thomas H. begonnen. Dieser war jedoch hin- und hergerissen zwischen seiner Familie und seiner neuen Freundin. Dies führte zu heftigen Auseinandersetzungen mit beiden Frauen: Beide bestanden auf einer Trennung von der jeweils anderen. Thomas H.s Ehefrau drohte ihm zudem mit Scheidung und hatte ihm ein Ultimatum zur Beendigung seiner Affäre mit Andrea Z. gesetzt.

Wenige Minuten nach der Tat stand bei beiden Tatverdächtigen ein Streifenwagen vor der Tür, ohne dass die Beamten etwas unternahmen. Über Stunden warteten sie nur ab und beobachteten.

Das Opfer war selbst Polizistin, ihr Vater höherer Polizeibeamter. Auch der Tatverdächtige Thomas H. war bei der Polizei. Harry Wörz war der einzige Nichtpolizist in diesem Fall.

Thomas H. erhielt von seiner Ehefrau ein Alibi. Sie sagte aus, ihr Mann habe die Nacht über neben ihr im Ehebett gelegen. Der Verdacht gegen ihn wurde fallen gelassen.

Am nächsten Morgen wurde Harry Wörz mit einem Telefonanruf aus dem Haus gelockt, festgenommen und in einen Streifenwagen verfrachtet. Damit sollte er für viele Jahre kein freier Mann mehr sein. Obwohl die Beweislage dünn war und Wörz hartnäckig seine Unschuld beteuerte, wurde er wegen versuchten Mordes vor dem Landgericht Karlsruhe angeklagt.

Andrea Z. hatte durch das minutenlange Abschneiden der Sauerstoffzufuhr einen hypoxischen Hirnschaden davongetragen. Sie saß gelähmt im Rollstuhl und war unfähig, sich verständlich zu äußern. Der zweijährige Sohn Kai hatte zwar den Mordversuch mit angesehen, war aber zu jung, um den Täter beschreiben zu können. Die beiden einzigen Tatzeugen konnten deshalb nichts zur Aufklärung des Verbrechens beitragen.

Es gab jedoch DNA-Spuren von Wörz am Tatort, in zwei Fetzen von Vinylhandschuhen etwa, und an der mutmaßlichen Tatwaffe, dem Wollschal des gemeinsamen Sohnes. Nach nur vier Verhandlungstagen verurteilte das Landgericht Harry Wörz im Januar 1998 zu elf Jahren Freiheitsstrafe wegen versuchten Totschlags. Im August 1998 verwarf der Bundesgerichtshof Wörz' Revision. Auf nur einer halben Seite wurde lapidar begründet, die Nachprüfung des Urteils habe keinen Rechtsfehler zum Nachteil des Angeklagten ergeben. Das Urteil war rechtskräftig.

Überdies verklagten die Eltern Wörz im Namen von Andrea Z. auf die Zahlung eines Schmerzensgeldes von 300 000 DM. Das Landgericht Karlsruhe, nun eine Zivilkammer, wies die Klage jedoch ab. Die Richter listeten eine Reihe von Ermittlungsfehlern auf. Unter anderem hatte die Polizei weder bei Wörz' Fahrzeug noch bei dem des zweiten Verdächtigen, Thomas H., in der Tatnacht überprüft, ob die Motorhaube noch warm war.

Die DNA-Spur von Wörz an den Handschuhen wurde stark relativiert, da es sich dabei um eine Mischspur handelte. Von einer Mischspur spricht man, wenn sie DNA-Material mehrerer Personen enthält. Es ist dann nicht immer möglich, einen eindeutigen Hauptverursacher festzustellen. In diesem Fall war die Spur von mindestens drei Personen verursacht worden. Im Gegensatz zur Strafkammer sah die Zivilkammer Wörz' Täterschaft nicht als erwiesen an.

Diesem nützte die Klageabweisung allerdings nichts. Aufgrund des Strafurteils saß er weiter in Haft. Rechtskraft bleibt Rechtskraft. Harry Wörz schöpfte allerdings aufgrund der Klageabweisung im Zivilprozess wieder Hoffnung. Daher ließ er seinen Anwalt im Oktober 2001 auf der Grundlage dieses Urteils einen Wiederaufnahmeantrag schreiben. Das Landgericht Mannheim lehnte die Wiederaufnahme ab. Dagegen legte Wörz

Beschwerde ein. Am 30. November 2001 ordnete das Oberlandesgericht Karlsruhe die Prüfung des Falles an, und der Haftbefehl wurde ohne Auflagen aufgehoben. Nach vier Jahren und sieben Monaten verbüßter Haft wurde Harry Wörz aus der Justizvollzugsanstalt entlassen.

Im März 2004 lehnte das Landgericht Mannheim wiederum ein Wiederaufnahmeverfahren ab. Auch dagegen legte Wörz vor dem Oberlandesgericht Karlsruhe Beschwerde ein. Das Gericht ordnete die Wiederaufnahme des Verfahrens an. Der Wiederaufnahmeprozess begann am 30. Mai 2005. Nach 19 Verhandlungstagen sprach das Gericht am 6. Oktober 2005 den Ehemann des Opfers »aus Mangel an Beweisen« frei.

Im Oktober 2007 hob jedoch der Bundesgerichtshof den Freispruch auf. Er hielt die Beweiswürdigung des Landgerichts für mangelhaft.

Der Justizmarathon ging weiter. Zum dritten Mal befasste sich eine Strafkammer mit dem Fall. Die Richter nahmen erstmalig den Geliebten des Opfers, den Polizisten Thomas H., ins Visier. Seine Zeugenaussage war voller Ungereimtheiten. Sowohl die Indizien als auch sein Motiv machten ihn zum wahrscheinlichen Täter. Sein Alibi, er habe in der Tatnacht neben seiner Frau im Ehebett gelegen, zerpflückte die Kammer. Nachdem seine schwerhörige Frau eingeschlafen war, hätte er das Bett und die Wohnung unbemerkt wieder verlassen können, um Andrea Z. aufzusuchen, zumal er einen Schlüssel zu ihrer Wohnung besaß. Er konnte zurück sein und sich wieder hingelegt haben, ehe seine Frau aufwachte.

Am 22. Oktober 2009 wurde Harry Wörz freigesprochen, schon das zweite Mal. Die Staatsanwaltschaft legte wieder Revision gegen das Urteil ein. Sie war weiterhin fest davon überzeugt, dass Wörz der Täter sei. Am 15. Dezember 2010 verwarf der Bun-

desgerichtshof diese. Damit war Wörz rechtskräftig freigesprochen. Nach mehr als 13 Jahren verließ er das Gericht als wirklich
freier Mann.

Im Jahr 2013 stellte die Staatsanwaltschaft Karlsruhe die Ermittlungen endgültig ein, da es keinen Anfangsverdacht für einen
anderen Täter als Wörz gab. Das galt auch für den zeitweise ver-
dächtigten Polizisten Thomas H. Damit bleibt die versuchte Tötung an Andrea Z. dauerhaft ungesühnt.

»Die haben mein Leben kaputtgemacht«, sagte Wörz verbittert
nach seinem Freispruch. Er war durch die Zeit im Gefängnis und
den 13-jährigen Prozessmarathon gezeichnet, konnte nicht mehr
arbeiten und ging wegen Angstzuständen und Depressionen zur
Psychotherapie. Er verklagte das Land Baden-Württemberg wegen
seines Verdienstausfalls und der Anwaltskosten auf Schadensersatz. Nach einem wiederum langen Rechtsstreit einigten sich
Wörz und das Land auf eine Entschädigung von 450 000 Euro.

Wie konnte es zu dem Prozessmarathon gegen den unschuldigen Harry Wörz kommen? Schuld daran waren mehrere Gründe:

• Bereits unmittelbar nach der Tat wurden schwere Ermittlungsfehler begangen. Weder Harry Wörz' Auto noch das von
  Thomas H. wurden auf Restwärme kontrolliert. Mit simplem
  Handauflegen auf die Motorhauben hätte überprüft werden
  können, welcher der beiden Tatverdächtigen die Nacht nicht
  in seinem Bett verbracht hatte, wie später von ihnen behauptet, sondern unterwegs gewesen war. Auch hatte es bei beiden Tatverdächtigen keinen sofortigen Zugriff gegeben, obwohl sie namentlich bekannt waren und die Polizei kurze Zeit
  nach der Tat vor ihren Wohnungen stand. Die Polizei hätte
  dabei leicht feststellen können, ob beide schlafend im Bett lagen und in welchem Zustand sie sich befanden.

- Die Ermittlungen wurden von Anfang an einseitig gegen Harry Wörz geführt. Opfer, Vater und Geliebter waren Polizisten in der gleichen Polizeidirektion. Sofort zeigten alle mit dem Finger auf Harry Wörz, dem einzigen Nichtpolizisten unter den Beteiligten. Der Korpsgeist hatte offenbar verhindert, dass sie einen Täter aus den eigenen Reihen auch nur in Betracht zogen. Zudem wäre es professionell gewesen, die Ermittlungen einer anderen Dienststelle zu übertragen. Jagdtrieb und Rachegedanken dürften die Pforzheimer Polizisten angetrieben haben, den Mordanschlag an ihrer Kollegin Harry Wörz anzuhängen.
- Der Urteilsfindung lag eine Falschinterpretation der DNA-Spuren an den gefundenen Handschuhen zugrunde. Denn aus dem Vorhandensein minimaler Spuren der DNA von Wörz konnte nicht geschlossen werden, dass er die Handschuhe jemals getragen hatte. Hautschuppen werden leicht an andere Gegenstände oder Personen angetragen, auch über mehrere Stationen. Wörz und das Opfer waren schließlich keine gänzlich Fremden, sondern Ehepartner und trotz Trennung zumindest noch über den gemeinsamen Sohn miteinander verbunden. Deshalb war es falsch, das Auffinden der DNA-Spuren von Wörz bei Andrea Z. als ein die Verurteilung tragendes Indiz zu bewerten.
- Harry Wörz hatte seit einem Jahr von seiner Frau getrennt gelebt. Es gab keine Konflikte zwischen beiden, die Anlass für einen Mordversuch hätten sein können. Die Scheidung sollte einvernehmlich laufen, entsprechend hatten sie sich auch über ein Besuchsrecht für Kai geeinigt. Der Geliebte hatte dagegen ein Motiv: Seine Ehefrau wusste von seiner Affäre und drohte mit Scheidung. Thomas H. hatte allen Grund, die finanziellen Folgen und den Verlust der Kinder zu fürchten.

Gleichzeitig glaubte Andrea Z., bei der er zeitweise lebte, er würde sich von seiner Ehefrau trennen. Genug Konfliktpotenzial für einen eskalierenden Streit, wie ihn der Nachbar in der Tatnacht mit angehört hat.

Der wahre Täter wurde bis heute nicht ermittelt.

Fünf Todesfälle und eine getreue Krankenpflegerin

Der Mordversuch geschah, kurz nachdem Sarah Carnell ihr Testament 1862 in England zugunsten ihrer Krankenschwester Catherine Wilson geändert hatte. Wilson brachte ihr ein Beruhigungsgetränk und sagte: »Trinken Sie es aus, meine Liebe, es wird Sie wärmen.« Carnell nahm einen Schluck, verzog das Gesicht und spuckte es aus. Sie beschwerte sich, es habe ihr den Mund verbrannt. Später bemerkte sie, dass der ausgespuckte Schluck ein großes Loch in die Bettdecke geätzt hatte. In dem Becher war reine Schwefelsäure gewesen, genug, um 50 Menschen zu töten.

Wilson floh nach London, wurde aber ein paar Tage später verhaftet und wegen Mordversuchs vor Gericht gestellt. Sie stritt die vorsätzliche Vergiftung von Sarah Carnell ab. Die bettlägerige Carnell habe ständig Medikamente gebraucht, die sie ihr aus der Apotheke geholt habe. Sie habe nicht gewusst, dass es sich um Schwefelsäure gehandelt habe. Der Apotheker müsse das Mittel verwechselt haben. Dieser hielt eine solche Verwechslung für unwahrscheinlich, ganz ausschließen konnte er sie aber nicht. Die Angeklagte wurde aus Mangel an Beweisen freigesprochen.

Das war ein glattes Fehlurteil, bedingt durch mangelhafte Ermittlung des Vorlebens der Angeklagten. Der zuständige Kriminalbeamte ermittelte daraufhin, welche Personen Wilson noch gepflegt hatte. Mindestens vier ihrer vorherigen Patienten hatten die »getreue Pflegerin« Wilson zu ihrer Erbin eingesetzt und waren kurze Zeit später unter mysteriösen Umständen gestorben. Die Polizei veranlasste eine Exhumierung und Obduktion der Leichen. Diese ergab bei allen den Nachweis einer großen Menge Gift. Ebenfalls vergiftet hatte sie ihren Lebensgefährten. Catherine Wilson war eine Serienmörderin.

Wegen einer der Giftmorde wurde sie erneut angeklagt. Am 25. September 1862 verurteilte das Gericht Wilson schließlich wegen Mordes an Frau Maria Soames zum Tode. Sie wurde am 20. Oktober 1862 in Anwesenheit zahlreicher Schaulustiger am Galgen hingerichtet.

Tunnelblick der Ermittler – der Fall Anthony Porter

Schüsse peitschten durch die Nacht. Der 18-jährige Jerry Hillard und seine 19-jährige Verlobte Marilyn Green wurden von Kugeln in den Kopf getroffen. Die Opfer sanken an diesem 15. August 1982 in einem Freibad im Chicagoer Washington Park sterbend zu Boden.

Die Polizei überprüfte bei der Fahndung nach dem Mörder alle Vorbestraften der Gegend. Der 27-jährige Afroamerikaner Anthony Porter wurde als eins von neun Kindern in einem Armenviertel geboren, hatte eine Vorstrafe wegen Raubes und war Mitglied der South Side Gang. Das machte ihn für die Ermittler zum Tatverdächtigen Nummer eins, weshalb er zwei Tage nach dem Mord festgenommen wurde. Ein Badegast namens William Taylor sagte aus, er habe aus 50 Metern Entfernung im Dunkeln gesehen, wie Porter die beiden Jugendlichen erschossen hat. Auch Alstory

Simon und seine damalige Freundin Inez Jackson, Freunde der Ermordeten, wurden befragt. Sie gaben an, sie würden Porter nicht
kennen und wären zur Tatzeit nicht im Freibad gewesen.

Die Ermittler waren so sehr auf Porter als Täter fixiert, dass sie
anderen Spuren gar nicht erst nachgingen. Die Mutter der ermordeten Marilyn Green jedoch glaubte nicht, dass Anthony Porter
etwas mit der Sache zu tun hatte. Ihrer Überzeugung nach hatte
den Mord vielmehr Alstory Simon begangen, der mit dem Verlobten ihrer Tochter, Jerry Hillard, in einen heftigen Streit über
Schulden aus einem Drogenhandel geraten sei. Sie habe ihn zudem kurz vor dem Mord zusammen mit den Opfern gesehen.

Trotzdem wurde Anthony Porter wegen Doppelmordes angeklagt. Er beteuerte seine Unschuld, und seine Familie beauftragte
statt eines unterbezahlten, überarbeiteten Pflichtverteidigers einen guten Rechtsanwalt mit der Verteidigung. Dieser forderte allerdings ein Honorar von 10 000 Dollar. Die Familie konnte nur
3 000 Dollar aufbringen. Der Anwalt gab sich entsprechend wenig
Mühe und schlief sogar während der Gerichtsverhandlung ein. Er
benannte lediglich zwei Alibizeugen für Porter, die vom Gericht
ignoriert wurden. Am 9. September 1983 wurde Anthony Porter
zum Tode verurteilt. Der Richter bezeichnet ihn in seiner Urteilsbegründung als »perversen Hai«.

Porters Berufung wurde vom Illinois Supreme Court zurückgewiesen. Er wartete in der Todeszelle 16 Jahre lang auf seine Hinrichtung. Diese wurde schließlich auf den 23. September 1998
festgesetzt.

Studierende aus dem Kurs Investigativer Journalismus des
Professors David Protess untersuchten den Fall genauer. Der Professor war ein engagierter Gegner der Todesstrafe und hatte an
der Northwestern Universität in Chicago ein Innocence Project gegründet, in dem er seine Studenten Todesurteile auf ihre Fehler-

haftigkeit überprüfen ließ. Es war ein Wettlauf mit dem Henker, denn Anthony Porter sollte bald hingerichtet werden. 48 Stunden vor dem Hinrichtungstermin erreichten sie einen Aufschub. Die Studenten spielten den Tathergang im Schwimmbad nach. Der angebliche Standort des Augenzeugen Taylor war 50 Meter vom Tatort entfernt. Dass aus dieser Distanz jemand den Täter in der Nacht erkannt haben konnte, war so gut wie ausgeschlossen. Der angebliche Zeuge William Taylor sagte nun, er sei zu der Tatzeit nicht einmal in der Nähe des Schwimmbads gewesen. Die Polizei habe ihm die Hölle heiß gemacht, damit er Porter identifiziere. Er sei 17 Stunden lang verhört worden, bis er das Gewünschte ausgesagt habe. In Wirklichkeit habe er absolut nichts gesehen.

Inez Simon, inzwischen Alstory Simons Exfrau, erzählte den Studenten, was in der Mordnacht im Freibad tatsächlich passiert war. Ihr damaliger Freund hatte die tödlichen Schüsse abgefeuert. Ein von Professor Protess beauftragter Privatdetektiv befragte Alstory Simon. Dieser leugnete zunächst. Als er dann mit den Anschuldigungen seiner Ex-Frau konfrontiert wurde, gestand er die Morde. Er hatte Drogengeschäfte mit Hillard gemacht. Als dieser seine Schulden nicht hatte bezahlen können, war es zu einem heftigen Streit zwischen den beiden gekommen, bei dem er Hillard und seine Verlobte erschossen hatte. Jedoch berief er sich auf Notwehr, denn Jerry Hillard hatte angeblich in seine Tasche gegriffen, um Geld zu holen, weshalb Simon gedacht habe, er wolle eine Pistole ziehen. Das Geständnis wurde auf Video aufgenommen und landesweit im Fernsehen ausgestrahlt.

Zwei Tage später wurde Anthony Porter freigelassen. Das Gericht begnadigte ihn am 19. März 1999, nachdem er 17 Jahre unschuldig in der Todeszelle gesessen hatte. Dieses Fehlurteil wäre vermeidbar gewesen, wenn die Polizei ihre Ermittlungen nicht einseitig gegen Anthony Porter geführt hätte, sondern der Spur nach dem weiteren Tatverdächtigen Alstory Simon nachgegangen wäre. Dieser wurde später wegen Doppelmordes zu 37 ½ Jahren Gefängnis verurteilt.

Kommissar Harrass 2

Der junge Mann mit nacktem Oberkörper sah aus, als brauche er Hilfe. Er stand unschlüssig am Straßenrand, hatte sein T-Shirt in der Hand, war verschwitzt, und seine Jeans waren blutverschmiert. John Parker hielt an diesem 17. August 1981 morgens um halb zwei in Florida mit seinem Truck an und fragte, was los sei. Der junge Mann antwortete, er sei in eine Kneipenschlägerei verwickelt gewesen und finde jetzt sein Auto nicht mehr. Parker nahm ihn ein Stück mit. Später fand Parker das liegen gelassene gelbe T-Shirt des Anhalters in seinem Truck und gab es bei der Polizei ab.

Am nächsten Morgen wurde unweit der Stelle, an der Parker den Anhalter mitgenommen hatte, die Leiche des 40-jährigen James Dvorak gefunden. Sie lag in einem als Homosexuellen-Treffpunkt bekannten Waldstück in der Nähe des Strandes. Ihm war der Schädel eingeschlagen worden. Das Blut auf dem gelben T-Shirt konnte dem Ermordeten zugeordnet werden. Der Mörder musste das T-Shirt bei der Tat getragen und dann im Truck vergessen haben.

Ein paar Tage später wurde ein 22-Jähriger namens Bill Dillon von der Polizei vernommen, weil er regelmäßig die Pelican-Bar in der Nähe des Tatortes aufsuchte. Er bestritt, etwas mit dem Mord zu tun zu haben. John Parker konnte ihn nicht als den Anhalter identifizieren.

Die dortige Polizei bemühte damals zur Lösung schwieriger

Fälle gerne John Preston mit seinem Deutschen Schäferhund namens Harrass 2. Der Spürhund konnte nach Angabe von Preston menschliche Spuren noch nach Jahren erschnüffeln, auch unter Wasser riechen und habe sich noch nie geirrt. Er sei normalen Fährtenhunden weit überlegen. Acht Tage nach dem Mord an Dvorak wurde Harrass 2 das gelbe T-Shirt präsentiert. Er nahm die Witterung des Mörders auf und identifizierte durch lautes Bellen Bill Dillon als den Träger. Damit galt dieser als überführt und wurde am 4. Dezember 1981 wegen Mordes zu lebenslänglicher Freiheitsstrafe verurteilt.

In einem anderen Gerichtsverfahren führte der dort zuständige Richter einen Test mit dem gepriesenen Schäferhund durch. Harrass 2 versagte kläglich. Er konnte nicht einmal einer frischen Spur über 30 Meter folgen. Der Richter gelangte zu der Überzeugung, dass der Hund gar nicht richtig Fährten riechen konnte. Preston habe sich vielmehr stets im Voraus über die jeweilige Verdachtslage informiert und den Hund dann unauffällig zur gewünschten Person oder zum Beweisstück geführt. John Preston und sein angeblicher Wunderhund hatten für über hundert Verurteilungen gesorgt, bevor sie nun als Schwindler enttarnt wurden. Zwar wurden sie von der Polizei fortan nicht mehr beauftragt, aber Bill Dillon erfuhr von alledem nichts und saß weiter im Gefängnis.

Wieder einmal war es das Innocence Project, das sich des Falls annahm. Im Jahr 2006 ließ es eine DNA-Untersuchung des gelben T-Shirts, dem Hauptbeweisstück des Mordprozesses, durchführen. Die im Blut und Schweiß auf dem T-Shirt enthaltene DNA stammte nicht von Dillon. Der Hund hatte falsch gelegen. Die DNA ließ sich jedoch einem anderen Verdächtigen, James Johnstone, zuordnen. Der entsprach auch der Beschreibung des Anhalters, den John Parker damals in seinem Truck mitgenommen hatte. Zudem gehörte er zur Tatzeit zu den regelmäßigen Besuchern des Homosexuellen-Treffpunkts.

Am 10. Dezember 2008 wurde die Verurteilung von Bill Dillon aufgehoben. Das Fehlurteil beruhte sowohl auf eingleisigen Ermittlungen nur gegen Dillon als auch auf mangelhaften Ermittlungen, nämlich der unzuverlässigen Täteridentifizierung durch einen Hund, der als Spürhund nicht taugte. Dillon hatte 27 Jahre unschuldig im Gefängnis gesessen.

Freilassung gefährlicher Häftlinge

Eben erst entlassene und sofort wieder rückfällig gewordene Sexualverbrecher tauchen regelmäßig in den Schlagzeilen auf. Aufgrund fehlender oder falscher psychologischer Gutachten nahm die Justiz in diesen Fällen irrig an, der Täter sei durch die verbüßte Haft resozialisiert und nicht mehr gefährlich. Doch tatsächlich schlägt ein Sexualverbrecher statistisch gesehen kurz nach seiner Entlassung oft wieder zu.

Schreiben bessert den Charakter – der Fall Jack Unterweger

Jack Unterweger, der uneheliche Sohn eines US-Soldaten und einer Wiener Prostituierten, beging am 12. Dezember 1974 seinen ersten nachgewiesenen Mord: Er erdrosselte eine 18-jährige Deutsche mit ihrem eigenen, im Nacken fest verknoteten Büstenhalter. Später begründete er die Tat damit, dass ihn das Mädchen an seine Mutter erinnert habe.

Der Psychiater sah darin ein durch mangelnde Mutterliebe ausgelöstes, »absolut pervertiertes Verhältnis zu Frauen«. Für diesen Mord wurde er vom Landesgericht Salzburg am 1. Juni 1976 zu einer lebenslangen Freiheitsstrafe verurteilt. Der 25-jährige Unterweger hatte da schon 15 Vorstrafen in seinem Strafregister und bereits 1973 im Verdacht gestanden, eine 23-Jährige in Salzburg ermordet zu haben. Der Gerichtspsychiater stellte ihm eine düstere Prognose: Unterweger leide an psychischer Abnormität und sei ein unverbesserlicher Gewohnheitsverbrecher, bei dem mit Sicherheit Rückfälle zu erwarten seien.

Jack Unterweger begann im Gefängnis zu schreiben, unter anderem seine Autobiografie *Fegefeuer oder die Reise ins Zuchthaus*. Darin schildert er seine traurige Kindheit und setzt sich mit dem von ihm begangenen Mord auseinander. Er war daher bald als »Knastpoet« bekannt, wurde ein Liebling des Feuilletons und galt als Musterbeispiel geglückter Resozialisierung. Sogar die Wiener Literaturszene – darunter Erich Fried, Ernst Jandl und Elfriede Jelinek – setzte sich für die Entlassung von Unterweger ein.

Die Justiz gab nach: Nach 16 Jahren Haft wurde Jack Unterweger im Mai 1990 entlassen. Das Kreisgericht Krems hatte die Aussetzung des Strafrestes zur Bewährung beschlossen, weil es keine Rückfallgefahr sah. Durch seine literarische Tätigkeit sei eine solche Veränderung in seiner Persönlichkeit eingetreten, dass die Annahme der Rückfallfreiheit gerechtfertigt sei. Unterweger sei durch das Schreiben vom Milieu der Strafgefangenen in das der schöpferisch Tätigen gewechselt. In dem sechsseitigen Beschluss fand sich kein Wort über die erhebliche psychische Abnormität, die der Gerichtspsychiater Unterweger im Mordprozess 1975 attestiert hatte. In den Tests war damals eine sexuelle Perversion mit einer sadistischen Komponente festgestellt worden.

Warum glaubte das Gericht nun, der bösartige Narzissmus Unterwegers sei ohne jeden Versuch einer Therapie von allein verschwunden? Schwere seelische Abartigkeiten lassen sich nicht durch das Schreiben eines Buches selbst wegtherapieren. Die Behandlung von psychisch gestörten Sexualstraftätern ist langwierig, schwierig (und leider oft erfolglos). Es hätte umfangreicher psychiatrischer Begutachtung und ausführlicher Begründung für die vermutete psychische Genesung bedurft, vor allem hinsichtlich der Einschätzung, dass Jack Unterweger keine Gefahr für andere mehr darstellte. Unterweger wurde aber entlassen, ohne dass all dies stattgefunden hatte.

Diese verhängnisvolle Fehlentscheidung kostete mindestens neun Frauen das Leben. Sechs Monate nach der Entlassung von Jack Unterweger begann eine Serie von Morden an Prostituierten. Die Morde trugen alle die Handschrift desselben Täters, der seine Opfer mit zu einem Henkersknoten gebundener Unterwäsche – dem eigenen Slip oder Büstenhalter – strangulierte. Unterweger geriet in Verdacht, weil die Morde sich an ganz unterschiedlichen Orten wie Prag, Graz, Bregenz, Wien und Los Angeles ereignet hatten und er sich jedes Mal in der Nähe des Tatortes aufgehalten und für die Tatzeit kein Alibi hatte. Auf dem Autositz seines BMW wurde ein Haar sichergestellt, das sich durch eine DNA-Analyse einer in Prag ermordeten Frau zuordnen ließ. An der Kleidung eines anderen Opfers wurden Textilfasern gefunden, die mit dem Material von Unterwegers Schal identisch waren.

Das Grazer Geschworenengericht verurteilte Jack Unterweger am 29. Juni 1994 wegen neunfachen Mordes zu lebenslanger Haft, dieses Mal ohne Möglichkeit einer vorzeitigen Entlassung auf Bewährung. Wenige Stunden nach der Urteilsverkündung beging er in seiner Gefängniszelle Suizid durch Erhängen mit der Kordel seiner Jogginghose. Auch seine letzte Tat trug seine Handschrift, denn die Schnur war zu einem Henkersknoten gebunden.

Wilfried S., eine tickende Zeitbombe

Wilfried S. klaute schon als Elfjähriger Damenunterwäsche und zog sie sich an. Mit 13 überfiel er zum ersten Mal eine Frau. Mit dem Messer in der Hand zwang er sie, sich nackt auszuziehen. Als Jugendlicher fiel er zwei weitere Frauen an, nötigte sie, sich zu entkleiden, und fasste einer von ihnen ans Geschlechtsteil. Zu Vergewaltigungen kam es nicht.

Das Landgericht Lübeck wies den 17-Jährigen 1970 aufgrund eines Gutachtens wegen »mittelgradigen Schwachsinn[s] mit charakterlicher Abnormität« in die geschlossene Psychiatrie Neustadt ein. Eine Therapie dort blieb erfolglos. Wilfried S. brach 1981 aus und überfiel wieder eine Frau. Nach erneuter Einweisung attestierten ihm die Klinikärzte wiederholt, er sei gefährlich, sexuell abnorm und nicht therapierbar. Schließlich blieb Wilfried S. 30 Jahre in der geschlossenen Psychiatrie.

Eine Wende trat ein, als sich das Wochenmagazin *Stern* im März 2001 des Falles annahm. Es beauftragte den Mainzer Psychiater G. mit einem Gutachten. Der Sachverständige besuchte Wilfried S. in der Psychiatrie und sprach zwanzig Minuten mit ihm. Anschließend kam er zu dem Ergebnis, dass der Grund für die gerichtliche Einweisung seit Langem entfallen ist. Erhebliche rechtswidrige Taten seien von S. nicht zu erwarten. »Lasst diesen Mann frei!«, titelte der *Stern*. Die behandelnden Ärzte der Landesklinik Neustadt rieten wegen der extremen Wutausbrüche und abnormen Sexualität ihres Patienten ab.

Das Landgericht Lübeck beendete die Unterbringung mit einem kurzen Beschluss. Am 24. April 2002 kam Wilfried S. nach 30 Jahren frei. Der *Stern* bezeichnet die lange Unterbringung als Justizskandal und feierte die Freilassung als Erfolg seiner intensiven Bemühungen.

Drei Monate später, am 25. Juli 2002, überfiel Wilfried S. eine Zwanzigjährige namens Silvia. Als die kleine, zierliche Frau gerade in ihr Auto einstieg, überwältigte er sie. Er zwang sie mit vorgehaltener Waffe, an einen abgelegenen Ort zu fahren. Hinter einer Scheune musste sie sich nackt ausziehen. Er fesselte sie mit Handschellen an eine Regenrinne und zwang sie, ihn oral zu befriedigen. Anschließend knebelte er sie mit Klebeband und vergewaltigte sie. Die junge Frau hatte Todesangst. Schließlich zwang er sie, am Geldautomaten 400 Euro abzuheben. Außerdem behielt er ihre Unterwäsche.

Wilfried S. wurde schnell als Täter ermittelt und verhaftet. In seiner Wohnung fand die Polizei Damenunterwäsche, auch die von Silvia. Ein neuer Gerichtspsychiater bescheinigte S. eine schwere Persönlichkeitsstörung, wobei die Behandlungsaussichten »hart gegen null« tendierten. Schon seit seiner Jugend habe der inzwischen 49-Jährige einen Hang zu aggressiven Sexualstraftaten. Er sei noch lange in der Lage, Übergriffe auf Frauen zu begehen, seine Gewalttätigkeit sei dauerhaft. Das Landgericht Itzehoe verurteilte S. am 15. Mai 2003 wegen Vergewaltigung und räuberischer Erpressung zu zehn Jahren Haft und anschließender Unterbringung in einer psychiatrischen Klinik. »S. ist eine tickende Zeitbombe!«, sagte der Vorsitzende Richter in seiner Urteilsbegründung.

Die Vergewaltigung von Silvia hätte nie geschehen dürfen. Das von einer Illustrierten in Auftrag gegebene Gutachten, nach dem erhebliche rechtswidrige Taten von S. nicht zu erwarten gewesen seien, war eine Fehldiagnose. Aus dem ärztlichen Kunstfehler wurde dann ein Justizirrtum.

Rückfall nach einer Woche – der Fall Carolin

Die 16-jährige Carolin kam nie bei ihrem Freund an. Am 15. Juli 2005 fuhr das hübsche Mädchen mit dem sympathischen Lächeln nachmittags mit dem Fahrrad los, um ihre erste Liebe Maxe im Nachbarort zu besuchen. Ihr Weg führte durch die Rostocker Heide, einen Naturwald. Die besorgten Eltern erstatteten Vermisstenanzeige. Drei Tage nach ihrem Verschwinden fand ein Spürhund ihre Leiche in einem Graben. Nach der Spurenlage wurde Carolin vom Rad gezerrt und vergewaltigt. Anschließend hatte der Täter sie mit einem Feldstein erschlagen. Ihr Gesicht war nicht mehr zu erkennen.

Die Polizei ermittelte rasch Maik S. als den Täter. Es hatte in demselben Wald schon einmal eine Vergewaltigung mit ihm als Täter gegeben. Damals hatte er sein Opfer an einen Baum gefesselt. Die in Carolins Leiche gefundenen Spermaspuren stammten nach einer DNA-Analyse von ihm. Außerdem waren am Tatort eine Zigarettenkippe mit DNA-Spuren von Maik S. gefunden worden sowie die Kordel seiner Jogginghose, mit der der Täter Carolin gefesselt hatte.

Das Landgericht Rostock verurteilte den überführten Mörder zu lebenslanger Freiheitsstrafe mit anschließender Sicherungsverwahrung. Das psychiatrische Gutachten beschrieb Maik S. als Psychopathen mit dem Hang zur Begehung erheblicher Straftaten, der auch durch eine Therapie kaum geheilt werden könne.

Maik S. hatte den Mord an Carolin nur eine Woche nach seiner letzten Haftentlassung begangen. Er hatte eine siebenjährige Freiheitsstrafe wegen Vergewaltigung, Geiselnahme und schweren Raubes abgesessen und war nach Verbüßung seiner Strafe ohne weitere Überprüfung freigelassen worden. Der Mord an Carolin S. hätte verhindert werden können, wenn die zuständige Staats-

anwältin vor der Haftentlassung eine nachträgliche Sicherungsverwahrung gemäß § 66b des StGB ordnungsgemäß geprüft und
hierzu ein Sachverständigengutachten eingeholt hätte. Dies hätte
mit Sicherheit die immer noch vorhandene Gefährlichkeit von
Maik S. attestiert. Doch in der Akte der Staatsanwaltschaft findet
sich für den Zeitraum bis zur Haftentlassung keine Prüfung einer
nachträglichen Sicherungsverwahrung. Erst eine Woche nach
dem Tod von Carolin fertigte die Staatsanwältin einen kurzen
handschriftlichen Vermerk an. In 14 Zeilen auf einem DIN-
A4-Blatt verneinte sie die Voraussetzungen für eine nachträgliche
Sicherungsverwahrung und hielt eine Führungsaufsicht für ausreichend.

Falsche Geständnisse

Schon im römischen Recht galt das Geständnis als die »Königin unter den Beweismitteln«. Für die Polizei ist die Erzielung eines Geständnisses der schnellste und kürzeste Weg zur Aufklärung eines Verbrechens. Die Richter sehen im Geständnis einen »seelischen Reinigungsakt des reuigen Angeklagten«, wie es der Strafverteidiger Max Hirschberg bereits 1960 in seinem Buch *Das Fehlurteil im Strafprozess* formulierte. Dabei sind Geständnisse viel häufiger falsch, als weithin angenommen wird. Die Quote falscher Geständnisse durch Unschuldige liegt im zweistelligen Prozentbereich.

Die Gründe für falsche Geständnisse sind vielfältig. Unschuldige gestehen Taten, weil sie beim Verhör eingeschüchtert wurden, ermüdet sind, weil sie aufgrund ihrer Jugendlichkeit oder minderer Intelligenz anfällig für Suggestionen sind oder weil sie eine geliebte Person schützen wollen. Wieder andere sind zwanghafte Lügner und legen Geständnisse ab, um im Mittelpunkt zu stehen. Auch die Angst vor Todes- oder lebenslangen Freiheitsstrafen begünstigt Geständnisse. Häufig wird Beschuldigten für ein Geständnis eine milde Strafe in Aussicht gestellt. Wenn ein Beschuldigter keine Chance sieht, einer Verurteilung zu entgehen, hofft er, durch ein Geständnis wenigstens vergleichsweise glimpflich davonzukommen.

Ein Geständnis ist auch für den Richter ein bequemer Weg, ein Strafverfahren schnell abzuschließen. Angesichts des großen Erledigungsdrucks sind nur wenige geneigt, jedes Geständnis kritisch zu überprüfen. Daher besteht eine hohe Wahrscheinlichkeit, dass ein Falschgeständnis unentdeckt bleibt und zu einem Fehlurteil führt.

Günther Kaufmann in seiner schlechtesten Rolle

Der Notruf ging um 17:54 Uhr bei der Polizei ein. »Hier ist ein Toter«, meldete der aufgeregte Anrufer an diesem 1. Februar 2001. Es war der Schauspieler Günther Kaufmann. Der Tote war Hartmut Hagen, sein Steuerberater. Die Obduktion ergab Tod durch Ersticken, dem ein heftiger Kampf vorausgegangen sein muss.

Günther Kaufmann hatte es als Dunkelhäutiger im Nachkriegsdeutschland nicht leicht. Er wurde 1947 als Sohn einer Deutschen und eines US-Soldaten geboren. Nachdem er sich mit Gelegenheitsjobs durch Leben geschlagen hatte, wurde er 1969 von Rainer Werner Fassbinder als Schauspieler entdeckt. Er trat in mehreren seiner Filme auf, unter anderem *Die Ehe der Maria Braun*. Später wurde er durch Fernsehserien wie *Der Alte* auch einem breiteren Publikum bekannt.

Kaufmann heiratete 1986 die 16 Jahre jüngere attraktive Alexandra. Für Kaufmann war es die Liebe seines Lebens. Doch sechs Jahre später erkrankte Alexandra an Knochenkrebs. Die Behandlungskosten zehrten die Ersparnisse auf, und Filmangebote waren während dieser Zeit selten. Um die Behandlung mit alternativen Methoden zu bezahlen, betrog Alexandra den Steuerberater ihres Mannes um mehr als 500 000 Euro. Sie erfand einen Schadensersatzprozess gegen den US-Popstar Billy Idol. Der habe sich verpflichtet, in eine Hotelanlage auf Günther Kaufmanns Grundstück in Portugal zu investieren, und sei vertragsbrüchig geworden. Hagen sollte die Prozesskosten vorfinanzieren und dafür nach dem Prozesssieg eine Gewinnbeteiligung erhalten. Hagen zahlte, wurde aber misstrauisch, nachdem der angebliche Prozess sich immer weiter verschleppte. Als Sicherheit verlangte er von Alexandra Kaufmann die Überschreibung des Grundstücks in Portugal. Kurz darauf wurde er umgebracht.

Kaufmann wurde schnell zum Hauptverdächtigen, denn er verhielt sich nervös, hatte kein Alibi und wegen der Schulden seiner Frau bei Hagen ein Motiv. Zudem war er kurz nach dessen Tod am Tatort erschienen. Die Mordkommission setzte ihn unter Druck: Alles deute auf ihn als Täter hin. Ein Geständnis könnte ihn vor dem Lebenslänglich retten. »Sie kriegen jetzt ein Geständnis von jemandem, der es nicht war«, begann Kaufmann.

Die Staatsanwaltschaft erhob gegen Günther Kaufmann, der seit seinem Geständnis in Untersuchungshaft einsaß, Anklage wegen Mordes. Zwei Wochen vor Prozessbeginn erlag Alexandra Kaufmann dem Krebs. Dem Angeklagten wurde nicht gestattet, an der Beerdigung teilzunehmen.

Im November 2002 begann der Schwurgerichtsprozess in München. Kaufmann sagte aus, er habe Hartmut Hagen allein aufgesucht. Es habe Streit gegeben, er sei auf Hartmut Hagen gefallen und mit seinen 117 Kilo Körpergewicht auf ihm liegen geblieben, bis der sich nicht mehr gerührt habe. In seinem Schlusswort sagte er: »Mir ist klar, dass ich in meinem Leben diese Rolle am allerschlechtesten gespielt habe.«

Kaufmann wurde am 27. November 2002 wegen versuchter schwerer räuberischer Erpressung mit Todesfolge zu 15 Jahren Haft verurteilt.

Während Kaufmann seine Freiheitsstrafe in Berlin-Tegel verbüßte, ging die Kellnerin Sarah H. am 14. August 2003 zur Polizei,
weil es sie belastete, dass ein Unschuldiger verurteilt worden war.
Den Überfall auf Hagen habe vielmehr ihr Lebensgefährte Heinz
K. zusammen mit zwei anderen Männern begangen. Knapp drei
Jahre nach Hagens Tod ergaben die wieder aufgenommenen Ermittlungen ein neues Bild: Alexandra Kaufmann hatte ihren
Freund Hans-Joachim U. beauftragt, bei dem Steuerberater Hagen
einzubrechen und alle verräterischen Dokumente über den Kre-
ditbetrug verschwinden zu lassen. Zusammen mit Heinz K. und
einem weiteren Komplizen überfiel Alexandras Freund am 1. Februar 2001 den Steuerberater in dessen Villa. Da sich Hagen heftig
wehrte, legte Heinz K. sich mit seinem ganzen Körpergewicht auf
ihn. Anschließend fesselten sie ihm die Hände mit einem Kabel
auf den Rücken und verklebten den Mund mit Gewebeband. Minuten später war Hagen tot.

Am Tatort festgestellte DNA-Spuren, die die Kripo bisher
nicht hatte zuordnen können, gehörten eindeutig zu Heinz K. Die
drei Täter gestanden. Übereinstimmend gaben sie an, allein Alexandra Kaufmann habe sie zu dem Raubüberfall angestiftet. Sie erklärten auch, dass Günther Kaufmann nicht am Tatort gewesen
sei. Das Trio wurde wegen Raubes mit Todesfolge zu Haftstrafen
zwischen zehneinhalb und 14 Jahren verurteilt.

Nachdem die wahren Täter verurteilt waren, widerrief Günther Kaufmann sein Geständnis und erreichte eine Wiederaufnahme des Verfahrens. Als er aus der Haft entlassen wurde, hatte
er bereits zwei Jahre und neun Monate abgesessen. Am 26. Januar
2005 wurde er vom Landgericht Augsburg freigesprochen.

Warum hat Kaufmann ein falsches Geständnis abgelegt?
Schlicht aus Liebe. Er wollte seine todkranke Ehefrau schützen.
Der Vorsitzende Richter Wolfgang Rothermel sagte: »Mit Sicher-

heit ist dieses Verfahren ein Schulfall für alle Juristen, über die Richtigkeit von Geständnissen nachzudenken.«

Günther Kaufmann erlag am 10. Mai 2012 in Alter von 64 Jahren einem Herzinfarkt. Er brach in Berlin bei einem Spaziergang auf offener Straße zusammen.

Zerstückelt und an die Hunde verfüttert – der Fall Rudi Rupp

Begonnen hatte der Fall ganz harmlos mit einer Vermisstenmeldung. Hermine Rupp meldete ihren 52-jährigen Ehemann aus Neuburg an der Donau als vermisst. Er war zuletzt lebend gesehen worden, als er am 13. Oktober 2001 betrunken ein Wirtshaus verließ und mit seinem Mercedes wegfuhr, wobei er einen Blumenkübel anrempelte. Seitdem waren er und sein Wagen spurlos verschwunden.

Routinemäßig warf die Kripo einen erneuten Blick in die Vermisstenakte des Bauern Rudolf Rupp, nachdem er auch nach einem Jahr nicht wieder aufgetaucht war. Sie hörte sich im Dorf um. Es kursierten Gerüchte, die Familie habe Rupp zerteilt und an die Hunde verfüttert. Aus dem Vermisstenfall wurde dadurch ein Mordfall.

Der ermittelnde Staatsanwalt war davon überzeugt, dass Rupp nach dem Wirtshausbesuch nach Hause gefahren sein musste. Deshalb sei der Täter in der Familie zu suchen. Und der Staatsanwalt fand auch Motive. Nach der Vernehmung der Verdächtigen (Rupps Ehefrau, ihre beiden Töchter und ein Schwiegersohn in spe) sowie der Befragung von Dorfbewohnern stellten sich ihm die familiären Verhältnisse so dar: Rudolf Rupp war ein herrschsüchtiger Hoftyrann. Matthias E. wurde von Rupp nicht als

Schwiegersohn akzeptiert und fürchtete daher, vom Hof gejagt zu werden. Die Ehe der Rupps war zerrüttet, die Landwirtschaft brachte kaum noch Geld, und die Frauen arbeiteten nicht. Die Töchter waren jahrelang sexuell vom Vater missbraucht worden.

Die Schlussfolgerung der Staatsanwaltschaft Ingolstadt lautete, dass man sich in der Familie einig war: »Der Rudi muss weg.« Nach Überzeugung der Staatsanwaltschaft hatte sich der Mord folgendermaßen zugetragen: Matthias E. hatte dem Bauern im Treppenhaus aufgelauert, als dieser nachts betrunken vom Wirtshausbesuch heimkehrte, und mit einem Vierkantholz ins Genick geschlagen, angefeuert von Rupps Ehefrau und seinen Töchtern. Doch der Schlag war nicht tödlich, das Opfer zuckte noch. Die Ehefrau und die ältere Tochter traten und schlugen daraufhin ebenfalls zu, dann schleiften sie Rupp in den Keller. Dort schlug Matthias E. Rupp mehrfach mit einem spitzen Zimmererhammer in die Schläfe, bis er endlich tot war. Am nächsten Morgen zerlegten E. und Hermine Rupp den toten Bauern im Waschkeller mit einem Messer, einer Säge und einer Axt. E. trennte Arme und Beine ab, schnitt den Leib auf und entnahm die Organe. Das Blut schöpfte er mit einem Margarinebecher in einen Eimer ab. Die Leichenteile verfütterte er an die auf dem Hof lebenden Hunde. Den Kopf kochte er aus und vergrub ihn im Misthaufen. Rupps Mercedes ließ E. bei einem Schrotthändler abwracken.

Am 13. Januar 2004 erfolgten vorläufige Festnahmen. Gleichzeitig wurde das Anwesen ergebnislos durchsucht. Doch die Ermittler blieben davon überzeugt, dass Rudi Rupp heimgekommen und dort von seiner Familie umgebracht worden war. Immer wieder wurden die Familienmitglieder ohne anwaltlichen Beistand vernommen. Am 2. Mai 2004 gestand Matthias E. schließlich, den Bauern zerstückelt und an die Hunde verfüttert zu haben. Auch die Ehefrau und eine Tochter legten Geständnisse ab. Diese Horrorgeschichte aus Inzest, Mord, Zerstückeln und Verfütterung an die Hunde sei ein »ganz übles, abscheuliches Verbrechen«, fand der Staatsanwalt und erhob Anklage.

Im Dezember 2004 begann der Prozess vor dem Landgericht Ingolstadt. Alle Angeklagten widerriefen ihre Geständnisse: Sie seien unter Druck zustande gekommen. Ein Schrotthändler, dem zunächst die Entsorgung von Rupps Mercedes zur Last gelegt worden war, gab an, ihm sei von den Vernehmungsbeamten eine Pistole an den Kopf gehalten worden, damit er gestehe. Die Beschuldigten waren intellektuell minderbegabt: Ihre Intelligenzquotienten lagen zwischen 50 und 70. Sie waren unverteidigt massivem Vernehmungsdruck ausgesetzt, und die Vernehmungsbeamten hatten mit suggestiv wirkenden Fragen und Vorhalten gearbeitet. Nach Presseberichten könnte die Gruselgeschichte von der Zerstückelung der Leiche gar von einem Vernehmungsbeamten erfunden worden sein.

Sachbeweise wurden jedenfalls nie ermittelt. Von der Leiche des Bauern fehlte weiterhin jede Spur. Auf dem Bauernhof waren auch keinerlei Spuren der angeblichen Leichenzerteilung gefunden worden, keine Blutreste im Keller, keine Knochen im Misthaufen. Dabei hätte man nach der angeblichen Zerstücklung und Entsorgung der Leiche auf dem Hof Blutspuren und Knochensplitter finden müssen.

Da alle Angeklagten von ihrem Schweigerecht Gebrauch machten, stützte sich das Landgericht Ingolstadt im Wesentlichen auf die Aussagen der Vernehmungsbeamten. Es verurteilte Hermine Rupp und Matthias E. am 13. Mai 2005 wegen gemeinschaftlichen Totschlags zu einer Freiheitsstrafe von jeweils acht Jahren und sechs Monaten. Die Töchter wurden wegen Beihilfe zum Totschlag zu Jugendstrafen von drei Jahren sechs Monaten und zwei Jahren sechs Monaten verurteilt. Die gegen das Urteil gerichteten Revisionen der Angeklagten verwarf der Bundesgerichtshof am 10. Januar 2006 als unbegründet. Das Urteil des Landgerichts Ingolstadt wurde damit rechtskräftig.

Dann wurde am 13. März 2009 ein Mercedes aus der Donau geborgen. Darin saß die erstaunlich gut konservierte Leiche von Rudolf Rupp. Nichts deutete auf eine Fremdeinwirkung hin, die zu seinem Tode geführt haben könnte. War Rudolf Rupp schlicht nach acht Gläsern Weißbier mit schätzungsweise 2,5 Promille betrunken in die Donau gefahren?

Jedenfalls stand mit dem Auffinden der Leiche fest, dass die Geständnisse falsch waren. Rudolf Rupp konnte nicht mit einem Vierkantholz ins Genick geschlagen worden sein, denn seine Nackenwirbel waren unverletzt. Ihm konnte niemand mit einem Zimmererhammer die Schädeldecke eingeschlagen haben, denn auch diese war unversehrt. Auch war die Leiche nicht zerstückelt, sondern saß in einem Stück auf dem Fahrersitz. Schließlich war der Mercedes auch nicht in einer Schrottpresse entsorgt worden, stattdessen wurde er unbeschädigt aus der Donau gezogen. Das gesamte der Verurteilung zugrunde gelegte Tatgeschehen hatte sich nicht ereignet und wurde vom Gericht – auf Basis der frei erfundenen Version der Staatsanwaltschaft – aus der Luft gegriffen. Abgesehen davon, dass Rudolf Rupp tatsächlich tot war, war das Urteil des Landgerichts Ingolstadt komplett falsch.

Die bayrische Justiz zeigte zunächst Beharrungsvermögen. Das Landgericht Landshut verwarf die Wiederaufnahmeanträge, obwohl die nunmehr nachweisbar falschen Geständnisse die einzige Urteilgrundlage bildeten. Es hielt die Verurteilung weiterhin für im Ergebnis richtig. Erst auf sofortige Beschwerde seitens der Verteidigung ordnete das Oberlandesgericht München eine Wiederaufnahme des Verfahrens an. Am 25. Februar 2011 wurden die Angeklagten vom Landgericht Landshut freigesprochen.

Dieser Justizirrtum beruhte auf einem von Vernehmungsbeamten offensichtlich erfundenen Tathergang, der den intellektuell minderbegabten Beschuldigten suggeriert worden war. Nach aktuellen Forschungsergebnissen legen Personen mit einer Intelligenzminderung aufgrund ihrer erhöhten Empfänglichkeit für Suggestionen eher ein Falschgeständnis ab als intellektuell normal begabte Personen.

»Damit Ruhe ist« – das Geständnis des Peter Heidegger

Sie zerrten ihn aus dem Auto seiner Freundin, legten ihm Handschellen an und verfrachteten ihn zum Gendarmerieposten Gmunden. Peter Heidegger war völlig verdutzt. »Wir haben einen Zeugen! Ausflüchte helfen dir nicht!« Nur langsam wurde dem 19-Jährigen klar, was die beiden Kriminalbeamten am Abend des 8. Juli 1993 von ihm wollten. Zunächst dachte er, die Verhaftung habe damit zu tun, dass er seinem Dienst beim Bundesheer seit drei Tagen ferngeblieben war. Tatsächlich aber warfen sie ihm die Ermordung der Salzburger Taxifahrerin Claudia Deubler vor, die man zwei Tage zuvor erschossen und ausgeraubt neben ihrem Taxi gefunden hatte. Auf ihn waren die Kripo-Beamten durch die Aussage zweier Pakistanis gekommen, die behaupteten, sie hätten Heidegger zur Tatzeit in Tatortnähe gesehen und ihn mit dem Auto mitgenommen.

Heidegger wurde einem stundenlangen Verhör unterzogen. Die Ermittler behaupteten, man habe seine Haare im Taxi gefunden, auch seine Fingerabdrücke seien sichergestellt worden. Leugnen sei zwecklos. Mit einem Geständnis komme er billiger davon. Wenn er die Tat weiter abstreite, käme er dagegen in eine

Anstalt für geistig abnorme Rechtsbrecher. Unter dem Druck des zwanzigstündigen Verhörs legte der gelernte Fliesenleger schließlich ein Geständnis ab, »damit Ruhe ist«. Der wortkarge und gehemmte Heidegger glaubte, dass die Beamten weiter ermitteln würden und die Wahrheit dann irgendwann schon ans Licht käme. Das sollte sich als tragischer Irrtum erweisen.

Vor Gericht widerrief Heidegger sein Geständnis. Dazu gab er nunmehr an, in der Tatnacht gar nicht in Salzburg, sondern in seinem Elternhaus in Gmunden gewesen zu sein. Doch es nützte ihm nichts: Am 10. Juni 1994 wurde Peter Heidegger wegen Mordes zu 20 Jahren Haft verurteilt. Sowohl das Alibi – Heidegger hatte sich zur Tatzeit nachweislich in seinem Elternhaus befunden – als auch der Geständniswiderruf wurden ignoriert. Als Tatwaffe nahm das Gericht einen im Hause Heidegger gefundenen Signalstift an, wie ihn Bergsteiger zum Verschießen von Leuchtmunition verwenden. Dieser habe einen Halsdurchschuss mit Abtrennung des Halsmarks verursacht.

Zwei Wochen nach der Verurteilung gab der Salzburger Daniel Neuwirth bei der Polizei zu Protokoll: Er sei Zeuge des Mordes, den sein Freund Tomi Schöndorfer verübt habe. Die Polizei schenkte der Aussage keinen Glauben. Durch einen Hinweis des Zeugen Neuwirth wurde gleichwohl später die mögliche Tatwaffe gefunden, eine Walther P38. Diese wäre geeignet, einen Schusskanal, wie er bei der ermordeten Taxifahrerin festgestellt worden war, zu verursachen. Bereits vorher hatte festgestanden, dass der Signalstift als Tatwaffe auszuschließen war. Er kann weder eine Wirbelsäule durchschlagen noch eine Austrittswunde von sieben Millimetern verursachen. Die Polizei hatte dies bei Schussversuchen mit dem Signalstift in Kälbernacken herausgefunden.

Obwohl also schon kurz nach der Verurteilung ein ernst zu nehmender Hinweis auf ein Fehlurteil vorlag, schmetterte die österreichische Justiz alle Rechtsmittel und Wiederaufnahmeanträge jahrelang konsequent ab. Erst sieben Jahre später, im Jahr 2001, wurde der Fall neu aufgerollt. Heideggers Anwalt hatte das Gutachten zweier Waffentechniker vorgelegt, nach dem ein umgebauter Signalstift mit hoher Wahrscheinlichkeit als Tatwaffe auszuschließen war. Peter Heidegger wurde gegen Kaution noch während des Prozesses aus der Haft entlassen und am 16. Mai 2003 wegen erwiesener Unschuld freigesprochen. Er hatte 2865 Tage unschuldig im Gefängnis gesessen.

Nunmehr wurde dem Verdacht gegen Tomi Schöndorfer nachgegangen, den Neuwirth bereits acht Jahre zuvor bei der Polizei als den wahren Taximörder benannt hatte. 2007 wurde Schöndorfer schließlich wegen Mordes zu zehn Jahren und acht Monaten Haft verurteilt, Neuwirth wegen Beihilfe zu sechs Monaten auf Bewährung. Die Staatsanwaltschaft Linz leitete außerdem gegen sechs mit der Mordsache seinerzeit befasste Kriminalbeamte ein Ermittlungsverfahren wegen Verdachts des Amtsmissbrauchs und der Beweismittelfälschung ein. Doch die 1993 möglicherweise begangenen Amtsdelikte waren längst verjährt. Das Verfahren gegen die Kriminalbeamten wurde daher eingestellt.

Das Gericht sprach Peter Heidegger für die acht Jahre, die er unschuldig in Haft gesessen hatte, einen Schadensersatz von 950 000 Euro zu – die höchste Summe, die jemals ein Justizopfer in Österreich erhalten hat.

Das jugendliche Alter von Beschuldigten ist aufgrund ihrer Unerfahrenheit ein besonderer Risikofaktor für Falschgeständnisse. Der damals erst 19 Jahre alte Heidegger konnte dem Druck des zwanzigstündigen Verhörs nicht lange standhalten. Auch seine Annahme, die Beamten würden nach seinem Geständnis weiter ermitteln und die Wahrheit werde dadurch ans Licht kommen, war seiner jugendlichen Naivität geschuldet.

Geständnisse eines zwanghaften Lügners –
der Fall Sean Hodgson

Der Täter lauerte seinem Opfer nachts auf dem Parkplatz des Pubs Tom Tackle auf. Die 22-jährige Teresa de Simone hatte sich an diesem 5. Dezember 1979 in Southampton gerade in ihr Auto gesetzt, als der Mann auf sie zukam. Er klopfte gegen die Scheibe und fragte nach der Uhrzeit. Dann riss er die Fahrertür auf, zwängte sich in das Auto und verriegelte die Türen. Teresa wehrte sich, doch der Mann riss ihr die Kleider vom Leib und vergewaltigte sie auf dem Rücksitz. Anschließend strangulierte er sie mit dem Sicherheitsgurt.

Die Polizei führte eine groß angelegte Mordermittlung durch. Zeitweise standen 300 Verdächtige auf ihrer Liste. Es waren Spermien in der Vagina von Teresa de Simone gefunden worden. Der Täter hatte Blutgruppe A oder AB. Doch die Polizei konnte den Täter nicht fassen.

Ein Jahr nach dem Mord gestand Sean Hodgson, der wegen Diebstahls eine dreijährige Freiheitsstrafe verbüßte, die Tat zuerst einem Pfarrer und dann gegenüber der Polizei. Er habe hinter dem Tom Tackle eine Frau getötet. Warum er den Mord begangen habe, wisse er nicht mehr. Für die Polizei war der Fall damit gelöst, zumal Hodgson Blutgruppe A hatte.

Sean Hodgson war schon als Kind kriminell. Bereits mit elf Jahren kam er in eine Besserungsanstalt. Er hatte eine Persönlichkeitsstörung und war ein zwanghafter Lügner. Neben dem Mord an Teresa de Simone gestand er etwa 200 kleinere Straftaten, die er gar nicht alle begangen haben konnte. Während einige von ihnen begangen wurden, hatte er sich sogar schon in Haft befunden. Zudem gestand er zwei weitere Morde, die überhaupt nicht stattgefunden hatten. Obwohl er also offensichtlich einen Drang hatte, Verbrechen zu gestehen, die er gar nicht begangen hatte, wurde sein Geisteszustand im Zuge der Ermittlungen im Mordfall de Simone nicht untersucht. Aufgrund seines früheren Geständnisses und Blutspuren am Tatort verurteilte ihn eine Geschworenenjury 1982 einstimmig zu lebenslanger Freiheitsstrafe. Dabei hatte er das Geständnis längst widerrufen. Und die Blutspuren stimmten zwar mit seiner Blutgruppe überein - aber eben auch mit dem Blut eines Drittels der männlichen Bevölkerung.

In den folgenden Jahren wurden sämtliche Rechtsmittel abgewiesen. Erst 2008 kam wieder Bewegung in den Fall, als sich eine Anwaltskanzlei *pro bono* der Sache annahm. Nach langem Suchen fand sie in einem verlassenen Fabrikgebäude die 1979 vom Pathologen gemachten Abstriche von de Simones Leiche. Sie veranlassten eine DNA-Analyse. Ergebnis: Das Sperma des Vergewaltigers stammte nicht von dem Verurteilten. 1982 waren solche Tests noch nicht möglich gewesen. Hodgsons Verurteilung wurde unverzüglich aufgehoben. Als er im Jahr 2009 aus dem Gefängnis entlassen wurde, hatte er 27 Jahre unschuldig in Haft gesessen. Er ist damit der am längsten unschuldig eingesperrte Mensch in Großbritannien.

Die DNA-Analyse ergab aber auch einen Treffer: Die DNA aus den Spermaproben stimmte mit der eines gewissen David Lace überein. Dieser hatte 1983 den Mord an Teresa de Simone sogar gegenüber der Polizei gestanden, aber die Beamten hatten ihm nicht geglaubt, und die Verteidiger von Sean Hodgson waren über das Geständnis nicht informiert worden. Der Justizirrtum hätte also schon kurz nach der fälschlichen Verurteilung aufgeklärt werden können. Lace konnte strafrechtlich nicht mehr verfolgt werden, denn er hatte bereits 1988 Selbstmord begangen. Die DNA-Untersuchung war an seiner exhumierten Leiche vorgenommen worden.

Die Ursache dieses Justizirrtums lag in der unkritischen Übernahme des Geständnisses eines psychisch gestörten Beschuldigten. Dabei lag nahe, dass Hodgsons Geständnis nicht der Wahrheit entsprach, da er eine Persönlichkeitsstörung hatte und ein zwanghafter Lügner war. Zur Verwertung seines Geständnisses hätte es zumindest einer psychiatrischen Begutachtung bedurft.

Die Bridgewater-Bande und der ermordete Zeitungsjunge

Der 13-jährige Carl Bridgewater galt als fröhlich und hilfsbereit, war bei den Pfadfindern und ging gerne angeln. Im Morgengrauen des 19. September 1978 setzte er sich auf sein gelbes Fahrrad, um Zeitungen auszutragen. Die abgelegene Yew Tree Farm lag als eine der letzten Stationen auf seiner Runde. Deren Besitzer waren nicht da, aber eine Tür stand offen, was Carl wunderte. Er ging hinein und stieß dabei auf Einbrecher. Carl wurde ins Wohnzimmer gedrängt und musste sich in einen Sessel setzen. Dann schossen sie ihm aus kürzester Entfernung in den Kopf. Die Tasche mit den Zeitungen hing noch über seiner Schulter, als man ihn eine Stunde später tot auffand.

Der Mord an dem Zeitungsjungen löste eine fieberhafte Fahndung aus. Der Polizei war eine Einbrecherbande in der Gegend bekannt. Sie bestand aus Patrick Molloy, Jim Robinson sowie den Cousins Michael und Vincent Hickey. Die Polizei nahm Molloy, den Unbedarftesten von allen, in die Mangel. Sie hielten ihm ein schriftliches Geständnis des Mitbeschuldigten Vincent Hickey vor - es war gefälscht. Molloy wurde immer wieder verhört. Ihm wurde zehn Tage lang ein Anwalt verweigert, ebenso Essen, Trinken und Schlaf. Schließlich wurde Molloy geschlagen. Ein Polizist hielt ihn fest, während der andere ihm die Zähne einschlug. Er sollte ein Geständnis unterschreiben, nach dem er während des Einbruchs im Obergeschoss der Farm gewesen sei. Die Schläge und Misshandlungen hörten nicht auf. Schließlich unterschrieb Molloy ein Geständnis: Er sei während des Einbruchs oben in einem Schlafzimmer gewesen, als er unten einen Schuss gehört habe, stand dort. Kurz darauf wurden die anderen drei Männer verhaftet. Die Beschuldigten wurden von der Presse die »Bridge-water-Bande« genannt.

Sobald Molloy einen Anwalt hatte, widerrief er sein Geständnis. Die Polizei habe es aus ihm »herausgeprügelt«. Das Geständnis sei ihm von den Polizisten diktiert worden und er sei nie auf der Yew Tree Farm gewesen. Doch es nützte nichts. Obwohl alle vier ihre Unschuld beteuerten, verurteilte das Schwurgericht Stafford sie am 9. November 1979. Jim Robinson, Michael Hickey und Vincent Hickey erhielten wegen Mordes lebenslänglich, Patrick Molloy wegen Totschlags zwölf Jahre. Dem Gericht genügte Molloys früheres Geständnis.

Einen forensischen Beweis für die Täterschaft der vier Verurteilten gab es nicht. Die einzige gesicherte Spur waren Fingerabdrücke auf Carls Fahrrad, das der Mörder in den Schweinestall geworfen hatte. Diese stammten von keinem der Bridgewater-Bande.

Eine ganze Reihe von Berufungs- und Wiederaufnahmeverfahren scheiterte. Patrick Molloy verstarb 1981 an einem Herzanfall im Gefängnis.

Erst 1997 gelang den Verteidigern der Durchbruch. In den Akten fanden sie das Geständnis von Molloy aus dem Jahr 1978. Damals war eine elektrostatische Untersuchung, mit der sich die Fälschung von Unterschriften nachweisen lässt, noch nicht möglich. 20 Jahre später schon, und die Untersuchung ergab zweifelsfrei, dass die Unterschrift unter Vincent Hickeys angeblichem Geständnis von der Polizei gefälscht worden war. Mit diesem neuen Beweismittel erreichte die Bridgewater-Bande eine Wiederaufnahme des Verfahrens. Die Verurteilungen wurden im Februar 1997 aufgehoben. Die Verurteilten hatten keinen fairen Prozess gehabt, befand das Berufungsgericht, da die Polizei ein Geständnis gefälscht hatte, um Molloy zu einem solchen zu bewegen. Die Schläge und Misshandlungen während des Verhörs waren hingegen nicht beweisbar. Michael Hickey und Vincent Hickey sowie Jim Robinson hatten 17 Jahre für einen Mord abgesessen, den sie nicht begangen hatten.

Der Mörder des 13-jährigen Zeitungsjungen Carl Bridgewater wurde nie gefasst.

Ohne Worte – der Fall Stephen Brodie

Die siebenjährige Kelly Gibson schlief, als der Mann am 1. Oktober 1989 durch das Fenster in ihr Kinderzimmer eindrang. Vor dem Zubettgehen hatte sie das Abendgebet aufgesagt und ihren Goldfisch gefüttert. Der Täter zog ihr einen Kopfkissenbezug über den Kopf und verschleppte sie auf ein nahe gelegenes Grundstück. Der Mann sagte zu ihr, er werde sie töten, wenn sie nicht macht, was er ihr sagt. Kelly hatte Todesangst. Sie wehrte sich nicht und schrie auch nicht. Auf dem feuchten Grass zwang er sie zu sexuellen Handlungen und versuchte, sie zu vergewaltigen.

Ende der 80er- und Anfang der 90er-Jahre war es in Nord-Dallas zu einem Dutzend ähnlicher Fälle gekommen. Ein unbekannter Täter brach nachts in Häuser ein, verschleppte kleine Mädchen und missbrauchte sie. Die Polizei fahndete fieberhaft nach dem »Nord-Dallas-Vergewaltiger«.

Über ein Jahr nach der Tat wurde ein Mann festgenommen, weil er Münzen aus einem Getränkeautomaten gestohlen hatte. Er hieß Stephen Brodie und war taub, seit er als Zweijähriger an einer schweren Hirnhautentzündung erkrankt war. Als er fünf war, setzte ihn seine Mutter an einer Bushaltestelle aus.

Der Polizei war Brodie inzwischen als Kleinkrimineller bekannt. Während des Verhörs wechselten die Ermittler bald von dem Kleingelddiebstahl zu einem ernsteren Thema: Ein siebenjähriges Mädchen war ein Jahr zuvor in der Nähe des Getränkeautomaten vergewaltigt worden. Acht Tage lang befragten sie Brodie immer wieder zu dem Mädchen. Der Gehörlose wurde stundenlang ohne einen Dolmetscher für Gebärdensprache verhört, obwohl er ohne diesen die Fragen nicht verstand und die Polizisten seine »Antworten«, die weiterhin wenig mehr als ein gutturales Gurgeln waren, nicht verstehen konnten. Am Ende des 18-stündigen Verhörs legte Brodie ein Geständnis ab. Später sagte er über diesen Moment, er sei müde gewesen und der Druck zu hoch.

Weder Polizei noch Staatsanwalt noch das Gericht störten sich daran, dass Brodie über kein Täterwissen verfügte. Nur zwei der ihm genannten 45 Tatdetails stimmten mit dem tatsächlichen Verbrechen überein. Trotzdem wurde Brodie wegen Vergewaltigung eines Kindes verurteilt.

Die Spurensicherung hatte an dem Fenster, durch das der Täter ins Kinderzimmer eingedrungen war, einen Fingerabdruck gesichert, der nicht von Brodie stammte. Des Weiteren fand sie auf der Bettdecke von Kelly ein Haar einer unbekannten Person. Das wurde weder Brodie noch seinem Verteidiger mitgeteilt, obwohl die Ermittlungsbehörden hierzu verpflichtet gewesen wären. Der Mann, der den Fingerabdruck am Fenster hinterlassen hatte, konnte ein Jahr nach Brodies Verurteilung identifiziert werden. Sein Name war Robert Warterfield. Er war bereits wegen Vergewaltigung eines Mädchens vorbestraft und wohnte in der Nähe des Getränkeautomaten, den Brodie geknackt hatte. Auch dies wurde weder Brodie noch seinem Verteidiger mitgeteilt.

Erst im September 2010 wurde die Verurteilung von Stephen Brodie aufgehoben. In Gang gekommen war die Wiederaufnahme erst durch den neuen Bezirksstaatsanwalt von Dallas, Craig Watkins, der es sich zur Aufgabe gemacht hatte, alle zweifelhaften Urteile der vergangenen Jahrzehnte zu überprüfen. Stephen Brodie saß 17 Jahre unschuldig im Gefängnis.

Nunmehr wurden die Ermittlungen gegen Robert Warterfield geführt. Neben seinem Fingerabdruck auf dem Fenster gab es noch ein positives DNA-Ergebnis: Auf Kellys T-Shirt gefundene DNA-Spuren stimmten mit der DNA von Warterfield überein. Im Januar 2012 wurde Warterfield als der »Nord-Dallas-Vergewaltiger« zu lebenslänglicher Haft verurteilt.

Das Geständnis von Stephen Brodie wäre eigentlich schon wegen des zeitweisen Fehlens eines Gebärdendolmetschers nicht verwertbar gewesen. Wie soll ein Taubstummer gestehen, der ohne Gebärdendolmetscher die Fragen des Vernehmungsbeamten (und dieser seine Antworten) nicht versteht?

Der schwedische Hannibal Lecter

In Schwedens dunklen Wäldern wimmelt es von bestialischen Serienmördern, das weiß der geneigte Leser skandinavischer Kriminalromane. Thomas Quick hieß der schwedische Hannibal Lecter, den sich Stieg Larsson oder Henning Mankell nicht besser hätten ausdenken können. Er hatte seine zahlreichen Opfer gefoltert, vergewaltigt, getötet, zerstückelt und verspeist. Er war für acht Morde verurteilt worden und hat 25 weitere gestanden.

Thomas Quick wurde 1950 in Schweden als Sture Bergwall geboren und führt seit 2002 wieder diesen Namen. Er war homosexuell und durch mehrere Gewalttaten gegen andere Männer auch polizeibekannt geworden. Um seine Drogenabhängigkeit zu finanzieren, überfiel er 1990 als Nikolaus verkleidet eine Bank. Doch der Bankangestellte erkannte ihn trotz seiner Verkleidung, und so wurde Quick in die psychiatrische Anstalt von Säter eingewiesen. Im Oktober 1992 erzählte er seinen Therapeuten, er habe 1980 einen Elfjährigen umgebracht. Der Therapeut hörte interessiert zu und informierte die Polizei. Der gegenüber räumte Quick ein, Täter von insgesamt 33 bis dahin ungeklärten Morden zu sein.

Doch Thomas Quick hatte keinen einzigen dieser Serienmorde begangen. Seine Geständnisse basierten auf Zeitungsberichten, die er bei Freigängen in Stockholmer Bibliotheken gelesen hatte. Die schwedischen Gerichte glaubten ihm, obwohl er langjähriger Insasse einer psychiatrischen Anstalt war, und verurteilten ihn für acht der gestandenen Morde.

Dabei waren seine Geständnisse voller Widersprüche. Demnach hätte er seinen ersten Mord schon mit 14 begangen, während er zur Tatzeit nachweislich in einer Kirche 400 Kilometer entfernt saß und konfirmiert wurde. (Mehrere Zeugen und Fotos belegten das.) Weiter wollte er eine 23-jährige Frau vergewaltigt und ermordet haben, was verwundert, weil Quick homosexuell war. Zudem stimmten die in der Leiche gefundenen Spermien nicht mit seiner DNA überein. Da Quick kein Täterwissen hatte, machte er in den Verhören oft falsche Angaben. Seine Aussagen zu Aussehen und Kleidung der Opfer, Tötungsmethoden und besondere Merkmale der Leichen gerieten zu Antwortversuchen wie bei einem Ratespiel. Doch die geduldigen Polizisten korrigierten ihn so lange, bis Quicks Geständnisse zu den bisherigen Ermittlungsergebnissen passten. Quick behauptete, er habe die Leichen vergraben. Doch an den 24 von ihm benannten Stellen, über ganz Schweden und Norwegen verteilt, wurde keine einzige gefunden.

Noch etwas hätte die Polizisten stutzig machen müssen. Serienmörder gehen meist nach einem bestimmten Modus Operandi vor. Doch Quick tötete angeblich Kinder und Erwachsene, vergewaltigte Männer und Frauen, benutzte unterschiedliche Waffen und beging die Morde überall in Schweden und Norwegen.

Bei keinem einzigen der gestandenen Morde gab es DNA-Spuren von Quick, eine bei ihm gefundene Mordwaffe oder Augenzeugen, die ihn wiedererkannt hätten. Es gab nichts außer seinen Geständnissen. Trotz deren zahlreichen Ungereimtheiten und Widersprüche wurde Quick achtmal »ohne jeden vernünftigen Zweifel« schuldig gesprochen.

Schon als Jugendlicher war Thomas Quick abhängig von Schnüffelstoffen. In den langen Jahren seines Psychiatrieaufenthalts wechselte er zu Psychopharmaka, die eine wichtige Rolle bei den Geständnissen spielten, denn sie beflügelten seine Fantasie und Kreativität. Längst chronisch medikamentenabhängig, wurde er durch seine Geständnisse mit Aufmerksamkeit belohnt und bekam all die Medizin, die er haben wollte. Geständnisse wurden mit Aufmerksamkeit und noch mehr Medikamenten belohnt. Nachdem ein neuer Klinikleiter seine Medikamente 2002 absetzte, erfolgten keine weiteren Geständnisse.

Im Jahr 2008 vertraute Thomas Quick dem Journalisten Hannes Råstam an, er habe falsche Geständnisse abgelegt, um »eine wichtige Person für die Ärzte und für die anderen Insassen« zu werden. Er hatte die Erfahrung gemacht, dass in der Psychiatrie den Insassen mit den gewalttätigsten oder abscheulichsten Taten das größte Interesse entgegengebracht wurde. Nachdem Quick alle Geständnisse widerrufen und der Journalist Råstam die Ergebnisse eigener Recherchen veröffentlicht hatte, wurden alle Urteile aufgehoben und alle verbleibenden Mordvorwürfe fallen gelassen. Während die schwedische Justiz glaubte, den schlimmsten Serienmörder des Landes verurteilt zu haben, war sie auf einen zwanghaften Lügner hereingefallen, der sich aus Geltungssucht als Mörder ausgegeben hatte. Dabei wussten die Gerichte, dass es sich bei dem »geständigen« Serienmörder um eine psychisch schwer gestörte Person handelte, die schon lange Jahre Insasse einer psychiatrischen Anstalt war. Es hätte auch auffallen müssen, dass Quick über kein Täterwissen verfügte. Das sagt einiges über die Leichtgläubigkeit der Justiz aus.

»Auftragsmord einer herzlosen Mutter« – der Fall Debra Milke

Als die drei Kugeln in Christopher Milkes Hinterkopf einschlugen, hörte niemand die Schüsse. Die beiden Männer hatten ihr Opfer für die Hinrichtung in die Wüste von Arizona gebracht. Der Junge mit den braunen Augen, blonden Haaren und dem Dino-Sweatshirt war erst vier Jahre alt, als er starb.

Die Mutter von Christopher, Debra Milke, wurde 1964 in Berlin geboren, als Tochter einer Deutschen und eines US-Soldaten. Ein Jahr nach ihrer Geburt siedelte die Familie in die USA über. Debra heiratete dort 1984 ihren Freund Mark Milke und brachte 1985 den gemeinsamen Sohn Christopher zur Welt. Doch ihr Ehemann hatte Alkohol- und Drogenprobleme und kam mehrmals ins Gefängnis. Zu Hause war er ihr und dem Kind gegenüber gewalttätig. Sie ließ sich von ihm scheiden und zog im August 1989 in die große Wohnung des 15 Jahre älteren Kriegsveteranen Jim Styers ein.

Während dies für sie nur ein Zufluchtsort vor ihrem aggressiven Ex-Ehemann war, strebte Styers eine Beziehung mit Debra an. Das Kind störte ihn dabei: Immerhin war der Junge das letzte Bindeglied zu Mark Milke, von dem Styers seine neue Mitbewohnerin loseisen wollte. »Ich wollte, er wäre tot«, sagte Styers zu Nachbarn.

Jim Styers hatte bereits im Vietnamkrieg von einem Laster herunter auch Kinder erschossen. Nach einer Kriegsverletzung hatte er drei Monate lang mit Hirntrauma im Koma gelegen. Nachts hörte er damals noch immer die Schreie der toten Frauen und Kinder.

Am 2. Dezember 1989 fuhr Jim Styers mit Christopher in Debra Milkes Auto los, angeblich um ihm die Weihnachtsmänner im Einkaufszentrum zu zeigen. Zunächst holten sie Styers Freund Roger Scott von zu Hause ab. Doch anstatt zum Einkaufszentrum fuhren die beiden Männer mit dem Jungen hinaus in die Wüste. Dort fielen die tödlichen Schüsse. Anschließend fuhr Styers zum Einkaufszentrum und meldete Christopher als vermisst. Er sei weggelaufen, als Styers auf der Toilette gewesen sei. Die Polizei wurde eingeschaltet.

Detective Armando Saldate übernahm die Ermittlungen dieses Vermisstenfalls. Er galt als Bulldogge und war dafür bekannt, in seinen Verhören stets Geständnisse zu erzielen. Er hatte seine Karriere von Beginn an zielstrebig vorangetrieben und hoffte, bald zum Friedensrichter gewählt zu werden. Ein spektakulärer und schnell gelöster Fall könnte dabei helfen. Saldate verhörte Roger Scott, der nach den Angaben von Styers bei der Fahrt zum Einkaufszentrum mit dabei gewesen war. Dieser räumte nach Stunden erschöpft ein, er wisse, wo die Leiche des Jungen sei. Anschließend führte er die Polizisten zu der Stelle, wo Christopher mit drei Kugeln im Kopf im Wüstensand lag. Außerdem wurden Abdrücke am Tatort entdeckt, die Styers Schuhgröße entsprachen. Die Tatwaffe, ein Revolver R&G, Kaliber 22, wurde wenig später bei der Durchsuchung von Scotts Wohnung gefunden. Scott und Styers beschuldigten sich wechselseitig, die tödlichen Schüsse abgegeben zu haben. Es konnte nie aufgeklärt werden, wer geschossen hat. Beide wurden später in getrennten Prozessen zum Tode verurteilt. Die Gerichte nahmen Mittäterschaft an.

Damit wäre der Fall eigentlich abgeschlossen gewesen, hätte Scott nicht auch ausgesagt, Debbie Milke habe sie zu der Tat angestiftet. Armando Saldate wurde mit einem Hubschrauber zum Verhör von Debra Milke eingeflogen. Die Tante von Milke musste den Vernehmungsraum verlassen, ebenso wie alle anderen Polizeibeamten. Als sich die schwere Stahltür schloss, war Saldate allein mit der Mutter des ermordeten Jungen. Die Anweisung seines Vorgesetzten, einen Kassettenrekorder zum Verhör mitzubringen, missachtete er. Debra Milke sah eingeschüchtert zu, wie der Ermittler sich direkt vor sie setzte, nur 30 Zentimeter von ihrem Kopf entfernt. »Wir haben deinen Sohn gefunden. Er wurde ermordet, und du bist verhaftet«, begann er das Verhör.

Drei Tage später schrieb Saldate aus der Erinnerung einen Bericht, in dem steht, Debra Milke habe das Mordkomplott gestanden. Sie selbst habe den Mordauftrag erteilt, weil sie nicht wollte, dass Christopher wie sein Vater werde. Es gab keine Tonbandaufzeichnung und keine Niederschrift des Geständnisses. Trotzdem gab er gegenüber den Medienvertretern bekannt, der Fall sei gelöst, denn er habe ein Geständnis. »Auftragsmord einer herzlosen Mutter«, lauteten die Schlagzeilen, mit deren Hilfe Saldate später die Wahl zum Friedensrichter gewann.

Debra Milke wurde wegen Anstiftung zum Mord angeklagt. Nach Ansicht der Staatsanwaltschaft hatte sie ihren Sohn ermorden lassen, um dessen Lebensversicherung von 5 000 Dollar ausgezahlt zu bekommen. Milke bestritt, je ein Geständnis abgelegt zu haben. Zudem sei ihr ein Anwalt verweigert worden. Die Lebensversicherung werde auch nur bei einem natürlichen Tod, nicht bei Mord ausgezahlt. Die Jury befand Debra Milke am 12. Oktober 1990 trotzdem des Mordes schuldig. Am 11. Januar 1991 wurde sie zum Tode verurteilt. In Ermangelung von Vernehmungsprotokollen, sonstigen Aufzeichnungen oder Zeugen beruhte das Urteil einzig auf der Aussage von Detective Armando Saldate. In Arizona reichte das Wort des Sheriffs.

Debra Milke landete in der Todeszelle. Im Januar 1998 liefen bereits die Vorbereitungen für ihre Hinrichtung. Ein Arzt prüfte, ob ihre Venen für die Giftspritze geeignet waren. Kurz vor dem Vollzug konnten ihre Anwälte die Exekution verhindern.

Doch erst im Jahr 2013 erreichte Milke die Aufhebung des Urteils und ihre Freilassung. Das Urteil vom 12. Oktober 1990 war ein Fehlurteil, weil es keine Beweise für eine Tatbeteiligung von Milke gab. Es existiert auch kein ausreichend dokumentiertes oder gar unterschriebenes Geständnis von ihr. Allein aufgrund der Aussage eines Sheriffs, der für Wahlkampfzwecke ein Geständnis brauchte, hätte die Verurteilung nicht ergehen dürfen. Die gebürtige Berlinerin hatte rund 22 Jahre lang unschuldig in der Todeszelle gesessen.

Der Fall Peggy Knobloch – das Geständnis eines geistig Behinderten

Mit den Worten »Ich hab dich lieb, Mama« verabschiedete sich die neunjährige Peggy Knobloch am Morgen des 7. Mai 2001 von ihrer Mutter, als sie sich auf den Schulweg machte. Susanne Knobloch sah ihre Tochter nie wieder. Sie wurde nach der Schule zuletzt nach 13 Uhr nur 50 Meter von ihrem Elternhaus entfernt gesehen.

Die Mutter erstattete eine Vermisstenanzeige, woraufhin die Polizei eine umfangreiche Suche nach dem Kind startete. Jeder Stein im oberfränkischen Lichtenburg wurde umgedreht. Doch Peggy konnte nicht gefunden werden. Aus dem Vermisstenfall wurde ein wahrscheinlicher Mordfall.

Ins Visier der Ermittler geriet früh der damals 23-jährige Ulvi K., da er bereits wegen exhibitionistischen Handlungen vor Kindern aufgefallen war. Er war geistig behindert, da er im Alter von zweieinhalb Jahren an einer Hirnhautentzündung erkrankt war. Mit einem Intelligenzquotienten von 68 entsprach sein Entwicklungsstand dem eines acht- bis zehnjährigen Jungen. Ulvi K. stritt die Tat ab und konnte durch seine Mutter auch ein Alibi vorweisen.

Über eineinhalb Jahre später war der Fall immer noch ungelöst. Der Innenminister Günther Beckstein machte Druck und ließ eine neu gegründete Soko den Fall noch einmal aufrollen. Ulvi K. wurde tagelang vernommen, wobei er weiter den Mord an Peggy abstritt. Die Polizei bediente sich daraufhin einer List: Wahrheitswidrig hielt man ihm vor, man habe Blut von Peggy an seiner Arbeitskleidung gefunden. Er solle endlich zugeben, Peggy umgebracht zu haben. Ein Anwalt war bei den Vernehmungen nicht mit dabei. Schließlich brach Ulvi K. zusammen und gestand. Vier Tage vor ihrem Verschwinden habe er Peggy in seiner Wohnung sexuell missbraucht. Am Tattag habe er sie auf dem Heimweg von der Schule abgepasst, um sich zu entschuldigen. Peggy sei jedoch davongelaufen und habe gedroht, ihn zu verraten. Als sie gestolpert sei, habe er sie eingeholt. Dann habe er sie erwürgt.

Die Vernehmungsbeamten waren über das Geständnis des Verdeckungsmordes begeistert. Dass Ulvi K. keine nachvollziehbaren Angaben über den Verbleib von Peggys Leiche machen konnte, kümmerte sie nicht. Ulvi K. widerrief sein Geständnis später. Das hielt die Kripo aber für unschädlich, weil Ulvi K. den Mord an Peggy gegenüber einem Mitinsassen im Bezirkskrankenhaus gebeichtet hatte.

Die Staatsanwaltschaft erhob Anklage wegen Mordes vor dem Landgerichtshof. Dieses verurteilte Ulvi K. am 30. April 2004 zu lebenslanger Haft. Das Gericht stützte sein Urteil in erster Linie auf das Geständnis des Angeklagten. Der Bundesgerichtshof verwarf die Revision von Ulvi K., womit das Urteil rechtskräftig wurde. Es befand insbesondere die Würdigung des Geständnisses des Angeklagten für rechtsfehlerfrei. Ulvi K. wurde in der geschlossenen Abteilung des Bezirkskrankenhauses Bayreuth untergebracht.

Erst neun Jahre später erreichte Ulvi K. eine Wiederaufnahme des Verfahrens. Ein Mitinsasse im Bezirkskrankenhaus, dem seinerzeit von der Polizei Hafterleichterungen versprochen worden waren, widerrief seine Ulvi K. belastende Aussage. Außerdem war eine von einem Profiler entwickelte Tathergangshypothese bekannt geworden, deren Inhalt die Vernehmungsbeamten möglicherweise Ulvi K. für sein Geständnis in den Mund gelegt hatten. Mit anderen Worten: Ulvi K. hatte in seinem verhängnisvollen Geständnis womöglich gar kein eigenes Täterwissen offenbart, sondern nur die Hypothesen des Profilers abgenickt.

Am 14. Mai 2014 und damit nach zehn Jahren hob das Landgericht Bayreuth die Verurteilung von Ulvi K. auf. Das Gericht hatte eine ganze Reihe Ungereimtheiten in den damaligen Ermittlungen als auch im Urteil gefunden. Es bezweifelte, ob das Geständnis des geistig behinderten Angeklagten der Wahrheit entsprach. Was Ulvi K. sagte, hatten ihm tatsächlich die Vernehmungsbeamten eingeredet. Auch der Sachverständige Professor Hans-Ludwig Kröber meinte, die Vernehmer könnten bei dem Geständnis von Ulvi K. ein bisschen nachgeholfen haben. Außerdem war das Geständnis von K. mit keinen einzigen Sachbeweis zu belegen. Er hatte zu Unrecht 13 Jahre in der geschlossenen Psychiatrie verbracht.

Im Juli 2016 wurden schließlich die Skeletteile von Peggy in einem Wald etwa zwölf Kilometer entfernt von Lichtenberg gefunden. 15 Jahre nach ihrem Verschwinden war damit auch die Hoffnung ihrer Mutter endgültig gestorben, dass ihre Tochter nach dem Vorbild von Natascha Kampusch eines Tages wieder nach Hause zurückkommen würde. Die Untersuchung der sterblichen Überreste ergab keine neuen Spuren. Im Oktober 2020 stellte die Staatsanwaltschaft ihre Ermittlungen ein. Der Mord an Peggy Knobloch ist damit auch nach 22 Jahren immer noch unaufgeklärt.

Indizien sind noch kein Beweis

Der Indizienbeweis ist ein Beweis einer strafbaren Handlung aufgrund von Indizien (von lat.: *indicare* = anzeigen), die nicht unmittelbar den zu beweisenden Vorgang ergeben, aber eine Schlussfolgerung auf die eigentlich zu beweisende Hauptsache zulassen. Das Tückische an Indizien ist ihre Auslegbarkeit. Das Einräumen einer Geschirrspülmaschine kann beispielsweise eine banale Alltagshandlung, aber auch die Spurenbeseitigung einer Giftmörderin sein (siehe *Pistazieneismord*). Manchmal reicht es schon, zufällig zur falschen Zeit am falschen Ort gewesen zu sein, um zu Unrecht einer Straftat beschuldigt zu werden. Die nachfolgenden Fälle zeigen auch, dass manchem Staatsanwalt oder Richter selbst wenige, sehr schwache Indizien ausreichen, um dem Angeklagten daraus den Strick einer angeblich lückenlosen Indizienkette zu knüpfen.

»Jetzt kriegt keiner von uns die Kinder« – der Fall Monika Weimar/Böttcher

Der Busfahrer Hans-Georg Führer hatte am 7. August 1986 auf einem hessischen Parkplatz eine Kaffeepause eingelegt. Als er eine schief sitzende Gardine an einem Seitenfenster gerade ziehen will, fällt sein Blick auf eine dichte Brennnesselwand. In diesem Augenblick bewegt ein Windstoß die Brennnesseln, und Führer sieht die Beine eines Kindes.

Bei der Kinderleiche handelte es sich um die siebenjährige Melanie Weimar, die drei Tage zuvor zusammen mit ihrer Schwester als vermisst gemeldet worden war. Kurze Zeit später wurde auch die fünfjährige Karola Weimar auf einem anderen Rastplatz in der Nähe gefunden. Die Obduktion ergab bei Karola Tod durch Erwürgen, bei Melanie Tod durch Ersticken, möglicherweise unter weicher Bedeckung.

Es wurde eine Sonderkommission »Weimar« gebildet. Da es keine Spuren eines Kampfes, einer Entführung oder eines sexuellen Missbrauchs gab, schied ein Fremder als Täter für die Kripo aus. Zudem war ein weißer Passat-Kombi, wie ihn die Familie Weimar besaß, zur Tatzeit an dem späteren Fundort von Melanies Leiche gesehen worden. Für die Ermittler kam daher nur einer der beiden Eltern als Täter in Betracht.

Der Staatsanwalt hielt den Vater Reinhard Weimar für dringend der Tat verdächtig. Der gedemütigte, da von der Ehefrau betrogene Ehemann habe sich vielleicht rächen oder die Mitnahme seiner Kinder nach Amerika verhindern wollen oder sei schlicht »durchgedreht«. Die Staatsanwaltschaft beantragte einen Haftbefehl gegen ihn, der vom Gericht jedoch abgelehnt wurde. Danach konzentrierten sich die Ermittlungen auf die Mutter, Monika Weimar. Denn ihre Ehe war zerrüttet, und sie hatte eine Affäre mit dem amerikanischen Soldaten Kevin Pratt. Bei ihrem Liebhaber, so die neue Hypothese, habe sie sexuelle Erfüllung gefunden und sich eine Zukunft mit ihm in den USA vorgestellt. Die Kinder hätten ihr dabei im Wege gestanden, konstruierten die Ermittler ein Mordmotiv.

Monika Weimar bezichtigte während ihrer Vernehmung ihren Mann des Mordes. Sie habe sich am Vorabend mit ihrem Liebhaber getroffen und sei um 3:20 Uhr nach Hause gekommen. Da habe ihr Mann am Bett der toten Kinder gesessen und geweint. Die Kinder seien noch körperwarm gewesen. »Warum hast du das getan?«, habe sie ihn gefragt. »Jetzt kriegt keiner die Kinder«, habe er geantwortet. Noch in der Nacht habe ihr Mann die Leichen mit dem Auto weggebracht.

Reinhard Weimar bestritt die Tat. Er habe die ganze Nacht tief geschlafen und sei erst am späten Vormittag aufgewacht. »Wenn ich die Kinder totgemacht habe, kann ich mich nicht mehr erinnern«, schränkte er ein.

Vor dem Landgericht Fulda entfesselte sich ein spektakulärer Indizienprozess. Es gab weder ein Geständnis noch Tatzeugen. Die Anklage stützte sich im Wesentlichen auf ein Fasergutachten: An dem weißen T-Shirt von Melanie waren 73 Fasern einer gelben Bluse sichergestellt worden, die Monika Weimar am Vortrag getragen hatte.

Für die Öffentlichkeit und die Medien stand Monika Weimar als Mörderin fest. Manche schienen zu denken, wer mit einem Afroamerikaner fremdgeht, der bringt auch die eigenen Kinder um.

Das Landgericht Fulda verurteilte Monika Weimar am 8. Januar 1988 wegen Mordes in zwei Fällen zu lebenslanger Freiheitsstrafe. Aufgrund des Fasergutachtens sah es die Angeklagte als überführt an. Für die Täterschaft der Mutter spräche auch die »sanfte« Art der Tötung. Das Gegenteil war freilich wahr: Das Erwürgen oder Ersticken eines Menschen, auch von Kindern, dauert drei bis zehn Minuten und ist wegen der damit für das Opfer verbundenen Todesqualen eine besonders grausame Form der Tötung. Für das Landgericht war außerdem ein Sprung an der Innenseite der Windschutzscheibe des VW Passats maßgeblich. Monika Weimar erklärte diesen damit, dass sie beim heftigen Geschlechtsverkehr mit Kevin Pratt mit der Ferse gegen die Scheibe getreten habe. Das Landgericht war hingegen davon überzeugt, die Einsplitterung der Scheibe sei durch die Abwehrbewegung eines der Kinder während des Tötungsaktes entstanden. Das Publikum im Gerichtssaal applaudierte bei der Urteilsverkündung. Monika Weimar wurde bespuckt und als »Amihure« beschimpft.

Monika Weimar nahm nach ihrer Scheidung wieder ihren Mädchennamen Böttcher an. Sie beteuerte weiterhin ihre Unschuld. Die von ihr eingelegte Revision und Verfassungsbeschwerde verliefen jedoch erfolglos.

Nach einem neuen Fasergutachten ordnete das Oberlandesgericht Frankfurt 1995 die Wiederaufnahme des Verfahrens an. Das Landgericht Gießen sprach Monika Böttcher dann am 24. April 1997 frei. Gegen dieses Urteil legte die Staatsanwaltschaft erfolgreich Revision ein.

Im September 1999 begann die nunmehr dritte Schwurgesichtsverhandlung vor dem Landgericht Frankfurt. Diese endete am 22. Dezember 1999 mit Böttchers erneuter Verurteilung zu lebenslanger Freiheitsstrafe. Die Revision wurde vom Bundesgerichtshof zurückgewiesen. Monika Böttcher wurde erst 2006, nach Verbüßen der 15 Jahre »lebenslänglicher« Haft, entlassen.

Der Justizmarathon gegen Monika Böttcher hatte sich über 14 Jahre hingezogen. Drei verschiedene Schwurgerichtskammern verhandelten den Fall jeweils neu. Ebenfalls dreimal entschied der Bundesgerichtshof über Revisionen. Daneben waren noch das Oberlandesgericht Frankfurt mit dem Wiederaufnahmeantrag und das Bundesverfassungsgericht mit einer Verfassungsbeschwerde befasst.

Doch welche der zahlreichen Entscheidungen war nun die richtige, welche ein Fehlurteil? Obwohl die Verurteilung von Monika Böttcher durch das Urteil des Landgerichts Frankfurt rechtskräftig wurde, bleibt der Beigeschmack eines Fehlurteils bestehen.

Hatte man sich hier zu früh auf die beiden Eltern als die Tatverdächtigen festgelegt? Die Spiegel TV-Dokumentation *Das Geheimnis der Weimar-Morde* nimmt eine dritte Person ins Visier: den Schwager von Monika Weimar, Raymond E.

Raymond E. lebte mit seiner Frau Brigitte direkt über der Wohnung der Weimars und hatte sich in der Nacht, in der die Kinder ermordet worden waren, auch in deren Wohnung aufgehalten. Im August 1999, 13 Jahre nach dem Mord an den Geschwistern Weimar, wurde er in Kalifornien wegen Missbrauchs zweier Mädchen im Alter von Melanie und Karola zu 15 Jahren Haft verurteilt. Dazu passt, dass an der Bettwäsche und der Kleidung der Weimar-Kinder DNA-Spuren eines unbekannten Mannes festgestellt worden sind. Vielleicht die von Raymond E.?

Die Grundannahme des Falles, als Täter komme nur einer der beiden Eltern in Betracht, war zwar naheliegend, aber zwingende Beweise gab es dafür nicht. Die drei Hauptverhandlungen hatten nur Indizien gegen Monika Böttcher erbracht. Das Tückische an Indizien ist ihre Auslegbarkeit. Die an Melanies T-Shirt festgestellten Fasern von der Bluse der Monika Böttcher können bei der Ermordung des Kindes, aber auch im Rahmen normaler häuslicher Kontakte, wie etwa Umarmungen von Mutter und Kind, angetragen worden sein. An Fasern lässt sich selten nachweisen, wann, wo und wie sie angetragen wurden. Wenn Mutter und Kind in einem Haushalt leben, ist zwangsläufig mit zahlreichen wechselseitigen Faseranhaftungen zu rechnen. Anders als bei völlig fremden Tätern dürfte Faseranhaftungen zwischen Familienangehörigen kein entscheidendes Gewicht zukommen.

Reinhard Weimar litt bis zu seinem Tod im November 2012 an einem hirnorganischen Psychosyndrom und war mehrfach in stationärer psychiatrischer Behandlung. Er zeigte die gleichen Symptome, wie sie Monika Weimar aus der Tatnacht geschildert hatte. Apathisch und geistesabwesend habe er neben seinen toten Kindern gesessen. Dem Psychiater Schumacher drängte sich die Vermutung auf, dass Reinhard Weimar schon ein Jahr vor dem Doppelmord an der Krankheit litt. Es sei auch denkbar, dass er seine Kinder während eines psychotischen Schubs umgebracht hat.

Zusammengefasst bleiben bei dem Mordfall Weimar mehr Zweifel als Wahrheiten zurück.

Tod am Bahndamm – der Mordfall Carmen Kampa

Schreie ließen den jungen Mann zusammenzucken, als der Zug am 1. Mai 1971 um 23:26 Uhr an einem kleinen Bahnhof im Norden von Bremen anhielt. Erschrocken öffnete er das Abteilfenster. In etwa 20 Meter Entfernung sah er eine junge Frau und einen Mann am Fuße des Bahndamms miteinander ringen. »Bitte nicht! Bitte nicht!«, schrie die Frau. Der Zeuge alarmierte einen zweiten Fahrgast. Auch dieser trat ans Fenster, sah das Mädchen nunmehr auf dem Boden und den Mann auf ihr liegen. Auch er hörte die Frau um Hilfe rufen. Bevor die Männer reagieren konnten, fuhr der Zug schon wieder an. Keiner der beiden kam auf den Gedanken, die Notbremse zu ziehen. Die beiden Männer rannten stattdessen zum Schaffner, der an der nächsten Haltestelle die Polizei alarmierte. Wenige Minuten später erreichte ein Streifenwagen den Tatort. Vergeblich suchten die Polizisten den Bahndamm ab. Von dem Angreifer und seinem Opfer fehlte jede Spur.

Drei Tage später wurde jedoch rund hundert Meter entfernt auf einem Brachgrundstück eine halb entkleidete Frauenleiche entdeckt. Es war die 17-jährige Carmen Kampa, die in der Tatnacht nicht von einem Diskothekenbesuch heimgekehrt war. Das fröhliche und hübsche Mädchen hatte als Auszubildende in einem Schuhgeschäft gearbeitet. Die Obduktion ergab, dass das noch jungfräuliche Mädchen vergewaltigt worden war; in ihrer Vagina wurde Sperma gefunden. Ferner stellte der Rechtsmediziner fest, dass der Täter sie im Anschluss an die Vergewaltigung bis zur Bewusstlosigkeit oder sogar bis zum Tod gewürgt hatte. Außerdem hatte er mit einem Messer viermal in ihre Brust gestochen und dabei das Herz getroffen.

Die Aussage der beiden Zeugen aus dem Zug war unergiebig. Keiner von den beiden hatte das Gesicht des Täters gesehen, und sowohl Haare als auch Kleidung des Täters beschrieben sie abweichend voneinander. Waren es vielleicht zwei Täter?, rätselte die Polizei. Trotz über tausend Spuren verlief die Mordermittlung ergebnislos.

Erst zwei Jahre später geriet zufällig der homosexuelle und alkoholkranke Bauarbeiter Otto Becker ins Fadenkreuz der Ermittlungen. Er hatte zur Tatzeit in einer Gaststätte unweit des Tatorts seine Autoschlüssel als Pfand für die Zeche hinterlegt, war aber nie zurückgekehrt. Zwei Zeuginnen gaben an, sie hätten Becker an dem Abend in der Nähe des Bahnhofs gesehen. Becker bestritt, etwas mit dem Mord zu tun zu haben, war jedoch dem Vernehmungsdruck nicht gewachsen und räumte irgendwann erschöpft ein, er habe die Hilfeschreie der Carmen Kampa gehört. Später widerrief er diese Aussage.

Otto Becker wurde angeklagt. Das Landgericht Bremen verurteilte ihn am 14. Januar 1975 wegen Vergewaltigung in Tateinheit mit Mord zu einer Freiheitsstrafe von zwölf Jahren und drei Monaten. Becker sei in der Tatnacht in der Nähe des Tatortes gesehen worden und habe ähnliche Kleidung wie von einem der beiden Zeugen aus dem Zug beschrieben getragen. Für das Landgericht war das eine lückenlose Indizienkette.

Dem Verurteilten war zum Verhängnis geworden, dass er zufällig zur falschen Zeit am falschen Ort gewesen war. Die gegen die Vergewaltigung sprechende Homosexualität Beckers tat das Gericht damit ab, dass Becker noch latent heterosexuell sei, zudem habe ihn der Alkohol enthemmt, und das Opfer sei von knabenhaftem Wuchs gewesen. Anwalt Heinrich Hannover empörte sich: »Eine Justiz, die auf so schwache Indizien hin ein Urteil wegen Mordes ausspricht, kann jedem Bürger zum Verhängnis werden.«

Das Urteil wurde vom Bundesgerichtshof am 30. Oktober 1975 wegen eines Formfehlers aufgehoben. Die Kammer war in der Person eines Schöffen falsch besetzt gewesen.

Es wurde eine neue Hauptverhandlung durchgeführt. Verteidiger Hannover hatte nach dem ersten Prozess die Spurenakte 59 gefunden, die seiner Meinung nach auf einen anderen Verdächtigen hinwies. Kellner Hellmuth Harynek war mehrfach vorbestraft. Er galt als Weiberheld mit Hang zu jungen Frauen. Am Tatabend hatte er in der Diskothek Miramichi mit Carmen Kampa gesprochen. Auf ihn traf ebenfalls die ungenaue Beschreibung der Zeugen zu. Außerdem hatte er an der Abfassung eines »Drehbuchs« mitgewirkt, in dem eine junge Frau mit einem Messer bedroht, vergewaltigt und getötet wird. Strafverteidiger Hannover konnte mit dem Alternativtäter Harynek genug Zweifel an der Täterschaft seines Mandanten säen. Das Landgericht Bremen erkannte am 8. November 1976 auf Freispruch. Otto Becker hatte über drei Jahre lang unschuldig im Gefängnis gesessen.

Als sogenannter Cold Case wurden die Ermittlungen 2011 routinemäßig von dem für Kapitalverbrechen zuständigen Staatsanwalt wieder aufgenommen, denn Mord verjährt nicht. So konnte der Mordfall nach 40 Jahren doch noch aufgeklärt werden. Haare, die an der Kleidung von Carmen Kampa gesichert und seitdem beim Bundeskriminalamt verwahrt worden waren, wurden einer DNA-Analyse unterzogen. Anschließend sichteten die Kriminalbeamten die alten Spurenakten. Auffällig war die Spurenakte 135. Sie betraf einen Wachmann, der in der Tatnacht das Stechen einer Kontrolluhr bei einer Firma am Bahndamm pflichtwidrig unterlassen hatte – und zwar genau zur Tatzeit. Die anderen Uhren auf seinem Kontrollgang hatte er ordnungsgemäß bedient. Ein weiteres Indiz war ein am Bahndamm gefundenes Stofftaschentuch, das die Ehefrau des Wachmanns als seines erkannte. Der Wachmann war 2003 verstorben, aber die DNA des an Carmen Kampa gefundenen Haares zeigte hohe Übereinstimmungen mit der eines Blutsverwandten des Wachmannes. Die Staatsanwaltschaft war sich aufgrund dieser Beweise und Indizien sicher, mit dem Wachmann den wahren Mörder von Carmen Kampa gefunden zu haben. Man fragt sich nur unwillkürlich, warum dieser Ermittlungserfolg erst 40 Jahre nach dem Mord und acht Jahre nach dem Tod des mutmaßlichen Täters möglich war.

Verteidiger Heinrich Hannover sagte in seinem Plädoyer, das zum Freispruch von Becker führte: »Die Geschichte der Strafjustiz ist in erster Linie die Geschichte ihrer Irrtümer.«

Giftmörderin Madame Druaux

»Hilfe, Hilfe!«, hörten Passanten die verzweifelten Schreie einer Frau aus dem Fenster ihrer Wohnung. Als sie hineinlaufen, finden sie Pauline Druaux über ihren Ehemann und ihren Schwager gebeugt. Beide sind tot!

Pauline Druaux hatte einen schlechten Ruf. Sie lebte 1877 in einem kleinen Ort nördlich von Paris und war Besitzerin einer Gastwirtschaft. Sie betrog ihren Ehemann und war dem Alkohol ergeben. Die Ehestreite gingen so weit, dass sie ihn manchmal verprügelte. Auch mit ihrem Schwager geriet sie des Öfteren aneinander. Eines Tages ertappte der Ehemann sie in flagranti beim Ehebruch und warf sie deshalb aus dem Haus. Ihr Mann werde bald sterben, verkündete sie daraufhin wutentbrannt im Dorf. Da sie jedoch keine andere Bleibe fand, kehrte sie reumütig zurück. Drei Tage später waren Ehemann und Schwager tot.

Als die Leichen gefunden wurden, schien Madame Druaux benommen zu sein und hatte ein gerötetes Gesicht, so als hätte sie getrunken. Sie wurde sofort des Doppelmordes verdächtigt und verhaftet. Zwei Ärzte untersuchten die Leichen, fanden keine äußeren Verletzungen, aber blutigen Schaum an den Lippen. Sie waren einem Giftmord auf der Spur! Im Erbrochenen der Toten fanden sie winzige Teilchen von Käfern. Damit war der Fall für sie geklärt, ließ sich aus Käfern doch ein Gift namens Spanische Fliege herstellen. Zudem unterhielt Madame Druaux bekanntermaßen eine Affäre mit einem Gemüsehändler, der mit Pflanzen- und Tiergiften hantierte. Da lag der Schluss nahe, dass sie sich das tödliche Gift von ihrem Freund beschafft hatte. Der Giftmord schien so eindeutig, dass eine Blutuntersuchung nicht vorgenommen wurde.

Madame Druaux bestritt jede Schuld. Sie habe sich mit ihrem Mann versöhnt, und zur Feier des Tages hätten sie viel Alkohol getrunken. Später hätten sie sich dann alle schlafen gelegt. Am nächsten Morgen seien beide Männer tot gewesen. Madame Druaux wurde des Doppelmordes angeklagt und zu lebenslanger Zwangsarbeit verurteilt.

Druaux' Gastwirtschaft führte ein Ehepaar Gautier weiter. Sechs Monate später starb Madame Gautier, auch sie an Gift. Ein

Jahr später übernahm das Ehepaar Dubeaux die Wirtschaft. Beide starben, ebenfalls vergiftet. Erst jetzt wurden genauere Untersuchungen durchgeführt. Dabei stellte man fest, dass der Kalkofen im Nachbarhaus undicht war. Durch die porösen Wände war Kohlenmonoxid in die Gastwirtschaft eingedrungen. Alle fünf Todesfälle waren auf das Einatmen des giftigen Gases zurückzuführen. Mit dem Gift der Spanischen Fliege hatten sie nicht das Geringste zu tun.

Nach acht Jahren unschuldig verbüßter Haft und Zwangsarbeit wurde Madame Druaux in einem Wiederaufnahmeverfahren freigesprochen. Dem Schwurgericht hätte ein schlechter Ruf der Angeklagten, eine offenkundig zerrüttete Ehe sowie die Möglichkeit, Gift von einem Freund zu beziehen, nicht für eine Verurteilung ausreichen dürfen. Am erstaunlichsten ist, dass die Verurteilung ohne einen Nachweis durch Blutuntersuchung erfolgt war, ob und welches Gift Madame Druaux überhaupt verwendet hatte.

Hinrichtung einer Prostituierten – der Fall Tibor Foco

»Das war eine regelrechte Hinrichtung«, stellte der Kriminalbeamte am Tatort fest. Am Morgen des 13. März 1986 hatte die Polizei neben den Bahngleisen in Linz eine grauenhaft zugerichtete Frauenleiche gefunden. Sie hatte zahlreiche Knochenbrüche, etliche tiefe, stark blutende Wunden und im Schädel ein riesiges, offenbar tödliches Loch.

Es handelte sich um die 24-jährige Elfriede Hochgatter, die im nur wenige Hundert Meter entfernten Café Exklusiv als Prostituierte anschaffen ging. Daneben befand sich auch das Rotlichtlokal Bunny, das einem Mann namens Tibor Foco gehörte. Schräg gegenüber fanden die Fahnder einen 30 Zentimeter großen Blut-fleck.

Am nächsten Tag wurde Foco verhaftet. Der Ex-Rennfahrer hatte seit kurzer Zeit versucht, in der Linzer Zuhälterszene Fuß zu fassen. Die Kriminalpolizei glaubte, er habe Elfriede Hochgat-ter vom Café Exklusiv abwerben wollen und sie nach deren Weige-rung kaltblütig erschossen.

Tibor Foco leugnete den Mord. Er gab an, zur Tatzeit bei sei-ner Frau gewesen zu sein, was diese bestätigte. Später widerrief seine Frau, die ein Verhältnis mit einem der ermittelnden Krimi-nalbeamten begonnen hatte, das Alibi wieder. Kurz darauf wurde Foco von Regina Ungar, die sowohl seine Geliebte als auch seine Prostituierte war, schwer belastet. Denn nach einer Reihe anderer Tatversionen sagte sie schließlich aus, sie selbst habe den töd-lichen Revolverschuss auf das Opfer abgegeben, sei hierzu aber von Foco gezwungen worden. Einen Monat später schob sie noch nach, dass der Lederwarenhändler Hans Peter Löffler auch mit dabei gewesen sei. Löffler wurde als Mittäter verhaftet.

Bei der Obduktion wurde Sperma gefunden, und zwar so reichlich, dass es dem Opfer kurz vor oder während der Tat beige-bracht worden sein musste. Eine DNA-Analyse ergab später, dass es sich nicht um Tibor Focos Sperma handelte. Auch die fremden Blutspuren am Körper des Opfers stammten nicht von ihm.

Der aufsehenerregende Indizienprozess gegen Foco, Ungar und Löffler begann am 23. Februar 1987 am Linzer Landesgericht. Tibor Foco wurde zu lebenslanger Haft, der Komplize Peter Löff-ler zu 18 Jahren Freiheitsstrafe verurteilt. Regina Ungar wurde da-gegen freigesprochen. Das Gericht billigte der Kronzeugin einen entschuldigenden Notstand zu.

Tibor Foco begann im Gefängnis, Rechtswissenschaften zu studieren, um seinen Freispruch zu erkämpfen. Er stellte drei

Wiederaufnahmeanträge, die alle abgelehnt wurden. Am 27. April 1995 gewährte man ihm, wie so oft zuvor, einen Ausgang zur Johannes-Kepler-Universität in Linz. Diese Gelegenheit nutzte er zur Flucht. Den Coup hatte er von langer Hand vorbereitet.

Im Nachgang wurden immer mehr Ungereimtheiten bekannt, sodass sich sogar die damaligen Geschworenen für eine Wiederaufnahme des Verfahrens einsetzten. Als Begründung gaben sie an, sie seien vom Richter falsch belehrt worden, und rügten seine Verhandlungsführung. Einer der ermittelnden Kriminalbeamten war inzwischen mit der Ex-Frau Focos verheiratet, die das erste Alibi zurückgezogen hatte. Die Hauptbelastungszeugin Regine Ungar war in die USA ausgewandert und widerrief dort ihr Geständnis. Sie behauptete, von der Polizei massiv gefoltert worden zu sein.

Der Komplize Peter Löffler wurde 1996 in einem Wiederaufnahmeverfahren vom Landesgericht Linz freigesprochen. Er erhielt eine Haftentschädigung von 236 000 Euro. Das Oberlandesgericht in Linz hob am 27. Februar 1997 die Verurteilung Tibor Focos auf und bewilligte die Wiederaufnahme des Verfahrens. Für das Oberlandesgericht war die Tatversion des Urteils ein Konstrukt, bei dem nichts zusammenpasste. Maßgeblich war der rechtskräftige Freispruch des Mittäters Peter Löffler. Mit seinem Ausscheiden aus dem »Konstrukt« müsse der ganze Komplex neu untersucht werden. Das Oberlandesgericht monierte, es gebe keine konkreten belastenden Spuren gegen Foco. Im Gegenteil: Weder das beim Opfer gefundene Sperma noch die Blutspuren an deren Kleidung stammten von ihm; ein Gutachten hatte die auf dem Mantel des Opfers gefundenen Haare nicht Foco zuordnen können; bei dem Schusshandtest kurz nach der Tat wurden auf den Händen des Beschuldigten keine Schmauchspuren entdeckt. Das Linzer Landesgericht hatte allein aus den wenigen In-

dizien (Foco betrieb ein Rotlichtlokal in Tatortnähe, wo Blutspuren gefunden wurden, sowie die Aussage der Kronzeugin Ungar)
auf eine Täterschaft Focos geschlossen und alle ihn entlastenden
Tatsachen ignoriert.

Zu einer neuen Verhandlung ist es bis heute nicht gekommen,
denn Tibor Foco tauchte nie wieder auf. Er ist weiterhin unbekannten Aufenthalts. Offenbar hat er das Vertrauen in die österreichische Justiz verloren.

Vorverurteilung durch die Medien

Wird ein Mordopfer gefunden, starten die Boulevardmedien ihre emotionalisierte Berichterstattung. In schrecklichen Details wird das Verbrechen voyeuristisch ausgeschlachtet. Wenn möglich, werden Aufnahmen der Leiche und des Tatorts gezeigt. Ein »Witwenschüttler« sucht Angehörige auf, versucht, sie weinend vor die Kamera zu bekommen oder wenigstens ein Foto des Opfers zu ergattern. Wenn ein Tatverdächtiger vorläufig festgenommen wird, nehmen die Medien gern das Urteil des Gerichts vorweg: Selbst wenn die Beweislage dürftig ist, sprechen sie ihn oft für schuldig und fordern die höchstmögliche Bestrafung. Dadurch kann es zu einer suggestiven Beeinflussung der Justiz kommen. Wird über einen bloß Tatverdächtigen wochenlang tendenziös und sensationslüstern als quasi schon überführten Mörder berichtet, prägt sich das häufig ein. Die Vorverurteilung durch die Medien kann Zeugen, Geschworene und sogar Richter suggestiv beeinflussen und so die Gefahr eines Fehlurteils heraufbeschwören.

Der Engel mit den Eisaugen – Amanda Knox

Die halb entkleidete Leiche von Meredith Kercher wurde am 2. November 2007 gegen 13 Uhr in ihrem Zimmer gefunden. Mit auseinandergedrückten Beinen, das blutige T-Shirt hochgeschoben über die Brüste, den Kopf nach links gedreht, mit gebrochenem Zungenbein und einer langen tiefen Schnittwunde am Hals. Ihr Blut hatte die Wände bespritzt.

Die Obduktion ergab später als Todesursache massiven Blutverlust durch Stichverletzungen am Hals und durch Erstickung, möglicherweise durch Strangulierung. Ein zerbrochenes Fenster deutete auf einen Einbruch hin. Der Täter hatte zwei Mobiltelefone Kerchers, ihre Wohnungsschlüssel, zwei Kreditkarten und 300 Euro in bar mitgenommen.

Die 21-Jährige war eine britische Austauschstudentin, die ein Jahr an der Universität von Perugia, Italien, verbringen wollte. Sie teilte die Wohnung mit drei anderen Studentinnen, darunter Amanda Knox. Die zwanzigjährige Sprachstudentin aus Seattle geriet in Verdacht, weil sie sich nach dem Mord emotional unbeteiligt verhielt. Am 6. November 2007 wurde sie gemeinsam mit ihrem Freund, Raffaele Sollecito, festgenommen.

Der Hauptankläger Giuliano Mignini sprach in der Anklage von einem »satanischen Ritual« und »dämonischen Motiven«. Ferner war von »okkulten Sexpraktiken« die Rede. Auf diese Themen stürzte sich vor allem die Boulevardpresse – Sex, Mord und junge attraktive Frauen sorgen erfahrungsgemäß für hohe Auflagen. Sie betitelten Amanda Knox als »Engel mit Eisaugen« oder als »eiskalte Menschenfresserin«. Kurz nach ihrer Verhaftung sagte ihr die Gefängnisleitung unwahrheitsgemäß, ihr HIV-Test sei positiv. Knox sollte daher eine Liste aller ihrer früheren Liebhaber erstellen.

Diese Liste wurde dann der Presse zugespielt. Die Medien ergingen sich in Spekulationen über das ausschweifende Sexleben der gutaussehenden Studentin. Die Staatsanwaltschaft griff das Sexthema wiederum auf und behauptete nun, Kercher sei von

Knox und Sollecito ermordet worden, weil sie sich weigerte, bei Sexspielen mitzumachen, oder aber es sei ein außer Kontrolle geratenes Sexspiel gewesen. Internationale Prozessbeobachter sagten voraus, dass Knox bei dieser medialen Vorverurteilung keinen fairen Prozess mehr erwarten konnte.

Die Staatsanwaltschaft hielt Amanda Knox für eine bösartige, manipulative und machtgierige Mörderin. Doch sie hatte wenig in den Händen, was diese Annahme belegte – insbesondere keine Augenzeugen, kein Geständnis, kein Motiv und keine stichhaltigen Beweise. Die beiden Hauptindizien waren ein Küchenmesser und ein BH-Verschluss. DNA-Spuren von Knox und Kercher machten das Messer aus Sollecitos Küche zur potenziellen Tatwaffe. Das Fehlen jeglicher Blutspuren an dem Messer erklärte die Staatsanwaltschaft mit dessen gründlicher Reinigung. An Kerchers BH-Clip wurden Spuren von Sollecitos DNA gefunden. Und ein blutiger Fußabdruck auf dem Badezimmerteppich wurde ebenfalls Sollecito zugeschrieben. Es gab aber keinen forensischen Beweis, dass Knox in Kerchers Zimmer gewesen war. Fingerabdrücke von ihr wurden dort nicht gefunden. »Meredith war meine Freundin, und ich hatte keinen Grund, sie zu töten«, sagte Amanda Knox. »Ich bin unschuldig.«

Am 4. Dezember 2009 verurteilte das Geschworenengericht Amanda Knox zu 26 Jahren und Rafaele Sollecito zu 25 Jahren Gefängnis. »Nein, nein, nein!«, schrie Knox bei der Urteilsverkündung.

In einem gesonderten Prozess wurde der 20-jährige Rudy Guede, ein Einwanderer von der Elfenbeinküste, wegen Vergewaltigung und Ermordung von Meredith Kercher zu einer Haftstrafe von 30 Jahren verurteilt. Er musste zur Tatzeit in Meredith Kerchers Zimmer gewesen sein, denn auf ihrem Kopfkissen wurden seine blutigen Fingerabdrücke gesichert. Seine DANN fand man später auf und im Körper des Opfers, ebenso auf dessen Sweat-shirt, BH und Handtasche. Der Einbruch und der Raub entsprachen auch Guedes krimineller Vergangenheit. Er war kurz nach dem Mord mit dem Zug nach Deutschland geflohen, wo er von der deutschen Polizei in Mainz verhaftet wurde.

Der Fall pendelte mehrere Jahre zwischen den Instanzen hin und her. Der Oberste Kassationshof sprach Amanda Knox und Raffaele Sollecito am 27. März 2015 in letzter Instanz vom Vorwurf des Mordes frei. Die Verurteilung durch das Erstgericht entbehre jeglicher Grundlage in Form materieller Beweise. Die Theorie der Staatsanwaltschaft einer Mordverschwörung zwischen Sollecito, Knox und Guede sei von keinen Beweisen gestützt und nicht einmal wahrscheinlich. Dazu zählte das Gericht noch einmal alles auf, was schon vor der Verurteilung gegen die Anklage gesprochen hatte: Die Klinge des als potenzielle Tatwaffe behandelten Küchenmessers passte nicht zu den Schnittverletzungen am Hals des Opfers und wies keine Blutspuren auf. Die von der Staatsanwaltschaft behauptete gründliche Reinigung hätte nicht nur das Blut, sondern auch die DANN-Spuren beseitigen müssen. An Kerchers BH-Clip wurden zwar Spuren von Sollecitos DANN gefunden, aber die Spurensicherung hatte schlampig gearbeitet: Die Ermittler trugen nicht immer Masken, sie nahmen mit derselben Watte mehrere Blutspuren auf und verwendeten nicht immer Pinzetten. Zudem waren zu viele Leute am Tatort, die Spuren verteilen und verwischen konnten. Der Clip lag zudem 46 Tage lang am Tatort – ausreichend Zeit und Gelegenheit für eine Verunreinigung. Der blutige Fußabdruck auf dem Badezimmerteppich konnte nicht von Sollecito stammen, denn dessen Fuß weist eine Deformation auf, durch die der zweite Zeh nie den Boden berührt.

»Der Engel mit den Eisaugen« war Opfer einer medialen Vorverurteilung geworden. Die Staatsanwaltschaft und später auch das Gericht hatten die Spekulationen der Boulevardpresse über das ausschweifende Sexleben der attraktiven Studentin aufgegriffen und den Raubmord zu einem außer Kontrolle geratenen Sexspiel hochstilisiert. Materielle Beweise dafür gab es nicht. Amanda Knox hatte bis zu ihrer Entlassung 1427 Tage im Gefängnis gesessen.

Das Schweigen des Hundes – der Fall Sam Sheppard

Der Angriff war sexuell motiviert. Der Mann hatte der im Bett auf dem Rücken liegenden Frau die Hose heruntergezogen und ihre Bluse hochgeschoben. Doch sie wehrte sich. Sie biss ihn so heftig, dass sie dabei zwei Zähne verlor. Durch den Schmerz und den Widerstand in Wut versetzt, nahm der Angreifer einen stumpfen Gegenstand und schlug damit auf den Kopf des Opfers ein. Sie drehte den Kopf instinktiv nach rechts und hielt die Hände schützend vor sich. Der Täter schlug immer wieder auf das Gesicht und den Kopf ein, insgesamt 35 Mal. Kein einzelner dieser Schläge war tödlich, jedoch ihre Summierung. Die Frau starb an multiplen Schädelbrüchen und Hirnblutungen.

Um fünf Uhr dreißig des 4. Juli 1954 riss das Klingeln des Telefons Bürgermeister Spencer Houk aus dem Bett. »Um Gottes willen, Spencer, komm sofort her. Ich glaube, Marilyn ist umgebracht worden.« Der Anrufer war Dr. Sam Sheppard.

Der eintreffenden Polizei bot sich in der Villa des wohlhabenden Arztes in Cleveland, Ohio, ein Bild des Grauens: Marilyn Sheppard lag halb nackt in ihrem blutgetränkten Bett im Schlafzimmer. Ihr Gesicht war zerschlagen, ihr Schädel zertrümmert. Ihr Ehemann gab zu Protokoll, er habe auf dem Sofa unten im

Wohnzimmer geschlafen und sei durch Schreie seiner Frau geweckt worden. Er sei dann nach oben zum Schlafzimmer gelaufen, dort aber selbst von einem Einbrecher »mit buschigem Haar« niedergeschlagen worden.

Das Verbrechen entwickelte sich schnell zum Medienspektakel. Es hatte alles, was eine Soap Opera ausmacht. Sam Sheppard war ein junger, attraktiver und erfolgreicher Arzt mit Hang zu Sportwagen und außerehelichen Affären. Seine Frau Marilyn war dagegen die Inkarnation der treusorgenden amerikanischen Ehefrau. Für die Zeitungen, Rundfunk- und Fernsehsender stand Sam Sheppard als Mörder fest. Sein Motiv: Die Ehefrau musste sterben, weil sie seiner Affäre mit Krankenschwester Susan Heyes im Wege stand. Also hatte er seine schlafende Frau auf grausamste Weise erschlagen, um für seine Geliebte frei zu sein. Jedes noch so kleine Indiz bauschte man zum Schuldbeweis auf, entlastende Tatsachen spielte man herunter. »Warum sitzt Sam Sheppard nicht im Gefängnis?«, stachelten die Schlagzeilen die Hetzjagd gegen Sheppard an.

Unter dem Druck der Öffentlichkeit wurde Sam Sheppard wegen Mordes angeklagt, obwohl es keine Beweise gab. Die Mordwaffe wurde nie gefunden. Auch hatte er keine Bisswunde. Es gab nur wenige Indizien. Beispielsweise wurden keine Einbruchsspuren gefunden. Daraus schlussfolgerte die Staatsanwaltschaft, als Täter komme nur ein Hausbewohner infrage, und da der Sohn erst sieben Jahre alt war, könne es nur Sheppard gewesen sein. Zudem hätten die Nachbarn kein Bellen des Haushundes gehört, was bei einem Einbrecher zu erwarten gewesen wäre. Das Schweigen des Hundes lasse nur den Schluss zu, dass er den Mörder gekannt hatte.

Für die Boulevardmedien stand das Urteil bereits bei Prozessbeginn fest. Die Jury beugte sich der öffentlichen Meinung und verurteilte Sam Sheppard 1954 wegen Mordes zu einer lebenslangen Freiheitsstrafe.

Erst nachdem Sheppard zehn Jahre davon abgesessen hatte, erreichte er eine Wiederaufnahme des Verfahrens. Der U.S. Supreme Court sprach Sheppard mangels Beweisen frei. Es rügte, dass der Richter in dem ersten Prozess es verabsäumt hatte, die Jury anzuweisen, keine Medienberichte über den Fall zur Kenntnis zu nehmen. Weiter beanstandete er die Karnevalsatmosphäre im Gerichtssaal von Cleveland, die ein ordentliches Gerichtsverfahren und ein objektives Urteil unmöglich gemacht habe.

Sam Sheppard war nach den Jahren im Gefängnis ein gebrochener Mann. Er wurde zum Alkoholiker und verstarb 1970 im Alter von nur 46 Jahren an Leberversagen.

Später geriet Richard Eberling in Verdacht, weil er früher als Fensterputzer bei den Sheppards angestellt gewesen war und 1987 einen Frauenmord begangen hatte, der in einigen Einzelheiten dem an Marilyn Sheppard ähnelte. Doch letztlich konnte ihm der Mord nicht nachgewiesen werden.

Teufel im Engelskostüm – der Fall Vera Brühne

Die Leiche von Dr. Otto Praun lag, noch in Hut und Mantel, vor dem Korridorspiegel seiner Villa am Starnberger See. Der Arzt der Allgemeinmedizin war erschossen worden und befand sich schon im Zustand der Verwesung. Er lag auf dem Rücken, mit blutverschmiertem und schmerzverzerrtem Gesicht. Neben ihm lag seine Pistole Kaliber 6,35. Im Keller fand man die Haushälterin und Geliebte Elfriede Kloo, getötet durch einen aufgesetzten Nackenschuss.

Gefunden hatte die Leiche Hans-Joachim Vogel, ein Freund

der Sprechstundenhilfe Renate M. Sie hatte sich an diesem 19. April 1960 Sorgen gemacht, weil der Arzt nicht in seiner Praxis erschienen war. Deshalb fuhren beide abends zu der Villa, um nach dem Rechten zu sehen. Sie gelangten durch die unverschlossene Terrassentür in die Villa.

Die Kriminalpolizei ging aufgrund der neben Praun liegenden Waffe von einem erweiterten Suizid aus. Ihrer Überzeugung nach hatte der Arzt erst seine Haushälterin und dann sich selbst erschossen. Ein Abschiedsbrief wurde nicht gefunden.

Da der Fall damit geklärt schien, wurden keine weiteren Ermittlungen geführt. Eine Spurensicherung und die Suche nach Projektilen unterblieben. Auch wurde keine Obduktion angeordnet, stattdessen gab man die Leichen zur Beerdigung frei.

Ein Notar eröffnete Monate später das Testament Dr. Prauns. Dabei erfuhr sein Sohn Günther Praun überrascht, dass Vera Brühne die Villa in Spanien erben sollte. Der wohlhabende Ermordete hatte die 16 Jahre jüngere Frau als gelegentliche Fahrerin und Urlaubsbegleitung angestellt. Wahrscheinlich war die 50-Jährige auch seine Geliebte gewesen.

Günther Praun zeigte sich entrüstet über ihre Erbschaft, denn sein Vater habe sich von Vera Brühne trennen und die Villa veräußern wollen. Er beschimpfte sie als Mörderin und beantragte eine nachträgliche Obduktion. Bei dieser wurden in Prauns Kopf zwei Kugeln gefunden. Es handelte sich bei der Todesursache auch nicht um einen Mundschuss, wie von der Polizei bisher angenommen, sondern um zwei seitliche Hinterkopfschüsse, von denen nur einer als Nahschuss gelten konnte. Mit zumindest einem Fernschuss in den Hinterkopf war die Selbstmordtheorie obsolet geworden. Nunmehr ging die Kriminalpolizei von einem Doppelmord aus. Der Verdacht richtete sich gegen Vera Brühne. Sie wurde verhaftet, als sie im Oktober 1961 von einem Urlaub in der geerbten Villa nach München zurückkehrte.

Die Staatsanwaltschaft erhob Anklage gegen Brühne und ihren Bekannten, den Montageschlosser Johann Ferbach. Die Beziehung Brühnes zu dem Arzt, so die neue Theorie, sei erkaltet, daher habe sie befürchtet, dass dieser sein Testament zu ihren Ungunsten ändern könnte. Um sich die Erbschaft zu sichern, habe sie ihren Freund Ferbach angestiftet, Praun zu erschießen. Ein klassischer Mord aus Habgier. Die Mordtheorie und die Anklage beruhten allein auf dem, was der Sohn des Opfers bei seiner Strafanzeige ausgesagt hatte, und auf Mutmaßungen der Staatsanwaltschaft.

Vera Brühne war blond, groß gewachsen und attraktiv, charmant, witzig und elegant. Sie verstand es, die Menschen für sich einzunehmen. Brühne stammte aus gutbürgerlichen Verhältnissen. Ihr Vater war Bürgermeister in Essen-Kray. Sie war zweimal verheiratet gewesen: mit einem Schauspieler und später mit einem Filmkomponisten. Beide Ehen wurden geschieden. Vera Brühne beteuerte ihre Unschuld. Weder mit Praun noch mit Ferbach habe sie je eine Beziehung geführt.

Der Doppelmord im Reichen-Milieu war ein gefundenes Fressen für die Boulevardzeitungen. Die Presse fällte ihr Urteil schon vor Prozessbeginn: der reiche Arzt und das blonde Gift! Vera Brühne wurde ein ausschweifendes Liebes- und Sexleben angedichtet. Die Femme fatale soll sich reichen Herren als Geliebte zur Verfügung gestellt haben. Entsprechend stellte man sie als männermordendes geldgieriges Luder dar, als skrupellose Verführerin, die Dr. Praun aus reiner Geldgier ermordet hat. Ein fairer Prozess war durch das Trommelfeuer der Sensationspresse für den »Teufel im Engelskostüm« von vornherein kaum noch möglich.

Die Beweislage der Anklage war dürftig. Es gab keine Tatzeugen, sondern nur zweifelhafte Indizien, bloße Bezichtigungen durch Dritte und haltlose Vermutungen. Da die Autopsie erst ein Vierteljahr nach der Ermordung durchgeführt wurde, konnte die Todeszeit nicht mehr näher bestimmt werden. Dr. Praun war am Gründonnerstag, den 14. April, letztmalig lebend gesehen und am 19. April tot aufgefunden worden. Der Mord musste also über Ostern zwischen dem 14. und dem 19. April verübt worden sein. Die Ermittlungsbehörden legen den Todeszeitpunkt überraschend präzise auf den 14. April 1960, 19:45 Uhr fest. Für andere mögliche Todeszeitpunkte hätte Brühne ein Alibi gehabt. Entscheidend für den Todeszeitpunkt sollte eine beschädigte Omega-Armbanduhr des toten Dr. Praun sein. Doch diese wurde nicht am Tatort sichergestellt, sondern zunächst dem Sohn Günther Praun übergeben. Zu diesem Zeitpunkt hätten die Zeiger der Uhr auf exakt 19:45 Uhr gestanden. Als Günther Praun die Uhr später der Polizei übergab, standen sie auf 9:48 Uhr.

Das Gericht stellte aufgrund eines Sachverständigengutachtens verschiedene Überlegungen über das Stehenbleiben und Weiterlaufen der Uhr an und gelangte zu der Schlussfolgerung, 19:45 Uhr sei die Tatzeit gewesen. Dies war aus zwei Gründen fragwürdig. Erstens gab es keinen Beweis, dass die Uhr anlässlich der Ermordung von Dr. Praun stehen geblieben war. Das war eine durch nichts belegte Annahme des Gerichts. Zweitens verriet die Zeigerstellung weder den Tag noch, ob die Uhr abends oder morgens stehen geblieben war.

Ein Reporter machte sich an die 19-jährige Tochter der Angeklagten, Sylvia Brühne, heran. Er brachte sie dazu auszusagen, ihre Mutter habe ihr das Verbrechen gestanden. Vor Gericht widerrief sie ihre Aussage. Unklar blieb, ob der Reporter sie zu der Falschbezichtigung verleitet hatte oder ob sie nur einmal selbst, wie ihre Mutter, im Rampenlicht hatte stehen wollen.

Hauptbelastungszeuge war Siegfried Schramm, der mit Ferbach im Gefängnis saß. Er sagte aus, Ferbach habe ihm den Doppelmord gestanden. Schramm war ein achtmal vorbestrafter betrügerischer Schwindler, der unter dem dringenden Verdacht weiterer Betrügereien stand. Die Aussagen von Mitgefangenen sind häufig falsch, da sie in der Erwartung einer Strafmilderung erfolgen. Trotzdem bejahte das Gericht die Glaubwürdigkeit des Zeugen ohne weitere Prüfung. Es sah in Ferbach ein »sexuell höriges Werkzeug« der Mörderin Brühne. Als Tatmotiv nahm das Gericht Habgier »einer alternden Frau ohne wesentliches Vermögen« an. Auch das war unzutreffend, denn Vera Brühne war keineswegs unvermögend. Sie besaß zwei Eigentumswohnungen in München, von deren Mieteinnahmen sie lebte. Zudem hatte das Gericht das Testament falsch wiedergegeben. Es enthielt zugunsten von Brühne keine Erbschaft, sondern nur ein Vermächtnis. Sie durfte in der Villa wohnen, sie aber nicht verkaufen. Und sie war verpflichtet, sie an Günther Praun weiterzuvererben.

Am 4. Juni 1962 fällte das Schwurgericht München II nach 22 Verhandlungstagen und nach der Anhörung von 117 Zeugen und einem Dutzend Sachverständigen das Urteil: Brühne und Ferbach wurden wegen Mordes zu lebenslangem Zuchthaus verurteilt. »Aber ich bin doch, bitte, unschuldig!«, sagte die fassungslose Vera Brühne bei der Urteilsverkündung.

Der Bundesgerichtshof verwarf am 4. Dezember 1962 die Revisionen der Verurteilten. In den folgenden Jahren wurden insgesamt sieben Wiederaufnahmeanträge abgelehnt.

Neue Erkenntnisse der Rechtsmedizin im Jahr 1973 zeigten, dass der Tod der Opfer nicht zum unterstellten Zeitpunkt eingetreten sein konnte. Die Angaben in der Ermittlungsakte über die Leichenstarre – das Einzige, was am Tatort ausführlich protokolliert worden war – waren vom Gericht falsch bewertet worden. Der Tod war wesentlich später eingetreten, nämlich zu einem Zeitpunkt, als Vera Brühne am Krankenbett ihrer Mutter in Bonn gesessen hatte.

Es gab Indizien, nach denen Dr. Praun zur Tatzeit in illegale Waffengeschäfte verwickelt war und Kontakte zum Bundesnachrichtendienst unterhielt. Er wurde mit einer Korruptionsaffäre um die Beschaffung des Schützenpanzers HS-30 in Verbindung gebracht. Praun könnte also auch das Opfer von Waffenschiebern geworden sein.

Trotz zahlreicher Beweislücken und den Widersprüchen zwischen Urteil und später auftauchenden Fakten wurde der Fall jedoch nie neu verhandelt. Johann Ferbach starb 1970 im Gefängnis an Herzversagen. Der bayerische Ministerpräsident Franz Josef Strauß begnadigte erst 1979 die inzwischen 69 Jahre alte Vera Brühne, nachdem sie 17 Jahre abgesessen hatte. Sie starb 2001 im Alter von 91 Jahren.

Die Presse habe schon vor dem Prozess eine Story erfunden, von der sich die Richter nicht mehr befreien konnten, so Vera Brühne. »Ich war vorverurteilt, wie ich den Gerichtssaal betrat.«

Die Satanssekte West Memphis Three

Die drei Kinder waren tot, als die Polizei sie im Abwasserkanal in West Memphis, Arkansas, fand. Die Hände und die Füße der nackten achtjährigen Jungen waren mit ihren eigenen Schuhbändern zusammengebunden. Alle drei waren mit einem Messer verstümmelt worden. Der junge Christopher war dem Obduktionsergebnis nach an seinen schweren Verletzungen verstorben, seine beiden Freunde Stevie und Michael waren gefesselt in dem flachen Abwasserkanal ertrunken. Die drei Jungen – Zweitklässler,

Pfadfinder und beste Freunde – waren am 5. Mai 1993 vom Spielen nicht nach Hause gekommen und daraufhin als vermisst gemeldet worden.

Ein Bewährungshelfer nannte den 18-jährigen Damien Echols als möglichen Verdächtigen. Der fiel in seiner Nachbarschaft dadurch auf, dass er immer schwarz gekleidet war, zudem hatte er lange Haare, hörte Heavy Metal und interessierte sich für Satanismus. Es hieß, er lese Horrorgeschichten, trinke Blut und sei bisexuell. Der Polizei war er wegen Einbruch, Vandalismus und Ladendiebstahl bekannt. Er stammte aus ärmlichen Verhältnissen, seine Eltern bekamen regelmäßig Besuch von Sozialarbeitern, und er war ein Schulabbrecher. Die Ermittler sahen in den Morden ein satanisches Ritual, und Damien Echols passte als Satanist in das Täterprofil.

Echols und zwei seiner gleichgesinnten Freunde, Jessie Misskelley und Jason Baldwin, wurden verhaftet. Die Beschuldigten waren zum Zeitpunkt der Tat zwischen 16 und 18 Jahre alt. Sie wurden von den Medien die »West Memphis Three« genannt. Boulevardpresse und Fernsehen berichteten ausgiebig über das bestialische Verbrechen und die abscheulichen Praktiken der vermeintlichen Satanssekte. Dazu wurden ihnen auch schreckliche Details aus den Ermittlerkreisen zugespielt.

Nach einem zwölfstündigen Verhör ohne familiären Beistand oder einen Anwalt an seiner Seite gestand der damals 17-jährige, geistig zurückgebliebene Jessie Misskelley die Morde und belastete dabei auch Baldwin und Echols. Viele Details seines Geständnisses, angefangen bei der Tatzeit, widersprachen vollständig den polizeilichen Ermittlungen. Das Geständnis widerrief Misskelley später, aber da hatte das Verhängnis bereits seinen Lauf genommen. Die einschlägigen Sender und Zeitungen ließen keinen Zweifel daran, dass nur die West Memphis Three die Mörder sein konnten. Sie hatten die drei Jugendlichen schuldig gesprochen, lange bevor der Prozess gegen sie begonnen hatte.

Durch die Medien erfuhren auch die Geschworenen, dass die brutalen Morde an den drei Jungen Teil eines satanistischen Rituals gewesen waren. Die Jury war infolgedessen voreingenommen und glaubte den Unschuldsbeteuerungen der drei Angeklagten nicht. Misskelley und Baldwin wurden zu lebenslangen Freiheitsstrafen, Echols als der vermeintliche Anführer zum Tode durch die Giftspritze verurteilt. Stichhaltige Beweise gab es gegen die West Memphis Three nicht. Die Verurteilung basierte maßgeblich auf den Aussagen von Zeugen, die behaupteten, gehört zu haben, wie die drei über die Morde sprachen. Der Arkansas Supreme Court verwarf die Berufungen der Verurteilten.

Im Juli 2007 wurde das DANN-Material noch einmal mit einer neuen Labormethode untersucht, die es 1994 noch nicht gegeben hatte. Danach ließen sich die seinerzeit am Tatort gesicherten DANN-Proben keinem der drei Verurteilten zuordnen. Als Spurenverursacher konnten dagegen der Stiefvater eines der Opfer und dessen Freund, mit dem er am Tattag zusammen gewesen sein soll, ermittelt werden.

Die Verteidigung des zum Tode verurteilten Damien Echols beantragte daraufhin eine Wiederaufnahme des Verfahrens. Am 19. August 2011 schlossen alle drei Verurteilten einen seltsamen Deal ab. Mit dem »Alford-Schuldeingeständnis« erkannten sie formell an, dass der Staat über Beweise für ihre Schuld verfügte, bekräftigten aber zugleich ihre Unschuld.

Der Richter verurteilte sie daraufhin zu 18 Jahren und 78 Tagen Haft. Das war genau die Zeit, die sie bereits im Gefängnis abgesessen hatten. Anschließend durften sie das Gericht als freie Männer verlassen. Die wahren Mörder konnten nie ermittelt werden.

Fehlendes Motiv

Die Beantwortung der Frage *cui bono* (lateinisch für »Wem zum Vorteil?«) führt meist zum Täter. Erfahrungsgemäß ist derjenige der Täter, der den größten Nutzen aus dem Verbrechen zieht. »Folgen Sie dem Geld oder dem Sperma. Jeder Mord klärt sich so auf«, sagt zu Recht der Kommissar in »Notwehr«, einer der Geschichten in Ferdinand von Schirachs *Verbrechen*. Wenn die *cui bono*-Regel ignoriert wird, ist ein Fehlurteil häufig vorprogrammiert. Immer wieder erfolgen Verurteilungen, obwohl der Angeklagte gar kein Motiv für die Tat besaß. Das Motiv fehlte aus einem einfachen Grund: nämlich dem, dass der Verurteilte den Mord gar nicht begangen hatte.

888 Tage unschuldig in Haft – der Fall Monika de Montgazon

August 2003: Die Flammen schlugen bereits meterhoch aus dem oberen Stockwerk der Doppelhaushälfte in Berlin-Neukölln, als die Feuerwehr eintraf. Die Tochter des Hausbesitzers, Monika de Montgazon, stand fassungslos vor dem Haus. Ihr Lebensgefährte hatte sich mit einem beherzten Sprung aus dem brennenden Haus retten können und lag mit gebrochenem Becken im Vorgarten. Ihr

Vater Theodor starb im oberen Stockwerk und konnte von der Feuerwehr nur noch tot geborgen werden.

Die Ermittler vermuteten Brandstiftung, da sich das Feuer sehr schnell ausgebreitet hatte. Monika de Montgazon geriet in Verdacht, als sie sich bei der Versicherung nach der Höhe der zu erwartenden Entschädigung erkundigte: 220 000 Euro.

Der Anfangsverdacht erhärtete sich durch ein Gutachten der Brandsachverständigen vom Landeskriminalamt. Deren Chemiker arbeiteten mit einer selbst entwickelten Messmethode, um in den Rückständen eines Brandes noch Spiritus als Brandbeschleuniger nachweisen zu können. Die Proben vom Brandschutt enthielten welchen.

Drei Wochen nach dem Brand am 18. September 2003 wurde Monika de Montgazon verhaftet. Der Prozess gegen die Angeklagte fand ab Sommer 2004 vor der Großen Strafkammer des Berliner Landgerichts statt. Es gab sechs einander zumindest teilweise widersprechende Sachverständigengutachten zur Brandursache. Drei Gutachter vermuteten einen Schwelbrand, der sich zu einem Feuerball, einem sogenannten Backdraft, entwickelt habe. Ausgelöst wurde er nach ihrer Vermutung durch eine Zigarette des kettenrauchenden und lungenkrebskranken Theodor de Montgazon.

Das Landgericht folgte jedoch allein der Spiritus-Theorie des Landeskriminalamtes, die von zwei Gutachten vertreten wurde. Am 26. Januar 2005 verurteilte es die Angeklagte wegen Mordes in Tateinheit mit besonders schwerer Brandstiftung sowie wegen Versicherungsmissbrauch zu lebenslanger Freiheitsstrafe. Außerdem stellte das Gericht die besondere Schwere der Schuld fest. Montgazon sollte keine Chance haben, nach 15 Jahren das Gefängnis zu verlassen. Die Angeklagte habe heimtückisch, grausam, aus Habgier und mit gemeingefährlichen Mitteln gehandelt.

Das Gericht hielt es für erwiesen, dass sie vorsätzlich ihren schwerkranken Vater durch eine Brandlegung getötet hatte, um auf diese Weise als Erbin von den Versicherungsleistungen zu profitieren. Das war freilich kein überzeugendes Motiv, denn ihr 76-jähriger Vater hatte Lungenkrebs im Endstadium und ohnehin nur noch wenige Monate zu leben. Montgazon hätte, wäre es ihr ums Geld gegangen, den baldigen Eintritt des Erbfalls schlicht abwarten können. Deshalb schob das Gericht noch ein Motiv nach: Die Angeklagte habe sich durch den Brand die Entrümpelung des verwahrlosten Hauses erleichtern wollen. Als wenn eine Brandruine gegenüber einem verwahrlosten Haus irgendwelche Vorteile böte.

Der Bundesgerichtshof hob das Urteil auf die Revision der Angeklagten hin auf. Er bemängelte das Fehlen einer tragfähigen Begründung dafür, warum das Landgericht bei sechs einander widersprechenden Sachverständigengutachten nur zwei Gutachten folgte, die vier abweichenden aber ohne ein weiteres Eingehen darauf ablehnte.

Eine andere Kammer des Landgerichts Berlin verhandelte den Fall neu. Diesmal wurde nur eine Sachverständige angehört, nämlich Dr. Silke Löffler vom Bundeskriminalamt Wiesbaden. Diese kam zu dem Ergebnis, dass der Brand nicht durch das Verschütten und Entzünden von Brennspiritus entstanden war. Ihre Untersuchung des Brandortes hatte keinerlei Spuren für das Abbrennen von Brennspiritus auf dem Boden oder den Möbelstücken erbracht. Es fehlten insbesondere die charakteristischen Einbrennspuren. Die Ergebnisse des Vorgutachtens des LKA Berlin waren nicht haltbar, da deren Analyseergebnisse nicht mit dem Brandspurenbild im Einklang standen. Im Klartext hieß das: Der Brand war am wahrscheinlichsten durch eine brennende Zigarette des stark rauchenden Vaters verursacht worden. Es war ein Unfall, kein Mord. Die Angeklagte wurde mit Urteil vom 9. April 2008 freigesprochen.

Möglicherweise war die Verurteilung von Montgazon wegen Mordes nicht das einzige Fehlurteil aufgrund eines falschen Brandgutachtens des LKA Berlin. Während die Obergutachterin Löffler in ihrer 17-jährigen Karriere nur einmal Spiritus als Brandbeschleuniger ermittelt hatte, wurden vom LKA Berlin zwischen 2003 und 2007 ganze 196 Spiritus-Fälle festgestellt. Diese Häufung sei bundesweit einzigartig, so die Gutachterin.

Der Justizirrtum ist durch die spekulative Unterstellung eines Mordmotivs entstanden. Eine genauere Überprüfung hätte ergeben, dass die Angeklagte gar kein Motiv für die Tat besaß. Monika Montgazon hat 888 Tage unschuldig in Haft gesessen. Sie konnte danach nicht mehr in ihrem Beruf als Arzthelferin arbeiten und blieb auf 13 000 € Gutachterkosten sitzen. Ihre verständliche Reaktion: »An den Rechtsstaat glaube ich nicht mehr!«

Vatermörder Philipp Halsmann

Durch insgesamt acht bis zehn Hiebe entstand am Hinterkopf von Max Halsmann ein Loch. Es folgten etwa sechs Schläge gegen das linke Ohr. Durch einen einzigen wuchtigen Schlag erlitt das Opfer eine gewaltige, sieben Zentimeter breite und bis ins Gehirn reichende Stirnwunde. Der 49-jährige starb am 10. September 1928 in einem Bach.

Halsmann hatte an diesem Tag mit seinem Sohn Philipp eine Bergwanderung in Tirol unternommen. Er war ein jüdischer Zahnarzt, der 23-jährige Philipp Student an der Technischen Hochschule in Dresden. Vater und Sohn verstanden sich bestens.

Am frühen Nachmittag stiegen beide wieder hinab ins Tal. Gegen 15 Uhr bat Philipp Halsmann auf einer Alm um Hilfe. Sein Vater sei verunglückt. Während die Sennerin aus einer talwärts gelegenen Gastwirtschaft Hilfe holte, ging Halsmann mit dem Viehhirten Riederer zurück zur Unglücksstelle.

Diesem erzählte er, er sei seinem Vater ein Stück vorausgegangen, um seine Notdurft zu verrichten. Plötzlich habe er einen Schrei gehört, sich umgedreht und gesehen, wie sein Vater einen Hang hinunterrutschte und erst am Rande eines Baches zum Liegen kam. Er sei sofort zu ihm hinuntergeklettert und habe festgestellt, dass sein Vater bewusstlos war, aber noch lebte.

Bei der Rückkehr zum Bach war Max Halsmann tot. Und auf seiner Stirn klaffte eine breite Wunde, von der Philipp sagte, er habe diese vorher nicht gesehen.

Nach und nach trafen Touristen und Helfer an der Unglücksstelle ein. Josef Eder, der Wirt der Almhütte, übernahm das Kommando vor Ort und stellte als selbst ernannter Hilfspolizist erste Ermittlungen an. So fand er beispielsweise eine blutige Schleifspur (»wie von einem abgestochenen Schwein«) und einen blutigen Stein, an dem Haare klebten. Als Folge seiner Entdeckungen glaubte er nicht an einen Unfall und bezichtigte Philipp Halsmann, seinen Vater getötet zu haben. Der sei ihm bereits zu Mittag in der Hütte »unangenehm aufgefallen«. Als später die Gendarmerie eintraf, wurde Philipp Halsmann verhaftet.

Die Polizei sicherte die mutmaßliche Tatwaffe, einen scharfkantigen Stein mit Blutspuren. Den Ergebnissen der Obduktion nach war Max Halsmann erschlagen worden und an mindestens 15 Schlägen mit dem Stein gegen den Kopf gestorben. Der Rechtsmediziner war sich sicher: Das war kein Unfall.

Die Staatsanwaltschaft erhob Anklage wegen Vatermord. Philipp Halsmann sei zur Tatzeit als einzige Person am Tatort gewesen. Zudem habe er sich bei seinen Vernehmungen in Widersprüche verstrickt. Das Innsbrucker Geschworenengericht verurteilte ihn am 16. Dezember 1928 zu zehn Jahren Kerkerhaft. Dass der Angeklagte offensichtlich kein Motiv für die Tat hatte, kümmerte das Gericht nicht. Auch die Möglichkeit, dass ein unbekannter Dritter den Mord in der Zeit begangen haben konnte, in der Philipp zur Alm gelaufen war, um Hilfe zu holen, wurde nicht in Erwägung gezogen. Immerhin war die vorher gut gefüllte Geldbörse von Max Halsmann leer gewesen, als seine Leiche abtransportiert wurde, was ein Indiz für einen Raubmord sein konnte. Auch dass an Philipp Halsmann keine Blutspuren gefunden worden waren, hielten die Geschworenen für unerheblich. Dabei wäre die Kleidung beim Erschlagen des Opfers von Blutspritzern nicht verschont geblieben.

Im Berufungsverfahren wurde der Mord zu einem Totschlag herabgestuft. Philipp Halsmann wurde am 9. September 1929 zu vier Jahren Kerkerhaft verurteilt. Das Urteil wurde rechtskräftig. Auch dies war ein offensichtliches Fehlurteil. Philipp Halsmann hatte nach wie vor kein Motiv für den Vatermord, denn alle Zeugen der Verteidigung hatten die liebevolle Beziehung des Angeklagten zu seinem Vater betont. Außerdem waren die Indizien für einen Schuldspruch nicht ausreichend.

Die Verurteilung von Halsmann hatte in ganz Europa Aufsehen erregt. Der Prozess wurde von unschönen antisemitischen Äußerungen begleitet. Zahlreiche Intellektuelle der damaligen Zeit, unter ihnen Albert Einstein, Thomas Mann, Erich Fromm und Siegmund Freud, setzten sich für eine Begnadigung Halsmanns ein. Selbst zehn von zwölf Geschworenen des Berufungsverfahrens unterzeichneten die Petition. Der österreichischen Bundespräsident Wilhelm Miklas begnadigte Philipp Halsmann 1930 schließlich und verwies ihn gleichzeitig des Landes. Halsmann ging nach Paris, änderte seinen Vornamen auf Philippe und eröffnete dort 1931 ein Fotostudio. Nach der Besetzung Frankreichs durch Deutschland wanderte er 1940 in die USA aus. Dort wurde er ein Starfotograf, der unter anderem Albert Einstein, Marilyn Monroe, Richard Nixon und Alfred Hitchcock porträtierte. Über hundert Mal zierten seine Fotos das Cover der Zeitschrift *Life*.

Der tatsächliche Mörder wurde niemals ermittelt. Vielleicht aber hatte Philipp Halsmann in seiner Aufregung schlicht die Kopfwunde übersehen, und es war doch ein reiner Unfall.

Maria Popescu, die Giftmischerin

Der in der Schweiz lebende ehemalige rumänische Justizminister Stelian Popescu zeigte seine Schwiegertochter Maria im Juli 1945 wegen versuchten Giftmords an. Sie habe ihm fünf angebliche Darmgrippetabletten Lacteol gegeben, die in Wirklichkeit das Schlafmittel Veronal enthielten. Nachdem er eine merkwürdige Ermüdung gespürt habe, habe er einen Arzt kommen lassen, der ihn ins Krankenhaus einwies. Im Urin fand man Veronalspuren.

Maria Popescu hatte sich nur zwei Tage zuvor selbst bei der Polizei gemeldet, weil ihre Hausmagd Lina Mory stöhnend in ihrem verschlossenen Zimmer lag. Man fand sie sterbend mit von einer Rasierklinge herrührenden, oberflächlichen Schnittverletzungen am rechten Handgelenk. Die Hausmagd hatte an Depressionen gelitten. Auch in ihrem Urin fand man Veronalspuren.

Die Polizei ging davon aus, einer Serienmörderin auf der Spur zu sein, und exhumierte die kurz vorher im Krankenhaus an Brustkrebs verstorbene Schwiegermutter von Maria Popescu. Wieder wurden Veronalspuren gefunden, diesmal im Blut.

Die Rumänin Maria Popescu wurde verhaftet und des zweifachen vollendeten und eines versuchten Giftmordes angeklagt. Der Genfer Generalstaatsanwalt Cornu warf ihr vor, sie habe ihre Schwiegermutter und ihre Magd mit Veronal vergiftet und ihren Schwiegervater mit als Darmgrippetabletten getarntem Veronal vergiften wollen. Das Mordmotiv seien Erbabsichten. »So bezeichnen Sie mir doch einen Schuldigen, wenn Sie es nicht sind!«, kehrte der Ankläger die Beweislast um. Maria Popescu wurde am 20. Dezember 1949 zu lebenslänglichem Zuchthaus verurteilt.

Zwei Revisionen Popescus blieben erfolglos. 1957 wurde sie schließlich begnadigt. Sie hatte elfeinhalb Jahre im Gefängnis gesessen.

Die Verurteilung von Maria Popescu stellt sich aus heutiger Sicht als Justizirrtum da. Auffällig ist das Fehlen eines nachvollziehbaren Mordmotivs. Das von der Staatsanwaltschaft angenommene Motiv der Erbabsichten war unzutreffend, da angesichts der Kinderlosigkeit Maria Popescus nach rumänischem Recht kein Erbrecht bestand. Außerdem hätte überhaupt kein Anlass bestanden, den Tod ihrer sterbenden Schwiegermutter zu beschleunigen. Sie hätte deren absehbaren Krebstod nur abzuwarten brauchen. Und auch für die Ermordung der Magd Lina war kein Motiv ersichtlich.

Des Weiteren stand eine absichtliche Vergiftung der drei Opfer durch Maria Popescu mit Veronal überhaupt nicht fest. Die Magd, die Schwiegermutter und der Schwiegervater hatten regelmäßig das damals weit verbreitete Schlafmittel Quadronox eingenommen, das zu 96 Prozent aus Veronal bestand. Für den Tod der Magd ist wegen der aufgeschnittenen Pulsadern sowie der Überdosis Schlaftabletten Suizid die wahrscheinlichste Erklärung. Die Schwiegermutter war an Brustkrebs verstorben, und der Schwiegervater hatte seine durch die Darmgrippe hervorgerufene Ermüdung fälschlich für einen Giftmordanschlag gehalten. Statt eines

zweifachen Giftmords hatte es einen Krebstod und einen Selbstmord gegeben.

Maria Popescu hat die 4 206 Tage im Frauengefängnis »wie einen Schmiedehammer empfunden«. Sie wurde nicht etwa begnadigt, weil die Justiz eingesehen hatte, dass überhaupt keine Giftmorde verübt worden waren, sondern wegen des schlechten Ge-
sundheitszustandes der Eingesperrten.

Politische Prozesse –
wenn die Regierung sich einmischt

Aufgrund der Gewaltenteilung sollte die Justiz unabhängig von der Regierung sein. Aber vor allem wenn ein Prozessbeteiligter der politischen Linken angehört, versucht die Regierung schon mal, Einfluss auf den Prozessausgang zu nehmen. Die folgenden Fallbeispiele erzählen von Fehlurteilen bei Mitgliedern militanter Gruppen und der anarchistischen Arbeiterbewegung sowie von Kommunisten.

Prozesssabotage durch Verfassungsschutz –
der Schmücker-Prozess

Zwei amerikanische Soldaten hörten am 5. Juni 1974 im Berliner Grunewald um 0:20 Uhr ein leises Röcheln. Sie waren auf dem Rückweg von einer Nachtübung und gingen dem Geräusch nach. In einer Schonung am Rand des Waldweges fanden sie einen jungen Mann. Er lag ausgestreckt auf dem Rücken und hatte ein Loch in der Stirn, aus dem Blut in den sandigen Waldboden sickerte. Der Mann gab noch Lebenszeichen von sich. Die Soldaten riefen Polizei und Feuerwehr, doch als der Rettungswagen 20 Minuten später eintraf, war der Mann tot.

Bei dem Ermordeten handelte es sich um den 22-jährigen Ulrich Schmücker. Dieser hatte eigentlich Pfarrer werden wollen und Geschichte und Ethnologie studiert. Außerdem hatte er sich der militanten Gruppe »Bewegung 2. Juni« angeschlossen. Mit dieser wollte er ein Bombenattentat auf das türkische General-konsulat in Bonn begehen, wurde aber vorher festgenommen. Schmücker war zu einer Freiheitsstrafe von 30 Monaten verurteilt worden, aber schon nach neun Monaten wieder freigekommen, da er vom Verfassungsschutz als V-Mann eingesetzt werden sollte. Schmücker sollte unwissentlich als Lockvogel dienen. Er kehrte zur Bewegung 2. Juni zurück, wo aber seine Kontakte zum Verfas-sungsschutz bekannt wurden. Die übrigen Mitglieder beschlossen die Ermordung des Verräters.

Als Schmücker von dem Todesurteil gegen ihn erfuhr, wandte er sich hilfesuchend an den Verfassungsschutz. Er erzählte dem für ihn zuständigen Führungsbeamten Grünhagen am 31. Mai 1974 von der Todesdrohung und fragte nach einer Schusswaffe. Grünhagen verweigerte ihm diese. Am Morgen des 4. Juni 1974 wurde dem Verfassungsschutzbeamten von einem weiteren in die Szene eingeschleusten V-Mann namens Volker Weingraber erneut die Bedrohungslage mitgeteilt. Grünhagen blieb untätig. Gleich-zeitig brach der Berliner Verfassungsschutz die Observation Schmückers trotz der akuten Bedrohungslage ab. So lief Schmü-cker in der Nacht des 4. Juni 1974 mit Wissen, aber ohne Schutz des Verfassungsschutzes in sein Verhängnis.

Nach der Exekution übergab Weingraber die Pistole an Grün-hagen. Der deponierte die Tatwaffe in einem Tresor des Verfas-sungsschutzes. Den Ermittlungsbehörden wurde der Besitz der Waffe über die nächsten 15 Jahre verheimlicht.

Am 6. Juni 1974 erhielt die *Frankfurter Rundschau* ein Bekenner-schreiben vom »Kommando Schwarzer Juni«. Die Gruppe habe als Kommando der Bewegung 2. Juni den Konterrevolutionär und

Verräter Ulrich Schmücker hingerichtet. Dieser sei wegen seiner Aussagen vor den Staatsschutzbehörden der BRD zum Tode verurteilt worden.

Die Verdächtigen waren schnell ausgemacht. Sie fanden sich unter den Mitgliedern einer Wolfsburger Kommune, zu der Schmücker Kontakt hatte. Es handelte sich neben der 37-jährigen Ilse Schwipper um eine 18-Jährige und vier Männer zwischen 18 und 21 Jahren. Einer von ihnen war der 21-jährige Jürgen Bodeux. Der ehemalige Hauptschüler ohne Berufsabschluss nahm alle möglichen illegalen Drogen, war politisch interessiert und wollte Mitglied einer Terrorgruppe werden. Bodeux legte ein Geständnis ab und wurde zum Kronzeugen im kommenden Prozess.

Der Verfassungsschutz pflegte engste Kontakte sowohl zur Polizei als auch zur Staatsanwaltschaft und sorgte dafür, dass die Ermittlungen sich ausschließlich auf die Angeklagten konzentrierten. Gleichzeitig war der Verfassungsschutz darauf bedacht, seine Verbindung zu dem Tatgeschehen zu verbergen. Zwar war der V-Mann Volker Weingraber Zeuge der Vorgänge in der Mordnacht geworden. Doch damit er nicht vor Gericht aussagen musste, wurde ihm eine neue Identität verliehen. Er erhielt zudem eine Million DM Schweigegeld und tauchte in Italien unter. Die Staatsanwaltschaft führte über Jahre hinweg eine Scheinfahndung nach ihm durch (denn sein Aufenthaltsort war ihr bekannt).

Die erste Hauptverhandlung fand 1976 vor dem Berliner Landgericht statt. Bodeux behauptete, die Tatwaffe besorgt und mit Ilse Schwipper den Tatort ausgewählt zu haben. Er bestritt jedoch, selbst geschossen zu haben. Ilse Schwipper wurde wegen Mordes zu einer lebenslangen Freiheitsstrafe verurteilt, die Mittäter zu Jugendstrafen zwischen vier und acht Jahren. Kronzeuge Bodeux erhielt eine Jugendstrafe von fünf Jahren, die er annahm und von der er zweieinhalb Jahre absaß. Der Bundesgerichtshof hob das Urteil gegen die anderen Verurteilten 1977 auf.

Die zweite Hauptverhandlung vor dem Landgericht Berlin endete 1979 wieder mit der Verurteilung der Angeklagten. Das Urteil war fast identisch mit dem Vorangegangenen. Der Bundesgerichtshof hob 1980 auch dieses Urteil auf.

Die dritte Hauptverhandlung zog sich über fünf Jahre von 1981 bis 1986 hin. Es wurde immer deutlicher, dass der Verfassungsschutz in den Mord verstrickt war. Ilse Schwipper und die weiteren Mitglieder der Wolfsburger Kommune wurden erneut wegen gemeinschaftlichen Mordes verurteilt. Auch dieses Urteil wurde vom Bundesgerichtshof aufgehoben. Der Kronzeuge Bodeux erschien aufgrund seiner Nähe zum Verfassungsschutz nicht uneingeschränkt glaubwürdig.

Die vierte Hauptverhandlung begann im April 1990. Sie endete am 28. Januar 1991 mit der Einstellung des Verfahrens. Nach Überzeugung des Gerichts war der Verfassungsschutz erheblich mitschuldig am Tod Ulrich Schmückers. Grünhagen sei mindestens insoweit mitschuldig, als er den Mord an Schmücker nicht verhindert habe. Durch die Einmischung des Verfassungsschutzes seien die Angeklagten in ihrem Recht auf ein faires Verfahren schwerwiegend verletzt worden. Der Verfassungsschutz hatte jahrelang deren Verteidiger Philipp Heinisch ausspioniert, indem er einen V-Mann in dessen Kanzlei eingeschleust hatte. Die Erkenntnisse über die Verteidigungsstrategie habe der Verfassungsschutz dann an die Staatsanwaltschaft weitergegeben.

Weiterhin stellte das Landgericht Beweismanipulationen fest. So war die Tatwaffe erst im Mai 1989 in einem Tresor des Verfassungsschutzes aufgetaucht. Dem Gericht waren nur frisierte Akten mit einer Vielzahl von Schwärzungen und Fehlblättern übergeben worden. Der Verfassungsschutz hatte durch die Abtarnung des wichtigen Zeugen Volker Weingraber zudem die Tataufklärung gezielt verhindert.

Das Geständnis von Jürgen Bodeux war durch verbotene Vernehmungsmethoden zustande gekommen. Ihm waren Vertraulichkeit und die Anwendung von Jugendstrafrecht zugesichert worden.

Schließlich war auch die überlange Verfahrensdauer von 16 Jahren bei nicht absehbarem Ende des Strafprozesses nicht mehr zu verantworten. So hatte die Angeklagte Ilse Schwipper fast sieben Jahre in Untersuchungshaft gesessen.

Dieses vierte, 189 Seiten lange Urteil hob der Bundesgerichtshof nicht auf. Es wurde rechtskräftig, und die Verurteilten erhielten eine Haftentschädigung.

Der Schmücker-Prozess war mit 16 Jahren der längste Strafprozess in der Geschichte der Bundesrepublik Deutschland. Er begann 1976, bestand aus vier Hauptverhandlungen und endete nach 591 Verhandlungstagen 1991. Trotz des enormen Verfahrensaufwandes gelang es dem Gericht aufgrund der Einmischung durch den Verfassungsschutz nicht, den Mord aufzuklären.

»Man sollte sie auf jeden Fall aufhängen!« – der Fall Sacco und Vanzetti

Die bewaffneten Räuber hatten es auf die Lohngelder abgesehen. Am 15. April 1920 erschossen zwei Männer in Massachusetts den Lohnbuchhalter und den Wachmann der Schuhfabrik Slater & Morrill. Sie erbeuteten 15 776,51 Dollar und flüchteten in einem blauen Buick.

Die Polizei vermutete Anarchisten hinter dem Raubüberfall. Sie verfolgte die Spur zu einem Schuppen des Anarchisten Feruccio Coacci, in dem der Fluchtwagen möglicherweise abgestellt worden war. Coacci war inzwischen abgeschoben, in dem Haus wohnte nun Mike Boda, ebenfalls ein Anarchist. Dieser gab an, sein Auto sei in der Werkstatt.

Als er sein Auto später dort abholen wollte, war er in Begleitung der italienischen Einwanderer Ferdinando »Nicola« Sacco und Bartolomeo Vanzetti. Wie zuvor gebeten, informierte die Frau des Werkstattinhabers daraufhin die Polizei. Bevor diese eintraf, flüchteten die drei Männer. Sacco und Vanzetti wurden in der Straßenbahn verhaftet. Beide waren bewaffnet.

Sie leugneten, etwas mit dem Raubüberfall zu tun zu haben. Sacco hatte sich verdächtig gemacht, weil er am 15. April 1920 nicht zur Arbeit erschienen war.

Nach der Verhaftung bildeten die Anarchisten ein Komitee zur Verteidigung von Sacco und Vanzetti. Der sozialistische Anwalt Fred H. Moore sah in der Anklage den politischen Versuch, die Arbeiterbewegung zu schwächen.

Nach dem Ersten Weltkrieg hatte in den USA eine wirtschaftliche Depression eingesetzt. Die Zahl der Arbeitslosen hatte stark zugenommen, die Preise und die Kriminalitätsrate waren gestiegen. Die Regierung machte die politische Linke für die schlechte Lage im Land verantwortlich. Mit Blick auf das kommunistische Russland war das politische Klima in den USA insgesamt von der Furcht vor Linken und Radikalen geprägt. Sacco und Vanzetti passten perfekt in dieses Feindbild, denn sie waren den Behörden als Mitglieder der anarchistischen Arbeiterbewegung bekannt.

Das Gericht war vor diesem Hintergrund von Anfang an voreingenommen gegen Sacco und Vanzetti. Der Richter verhielt sich offen feindselig und wies systematisch alle Anträge der Angeklagten zurück. Er werde »diese Kerle an den Galgen kriegen«, sagte er privat. Der Geschworenenobmann hatte die gleiche Gesinnung: »Zum Teufel mit ihnen, man sollte sie auf jeden Fall aufhängen!«

Die Beweislage war dürftig. Es gab zwar Zeugen, die beide Angeklagte in Tatortnähe gesehen haben wollten. Die Verteidigung bot jedoch zahlenmäßig mehr Alibizeugen auf. Es gab mehrere ballistische Gutachten mit unterschiedlichen Ergebnissen. Mal stammte das Geschoss, das den Wachmann tödlich verletzt hatte, aus Saccos Pistole, mal nicht. Es bestand auch der Verdacht, dass jemand die Kugel ausgetauscht hatte, die analysierte Kugel also gar diejenige war, die den Wachmann getroffen hatte. Der Arzt hatte in die aus der Leiche des Wachmanns entfernten Kugeln Nummern eingeritzt. Die Markierung der tödlichen Kugel III wurde aber eindeutig mit einem anderen Werkzeug durchgeführt als jene auf den anderen Kugeln.

Als weitere Indizien führte die Staatsanwaltschaft Saccos Abwesenheit von der Arbeit am Tag des Überfalls an sowie eine Kappe, die am Tag nach dem Überfall auf der Straße gefunden wurde und die derjenigen ähnelte, die Sacco zu tragen pflegte. Die Jury erkannte beide Angeklagten am 14. Juli 1921 auf schuldig. Die nächsten sechs Jahre kämpften sie mit allen juristischen Mitteln vergeblich gegen den Schuldspruch an. Der im selben Gefängnis wie Sacco einsitzende Verbrecher Celestino F. Madeiros gestand seine Beteiligung an dem Raubüberfall und betonte, weder Sacco noch Vanzetti hätten etwas damit zu tun. Eine Wiederaufnahme wurde trotzdem abgelehnt. Am 9. April 1927 wurden beide zum Tod verurteilt. Das Urteil hatte weltweite Massendemonstrationen zur Folge.

In der Nacht vom 22. auf den 23. August 1927 wurden Sacco und Vanzetti auf dem elektrischen Stuhl hingerichtet. Vanzetti erklärte noch beim Eintritt in die Todeskammer: »Ich bin unschuldig.«

Der Fall gilt als einer der großen amerikanischen Justizskandale. Saccos Schuld ist niemals zweifelfrei bewiesen worden. Während es gegen ihn wenigstens noch Verdachtsgründe gab, lagen gegen Vanzetti weder Beweise noch Indizien für dessen Beteiligung am Überfall vor. Beide hätten nicht hingerichtet werden dürfen. Sie waren die Opfer der damals durch die Regierung verbreiteten hetzerischen Stimmung gegen Ausländer und Andersdenkende.

Die roten Atomspione –
Ethel und Julius Rosenberg

»Dieser Verrat ist schlimmer als Mord«, sagte Präsident Dwight D. Eisenhower über die Weitergabe von Geheimnissen der Atombombe durch das Ehepaar Rosenberg an die Sowjetunion.

Ethel und Julius Rosenberg waren ein US-amerikanisches Ehepaar Mitte 30. Ethel Rosenbergs Bruder David Greenglass arbeitete in Los Alamos als Maschinenschlosser am Manhattan-Projekt bei der Entwicklung der ersten Atombombe mit. Im Jahr 1950 wurde der in Deutschland geborene Kernphysiker Klaus Fuchs als sowjetischer Spion enttarnt, als es dem FBI gelang, den Funkverkehr des KGB zu entschlüsseln. Klaus Fuchs gestand den Geheimnisverrat. Als weiterer sowjetischer Spion wurde dann David Greenglas enttarnt. Dieser gab als seine Komplizen Julius und Ethel Rosenberg an.

So wurden Ethel und Julius Rosenberg der Spionage angeklagt. Der Prozess begann im März 1951 und gilt als Musterbeispiel für die Hexenjagd auf Kommunisten unter dem republikanischen Senator Joseph McCarthy. Im Kalten Krieg galt die Sowjetunion als Erzfeind, und die Rosenbergs wurden der

Komplizenschaft mit dem Kommunismus verdächtigt. Der öffentliche Druck auf die Geschworenen war gewaltig. Der Geheimnisverrat der Rosenbergs hätte dazu geführt, dass die Sowjetunion in der Lage sei, den technologischen Rückstand zu den USA aufzuholen und eine eigene Atombombe zu bauen, so die weitverbreitete Meinung.

Kronzeuge der Anklage war David Greenglass. Er sagte aus, Ethel Rosenberg habe Notizen über Rüstungsgeheimnisse abgetippt. Des Weiteren habe er Julius Rosenberg unter anderem die Skizze eines Querschnitts einer Implosions-Atombombe übergeben. Er belastete die Rosenbergs schwer, um sich und seine eigene Familie zu retten. Seine Rechnung ging auf: Statt zu der für Spionage vorgesehenen Todesstrafe wurde er zu 15 Jahren Gefängnis verurteilt, von denen er zehn Jahre tatsächlich verbüßte.

Präsident Eisenhower ließ die Öffentlichkeit und damit auch die Geschworenen wissen, dass er für diesen Verrat von Staatsgeheimnissen nichts weniger als die Todesstrafe erwartete. Entsprechend wurden »die roten Atomspione« Ethel und Julius Rosenberg zum Tode verurteilt und am 19. Juni 1953 auf dem elektrischen Stuhl hingerichtet. Nach den ersten drei Stromstößen schlug Ethels Herz noch, daher erhielt sie zwei weitere Stromstöße. Die Rosenbergs waren die einzigen amerikanischen Zivilisten, die während des Kalten Krieges wegen Spionage hingerichtet wurden.

Das Todesurteil war in mehrfacher Hinsicht ein Fehlurteil. Zum Zeitpunkt der Verurteilung waren die Spionagevorwürfe nicht bewiesen. Es gab keine Geständnisse der Rosenbergs und auch keine eindeutigen Beweise. Hauptbeweismittel war die Aussage von David Greenglass, der seine Schwester belastet hatte, um sich von seiner eigenen Spionagetätigkeit freizukaufen.

Nach späteren Aussagen des sowjetischen Führungsoffiziers

Alexander Feklisow hatte Julius Rosenberg tatsächlich militärische Informationen an die Sowjetunion weitergegeben. Sie waren allerdings unbedeutend und verhalfen der Sowjetunion keineswegs zu Vorteilen beim Atombombenbau. Der dafür zuständige russische Ingenieur Brokhovich sagte, für die Entwicklung der eigenen Atombombe hätten sie keine relevanten Informationen von den Rosenbergs bekommen. »Ihr habt die Rosenbergs für nichts in den elektrischen Stuhl gesetzt.«

Ethel Rosenberg war lediglich Mitwisserin und wurde unschuldig hingerichtet. Die Geheimnisse zum Bau der Atombombe waren – wie später herauskam – nicht von den Rosenbergs, sondern von Theodore Alvin Hall, einem Wissenschaftler und Doppelagenten in Los Alamos, ausspioniert und an die Sowjetunion weitergegeben worden.

Auch Sachverständige
können irren

Falsche Sachverständigengutachten sind ein häufiger Grund für Justizirrtümer. Wenn dem Richter die für die Urteilsfindung erforderliche besondere Sachkunde auf medizinischen, naturwissenschaftlichen oder technischen Gebieten fehlt, beauftragt er einen Sachverständigen. Nach der Rechtsprechung des Bundesgerichtshofs sind Sachverständige »Gehilfen des Richters bei der Beurteilung einer Beweisfrage«. Wenn der Fall von der Beantwortung dieser einen Beweisfrage abhängt, sind Sachverständige allerdings oft die heimlichen Richter. Mit ihrer Expertise steht und fällt die Verurteilung. Denn der Richter muss sich mangels eigener Sachkunde auf die Feststellungen der »Richter in Weiß« verlassen.

Voraussetzung für die Tätigkeit als Gerichtssachverständiger ist fachliche Kompetenz. Daran mangelte es freilich den Sachverständigen in den folgenden Fällen. Möglich wird dies, weil es kein Zulassungsverfahren für Gerichtssachverständige gibt. Die fachliche Kompetenz wird nicht von einer übergeordneten Stelle, etwa dem Justizministerium, geprüft, bevor der Sachverständige erstmalig in einem Prozess zum Einsatz kommt. Der Richter wäre mit so einer Prüfung im Einzelfall überfordert. Es gibt auch keine schwarze Liste für »Experten«, die durch Fehlgutachten aufgefallen sind. So ist es möglich, dass immer wieder auch inkompetente

Sachverständige beauftragt werden und manche von ihnen gleich mehrfach ihr Unwesen treiben dürfen.

Der Mörder mit dem Kälberstrick – der Fall Hans Hetzel

Der Angeklagte schmetterte der Frau die Faust ins Gesicht, sodass ihr das Blut aus der Nase spritzte. Sie flüchtete. Der Angeklagte rannte hinterher. Er holte sie ein und versetzte ihr weitere Schläge auf den Kopf, durch die sie zu Boden ging. Der Angeklagte legte dem benommenen Opfer einen Kälberstrick um den Hals und zog die Schlinge kräftig zu. Im Zustand sexueller Erregung biss er der Frau in die rechte Brust und den Bauch. Während des drei- bis achtminütigen Todeskampfes vollzog er den Analverkehr. Die Zuckungen der sterbenden Frau steigerten sein sexuelles Lustempfinden. Der Angeklagte tötete das Tatopfer zur Befriedigung des Geschlechtstriebes.

So soll sich der Lustmord an Magdalena Gierth nach den Feststellungen des Schwurgerichts am Landgericht Offenburg zugetragen haben. Der Metzgermeister Hans Hetzel wurde für die Tat am 17. Januar 1955 zu lebenslänglichem Zuchthaus verurteilt.

Der verheiratete 27-jährige Hetzel war als Vertreter für Sportspielgeräte viel unterwegs. Er nahm mit Vorliebe Anhalterinnen mit und war erotischen Abenteuern nicht abgeneigt. Die 25-jährige Magdalena Gierth, zierlich, mit rot gefärbten kurzen Haaren, suchte ihrerseits sexuelle Ablenkung aus einer unbefriedigenden Ehe. Am 1. September 1953 trafen sich die beiden zufällig an einem Bahnübergang. Sie stieg zu ihm ins Auto.

Zwei Tage später wurde ihre nackte Leiche von einem Jagdaufseher in einem Graben gefunden. Die Obduktion ergab, dass bei der jungen Frau unlängst ein Schwangerschaftsabbruch durchgeführt worden war, der ihren Körper erheblich geschwächt hatte. Ihr Herzmuskel war entzündet. Außerdem fand der Amtsarzt zahlreiche Spuren äußerlicher Gewaltanwendung. Als Todesursache vermutete er Herzversagen infolge des entkräfteten Zustandes des Körpers und der zahlreichen Misshandlungen.

Hetzel meldete sich aufgrund eines Zeugenaufrufs selber bei der Polizei. Er hatte mit Magdalena Gierth am Tag ihres Todes zwei Gaststätten besucht und fürchtete, dass jemand anders der Polizei davon erzählen könnte. Er beteuerte jedoch seine Unschuld. Es sei zweimal hintereinander zu intensivem Geschlechtsverkehr gekommen. Beim zweiten Mal sei sie unerwartet gestorben. Er habe noch Wiederbelebungsversuche unternommen, allerdings erfolglos. Dann habe er die Leiche in seiner Panik mit seinem Auto zu einer Stelle gebracht (an der, was er nicht wusste, 1949 und 1952 bereits Leichen unbekleideter Frauen gefunden worden waren) und die Böschung hinuntergeworfen. Doch die Staatsanwaltschaft glaubte nicht an einen Betriebsunfall beim Sex und erhob Anklage.

Am 12. Januar 1955 begann der aufsehenerregende Prozess. In den prüden 50er-Jahren war die Erörterung von hemmungslosem Sex vor Gericht noch eine Sensation. Vom keineswegs gesellschaftsfähigen Analverkehr und dem besonders kräftig gebauten Glied des Angeklagten etwa war die Rede. Zum Verhängnis wurde Hetzel Professor Dr. Albert Ponsold. Der »Papst der Gerichtsmediziner« galt als anerkannte Koryphäe bei deutschen Gerichten. Nach seinem Gutachten war der Tod der Anhalterin kein Unfall, sondern ein Lustmord. Ponsold hatte auf Fotos Würgemale am Hals der Leiche entdeckt, die seiner Überzeugung nach von einer Erdrosselung »mit einem Strick von der Art eines Kälberstricks« stammten. Hetzel sei schließlich gelernter Metzger, schlussfolgerte Ponsold weiter. Seiner Überzeugung nach handelt es sich um einen Lustmord durch Strangulation. Das Schwurgericht folgte dem Gutachten Ponsolds und verurteilte Hetzel zu lebenslänglichem Zuchthaus.

Nach dem Urteil sagte sich Hetzels Mutter von ihrem »perversen Sohn« los, seine Frau ließ sich von ihm scheiden. Eine Revision zum Bundesgericht blieb ebenso erfolglos wie mehrere Wiederaufnahmeverfahren. Hetzel griff insbesondere das Gutachten von Ponsold an. Die Leichenbeschauer waren von einem natürlichen Tod ausgegangen, und die angebliche Mordwaffe, der Kälberstrick, war nie gefunden worden.

Hans Hetzel nahm sich einen neuen Strafverteidiger, den renommierten Anwalt Dr. Fritz Gross. Ein erster Wiederaufnahmeantrag von ihm wies das zuständige Gericht 1966 ab. Gross beauftragte daraufhin Professor Otto Prokop, eine anerkannte Kapazität auf dem Gebiet der postmortalen Blutungen, den Fall zu begutachten. Das Pikante daran: Prokop war ein Professor aus der DDR, weshalb er von seinen westdeutschen Kollegen abgelehnt wurde.

Prokops Gutachten widerlegte das Vorgutachten von Ponsold in den wesentlichen Punkten. Er konnte beweisen, dass die angeblichen »Würgemale« nach Eintreten des Todes entstanden waren und von einer Astgabel stammten, in welcher der Kopf nach dem Tod lag. Gemäß dem Gutachten von Prokop war Magdalena Gierth nicht erdrosselt worden, sondern hatte einen plötzlichen Herztod erlitten. Als Ursache nannte das Gutachten die starke körperliche Schwächung durch einen gerade durchgeführten Schwangerschaftsabbruch und eine unmittelbar zuvor überwundene Syphilis. Außerdem war ihr Herzmuskel entzündet gewesen. Der Intimverkehr hatte sie hochgradig erregt und ihren Kreislauf stark belastet. Das vorgeschädigte Herz sei dem nicht gewachsen gewesen, weshalb es zum Herzversagen gekommen sei. Das Gutachten betonte auch, dass solche Todesfälle beim Beischlaf keineswegs ungewöhnlich seien. Alle Verletzungen, die an der Toten festgestellt worden waren, ließen sich nach Professor Prokops Überzeugung leicht mit den vergeblichen Wiederbelebungsversuchen Hetzels, dem Transport der Leiche und deren Lagerung in einer Y-förmigen Astgabel im Gebüsch erklären.

Die Aussagen Hetzels deckten sich vollständig mit den aufgefundenen Spuren. Professor Ponsold hatte die Leiche auch nicht selbst untersucht, sondern sein Gutachten aufgrund unscharfer SW-Fotos der Leiche erstattet. Das Gutachten von Ponsold war äußerst oberflächlich, falsch und entsprach nicht dem Stand der wissenschaftlichen Erkenntnisse.

Gross stellte mit dem Gutachten von Prokop einen neuen Wiederaufnahmeantrag. Das Oberlandesgericht Mannheim beschloss 1969, 14 Jahre nach dem Urteil, eine Wiederaufnahme des Verfahrens. Hans Hetzel wurde in der anschließenden neuen Hauptverhandlung vom Schwurgericht Offenburg freigesprochen. Hetzel hat 5711 Tage, fast 16 Jahre seines Lebens, unschuldig im Gefängnis gesessen. Als ein Reporter ihn beim Verlassen des Gefängnisses fragte, was er während seiner Haft am meisten vermisst habe, antwortete er: »Das Recht!«

Leiche ohne Kopf – der Fall Maria Rohrbach

Zwei Jungen machten am 12. April 1957 beim Spielen einen grausigen Fund. Sie entdeckten in dem Fluss Aa in Münster, Westfalen. einen Unterkörper ohne Beine. Erschreckt rannten sie nach Hause. Am selben Tag fand ein Gärtner den dazugehörigen Oberkörper im flussaufwärts gelegenen Aasee. Die Körperteile gehörten zu einem etwa 40 Jahre alten Mann, der offensichtlich getötet und anschließend zerstückelt worden war.

Anhand der Gravur auf dem Gürtel konnte die Leiche identifiziert werden. Es handelte sich um Hermann Rohrbach, einen Anstreicher aus Münster. Vier Tage später wurden seine Beine gefunden. Der Kopf blieb verschwunden.

Die 27-jährige Witwe Maria Rohrbach geriet in Tatverdacht, weil sie die Nachricht vom Tode ihres Mannes mit bemerkenswerter Kühle entgegennahm. Außerdem hatte sie eine Affäre mit einem britischen Besatzungssoldaten. Maria Rohrbach wurde verhaftet. Schweren Herzens musste sie sich von ihrem vierjährigen Sohn Norbert trennen, der in ein Waisenhaus kam.

Trotz wiederholter hartnäckiger Verhöre legte Maria Rohrbach kein Geständnis ab. »Ich habe mit dem Tod meines Mannes nichts zu tun«, sagte sie immer wieder. Die Staatsanwaltschaft ging hingegen davon aus, dass Maria Rohrbach ihren Mann langsam vergiftet hatte. Als er dann geschwächt auf dem Sofa vor sich hingedämmert sei, habe sie ihn heimtückisch erschlagen und anschließend zersägt.

Der Anklage lag das Gutachten des Sachverständigen Professor Dr. Walter Specht vom Bayerischen Landeskriminalamt zugrunde. Danach hatte Maria Rohrbach ihren Ehemann über einen längeren Zeitraum systematisch mit Thallium vergiftet. Das Thallium stamme aus dem Rattengift Celiopaste, das die Angeklagte ihrem Mann in Malvenblütentee verabreicht habe. Den Malvenblütentee als Giftvehikel habe die Angeklagte verwendet, da Celiopaste aus Sicherheitsgründen mit einem intensiven tiefblauen Farbstoff versehen ist und der Tee eine ähnliche Farbe hat. Der Chemiker Specht hatte bei Analysen in Hermann Rohrbachs Torso und im Kaminrohr der Wohnung große Mengen von Thallium gefunden. Die Staatsanwaltschaft schlussfolgerte daraus, dass Maria Rohrbach den Kopf ihres Gatten anschließend im heimischen Ofen verbrannt hatte.

Maria Rohrbach wurde vom Landgericht Münster am 18. April 1958 in einem Indizienprozess wegen Mordes zu lebenslanger Haft verurteilt. Als Motiv unterstellte ihr das Gericht, sie habe ihren homosexuellen älteren Mann loswerden wollen, um sich ungestört mit ihren Liebhabern vergnügen zu können. Es gab keine Tatzeugen, kein Tatwerkzeug, kein Geständnis. In der Ehewohnung war weder das Rattengift noch der Malvenblütentee gefunden worden. Auch wies die Zweizimmerwohnung keinerlei Spuren einer blutigen Fünfteilung auf. Aber dem Gericht reichte das Gutachten von Walter Specht zur Überführung der Angeklagten aus.

Zwei Jahre später wurde der Schädel des Ermordeten in einem ausgetrockneten Tümpel gefunden. Damit war die Annahme, Maria Rohrbach habe den Kopf ihres Gatten im heimischen Ofen verbrannt, widerlegt. Es dauert zwei weitere Jahre, bis der Fall 1961 neu aufgerollt wurde. Mehrere Sachverständige deckten erhebliche Mängel im Gutachten von Professor Specht auf. Der Thalliumgehalt im Rohrbach-Ofen war vollkommen normal. Professor Specht hatte fälschlich den Eisengehalt mitgemessen und war so zu überhöhten Werten gelangt. Thallium ist im Übrigen allgegenwärtig. Außerdem hatte Rohrbach keine der üblichen Symptome einer Thalliumvergiftung, wie zum Beispiel totalen Haarausfall, gezeigt. Malvenblütentee hatte Hermann Rohrbach mit Sicherheit nicht getrunken, denn in seinem Magen-Darm-Trakt wurden keine Pollenkörner gefunden (ein einziger Teelöffel Malvenblütentee enthält 300 000 Pollenkörner). Professor Heinrich Kaiser, der Sachverständige im Wiederaufnahmeverfahren, fasste die Kritik am Gutachten von Professor Specht so zusammen: »Das Gutachten, um das es hier geht, enthält so viele Fehler und verrät so viel Unterlassungen und Unwissenheit, es steht in solchem Kontrast zu den grundlegenden wissenschaftlichen Regeln, es verstößt mit seinen Irrtümern gegen jede klare wissenschaftliche Erkenntnis, es ist mit so viel falschem, scheinbar wissenschaftlichem Ballast behaftet, in ihm werden ohne ernsthafte Nachprüfungen verhängnisvolle Folgerungen gezogen – sodass es in den Augen der ernsthaften Wissenschaft keinerlei Beweiskraft besitzt.«

»Wie kann man sich nur so irren?«, fragte der Vorsitzende Richter kopfschüttelnd. Am 30. Juni 1961 wurde Maria Rohrbach aus Mangel an Beweisen freigesprochen. Das falsche Gutachten hatte sie vier Jahre und zwei Monate ihrer Freiheit gekostet. Nach der Urteilsverkündung fuhr sie sofort zu ihrem Sohn Norbert ins Waisenhaus, den sie vier Jahre lang nicht hatte sehen dürfen. Der Fall selber wurde nie aufgeklärt.

Der Mörder mit dem schiefen Zahn

Ein Einbruch?, fragte sich Hank Arrendondo erschrocken, als er am Morgen des 29. Dezember 1991 die Tür seiner Bar in Phoenix unverschlossen vorfand. Doch das Geld war noch im Safe. Er war erleichtert, wollte aber zur Sicherheit noch nachsehen, ob sich jemand in den Gäste-WC-Räumen versteckt. Als er die Tür zur Herrentoilette öffnete, blieb er schockiert stehen. Dort lag eine nackte Frauenleiche in einer riesigen Blutlache. Ihre Kleidung lag verstreut auf dem Boden, die Wände waren blutbespritzt. Als er genauer hinsah, erkannte er Kim Ancona, seine Kellnerin.

Kim Ancona war 36 Jahre alt und Mutter dreier Kinder. Der Täter hatte ihr mit einem Küchenmesser zweimal in den Rücken und achtmal in den Nacken gestochen. Außerdem hatte sie Bisswunden im Nacken und in der linken Brust. An ihrem Top fanden sich Blut- und Speichelspuren, die darauf schließen ließen, dass sie es noch anhatte, als der Täter zubiss. Die Wunde auf der Brust zeigte den blutunterlaufenen, halbrunden Abdruck eines Gebisses. Auffällig war dabei ein schiefer Zahn.

Die Polizei fahndete nach dem »Mörder mit dem schiefen Zahn«. Im Adressbuch der Ermordeten stand die Telefonnummer eines gewissen Ray Krone. Der 35-jährige Briefträger war mit Kim Ancona am Tag ihres Todes verabredet gewesen. Zu Weihnachten hatte er sie in seinem Oldtimer zu einer Weihnachtsfeier mitgenommen. Als die Polizisten ihn am Tag nach dem Mord aufsuchten, waren sie sofort sicher, ihren Mörder zu haben. Der Grund: Krone hatte einen schiefen Frontzahn. Krone beteuerte jedoch seine Unschuld, und er hatte für die Tatzeit ein Alibi. Er wurde trotzdem wegen Mordes und Vergewaltigung angeklagt.

Es war ein reiner Bissspuren-Beweis-Fall. Es gab keine Augenzeugen, Fingerabdrücke, Haare, Blut oder irgendwelche anderen Beweise, die Ray Krone mit dem Mord in Verbindung brachten. Er hatte auch kein Motiv, denn Kim Ancona hatte auf seine Annäherungsversuche positiv reagiert. Es gab nichts weiter als die Bisswunde. Der forensische Odontologe Dr. Raymond Rawson erstellte ein Gutachten. (Die Odontologie ist ein Teilbereich der Rechtsmedizin und dient der individuellen Identifizierung von Tätern und Opfern durch Zähne oder zahnärztliche Befunde.) Der Sachverständige hatte auf Styropor Abdrücke des Oberkiefers von Krone genommen, diese Muster eingescannt und dann auf die Fotos mit der Bisswunde gelegt. Der Gebissabdruck stimmte hundertprozentig mit der Bisswunde überein. Die Jury sprach den Angeklagten aufgrund des Gutachtens des Mordes für schuldig. Eine Vergewaltigung sah sie nicht als erwiesen an.

Ray Krone wurde am 20. November 1992 zum Tode verurteilt.

Er kam in die Todeszelle und wartete die nächsten Jahre auf seine Hinrichtung.

Im Jahr 1996 erreichte Ray Krone einen neuen Prozess. Dr. Raymond Rawson legte erneut sein Gutachten vor, nach dem eine völlige Übereinstimmung zwischen der Bisswunde und Krones Gebiss vorlag. Auch die neue Jury war von der Richtigkeit des Gutachtens überzeugt und sprach Krone erneut schuldig. Doch der Richter hatte Zweifel und wandelte die Todesstrafe in eine lebenslängliche Freiheitsstrafe um.

Durch eine großzügige Spende seines Cousins Jim R. konnte Krone im Jahr 2000 Alan M. Simpson als weiteren Anwalt hinzuziehen. 2002 ließen Krones Anwälte eine DANN-Analyse von den Speichelresten auf Kims Top, durch das der Täter hindurchgebissen hatte, durchführen. Die Analyse ergab, dass der Speichel nicht von ihm stammte. Er war als Täter auszuschließen. Am 8. April 2002 wurde Krone nach zehneinhalb Jahren unschuldig verbüßter Haft freigelassen.

Die Speichelprobe hatte einen Treffer in der DANN-Datenbank ergeben. Sie konnte dem wegen Kindesmissbrauch im Gefängnis sitzenden Kenneth Phillips zugeordnet werden. Er hatte zur Tatzeit in unmittelbarer Nähe der Bar gewohnt und ebenfalls einen schiefen Vorderzahn. Der wahre Täter gestand den Mord.

Ray Krone war bereits der hundertste amerikanische Todeskandidat seit 1976, dessen Unschuld nachträglich festgestellt werden konnte. Auf Frage eines Reporters, ob er noch Vertrauen in die amerikanische Justiz habe, antwortete er: »Sie wollten mich hinrichten! Kann ich da noch an die Justiz glauben? Sicherlich nicht! Und ich bin nicht der Einzige.«

Die schwarze Magie der Joyce Gilchrist

1982 wurde die 18-jährige Pamela Kay Willis tot in der Küche entdeckt. Die Polizistentochter war nackt und wies sowohl Stichwunden als auch Würgemerkmale auf. Die Polizei von Oklahoma City stellte Spermien und fremde Haare an der Leiche sicher.

Der 19-jährige Curtis McCarty war ehemaliger Pfadfinder und glaubte an die Justiz. Als Bekannter des Opfers zählte er automatisch zu den Verdächtigen, denn bei den meisten Sexualmorden kennen sich Täter und Opfer. Er wurde mehrfach verhört und bestritt die Tat jedes Mal.

Die Polizeichemikerin Joyce Gilchrist untersuchte zwei am Tatort sichergestellte Haare mikroskopisch. Die Haare waren für den Tatnachweis bedeutend, denn bei einem handelte es sich um ein männliches Schamhaar auf dem Körper der Toten, das andere wurde in einer tödlichen Stichwunde gefunden. Der Spurenverursacher (wie es im Fachjargon heißt) war höchstwahrscheinlich der Vergewaltiger und Mörder. Bei einem Vergleich der Haarproben mit denen von McCarty konnte sie keine Überstimmung feststellen. Wie immer notierte sie sich ihre Untersuchungsergebnisse. Der Mord an Pamela Kay Willis blieb erst einmal ungeklärt.

Drei Jahre nach dem Mord nahm die Polizei die Ermittlungen routinemäßig wieder auf. Wieder wurde die Chemikerin Joyce Gilchrist mit den Laboruntersuchen beauftragt – aufgrund ihrer Fähigkeit, Beweise auch dort zu finden, wo andere Rechtsmediziner auf keine Hinweise gestoßen waren, hatte sie den Spitznamen »Schwarze Magie« bekommen. Sie war zudem eine Meisterin darin, ihre Laborergebnisse im Gerichtssaal so überzeugend zu präsentieren, dass sie zu Verurteilungen führten. Als sie sich die Mordsache Pamela Kay Willis 1985 noch einmal vornahm, änderte sie heimlich ihre Untersuchungsergebnisse ab und verkehrte sie ins Gegenteil. Jetzt besagten sie, dass die am Tatort sichergestellten Haare von Curtis McCarty stammen.

McCarty wurde 1986, vier Jahre nach dem Mord, der Prozess gemacht. Die Anklage beruhte allein auf den Feststellungen von Joyce Gilchrist. Da sie die am Tatort gefundenen Haare als die des Angeklagten identifiziert hatte, musste er der Vergewaltiger und Mörder sein. Sie stellte ebenfalls fest, dass die an der Leiche gefundenen Spermien die gleiche Blutgruppe wie die von Curtis McCarty hatten. Die Jury sprach Curtis McCarty schuldig, und das Gericht verurteilte ihn zum Tode.

Curtis McCarty erreichte 1989 und 1996 zwar Neuverhandlungen seines Falles, in denen er jedoch erneut zum Tode verurteilt wurde. Erst im Jahr 2000 kam wieder Bewegung in den Fall, denn Joyce Gilchrist war inzwischen in anderen Fällen der Beweisfälschung beschuldigt worden. In zwei Fällen waren Angeklagte aufgrund Gilchrists absichtlich falschen Gutachten verurteilt und – nach ihrer Entlastung durch DANN-Tests – freigesprochen worden.

Daraufhin hatte Oklahomas Gouverneur Frank Keating eine Überprüfung aller von Gilchrist bearbeiteten Fälle angeordnet. Als die Verteidiger von Curtis McCarty die seinerzeit am Tatort gesicherten Haarproben für eine neue DNA-Analyse verlangten, ließ die in Verruf geratene Sachverständige sie verschwinden, um die Aufdeckung ihres falschen Gutachtens zu verhindern. Trotzdem wurde Joyce Gilchrist, nachdem immer mehr Fälle falscher Gutachten ruchbar wurden, im September 2001 aus dem Dienst entlassen.

Im Fall der ermordeten Pamela Kay Willis wurde eine DNA-Analyse des am Körper des Opfers sichergestellten Spermas durchgeführt. Nach dem Testergebnis stammten die Spermien nicht von McCarty. Auch unter den Fingernägeln des Opfers gesicherte Hautpartikel stammten nicht von dem Todeskandidaten. Schließlich stellte man auch fest, dass der blutige Fußabdruck auf dem Körper von Pamela Kay Willis nicht von McCarty sein konnte.

Das Bezirksgericht von Oklahoma County sprach Curtis Mc-Carty aufgrund der Beweisfälschung und -unterdrückung durch die Polizeisachverständige sowie der neuen, den Verurteilten entlastenden DNA-Ergebnisse frei. Er wurde am 5. November 2007 freigelassen, nachdem er 21 Jahre unschuldig im Gefängnis gesessen hatte, 19 Jahre davon in der Todeszelle.

Esoterische Brandermittlung – der Fall Todd Willingham

Die Schreie seiner zweijährigen Tochter Amber weckten den schlafenden Todd Willingham. Das Haus war voller Rauch. Er stand auf, zog sich hektisch seine Jeans an und brüllte: »Amber, raus aus dem Haus! Raus aus dem Haus!« Er suchte in dem dichten schwarzen Rauch nach ihr, konnte sie aber nicht finden. Als er versuchte, ins Kinderzimmer der Zwillinge zu kriechen, schlugen ihm Flammen und eine unerträgliche Hitze entgegen. Seine Haare fingen Feuer. Schon bald schmerzte der Rauch in seinen Lungen, und er stand kurz davor, das Bewusstsein zu verlieren. Die Hitze der Flammen brannte sich ihm förmlich ins Gesicht. Plötzlich lösten sich Trümmer von der Decke und trafen ihn an der Schulter. Todd Willingham rannte aus dem Haus und schrie: »Meine Babys verbrennen!«

Nachbarn wählten den Notruf. Die kurz darauf eintreffende Feuerwehr musste den Vater mit Gewalt und Handschellen davon abhalten, sich wieder in die Feuersbrunst zu stürzen. Seine zwei

Jahre alte Tochter Amber und die ein Jahr alten Zwillinge Karmon und Kameron konnten nur noch tot geborgen werden. Sie waren an einer Rauchgasvergiftung gestorben.

Das Feuer war am Tag vor Heiligabend 1991 in dem einfachen Wohnhaus in Corsicana im Bundesstaat Texas ausgebrochen. Die Mutter Stacy hatte das Haus morgens verlassen, um Weihnachtsgeschenke für die Kinder zu kaufen. Der 23-jährige arbeitslose Automechaniker war allein mit den Kindern im Haus gewesen.

Der stellvertretende Hauptbrandmeister Manuel Vasquez fand drei v-förmige Schmauchspuren an den Wänden, die ihm merkwürdig vorkamen. Das Feuer, schlussfolgerte er, musste an drei Stellen ausgebrochen sein. Pfützenähnliche Brandspuren auf dem Boden deutete er als Beleg dafür, dass dort eine brennbare Flüssigkeit ausgeschüttet worden war. An einem der Flecken auf der Terrasse fanden sich im Labor Spuren von Chemikalien, wie sie für Grillanzünder typisch sind. Auch unter den Kinderbetten gab es Brandspuren. Das Fensterglas hatte spinnwebartige Risse, seiner Überzeugung nach ein Beleg für einen rapiden Hitzeanstieg, wie er für den Einsatz von Brandbeschleunigern typisch ist. Für Vasquez war klar, das Feuer wurde »absichtlich von menschlicher Hand gelegt«. Zwei Wochen nach dem Brand wurde der Vater der drei Opfer verhaftet.

Die Staatsanwaltschaft klagte Todd Willingham des dreifachen Kindermordes an. Sein Motiv aus ihrer Sicht: Die Kinder hatten beim Biertrinken und Dart-Spielen gestört. Für den Fall eines Geständnisses wurde ihm eine lebenslange Freiheitsstrafe statt der drohenden Todesstrafe angeboten. Willingham lehnte ab, denn er könne nicht etwas gestehen, was er nicht getan habe.

Also kam es zum Mordprozess gegen Todd Willingham. Vor Gericht behauptete ein Mithäftling, der Angeklagte habe ihm die Tat gestanden. Wie zuvor bereits erwähnt, sind Aussagen von Gefängnisspitzeln wenig zuverlässig, da sie oft andere belasten, um eine Strafmilderung zu bekommen. Die Schlüsselrolle spielte deshalb das Gutachten des Brandermittlers. Das Gericht folgte Vasquez' Einschätzung, es sei Brandstiftung gewesen und der Brandstifter niemand anderes als der Angeklagte. Am 29. Oktober 1992 wurde Todd Willingham zum Tode verurteilt.

Im Jahr 2005 setzte der Staat Texas aufgrund von Vorwürfen, Kriminaltechniker hätten über Jahre schlecht gearbeitet, eine Regierungskommission ein. Diese ordnete 2009 eine Überprüfung des Falles an und holte dazu ein neues Gutachten ein. Der Brandexperte Craig Beyler erklärte, die Ermittlungen, die zur Verurteilung geführt hatten, hätten weder den heutigen noch den damaligen Standards entsprochen. Die von Manuel Vasquez geäußerten Erkenntnisse seien »nichts weiter als eine Sammlung von persönlichen Ansichten« gewesen, die »nichts mit einer wissenschaftlich basierten Untersuchung zu tun« hätten. Vasquez habe jedes Verständnis für Feuer und die durch Feuer verursachten Verletzungen gefehlt. Beyler gelangt zu einer komplett anderen Einschätzung der Ereignisse: Die v-förmigen Schmauchspuren an den Wänden lassen sich dadurch erklären, dass sich das Feuer angesichts der enormen Hitze explosionsartig im Haus ausgebreitet hat. Rußspuren in Pfützenform sind kein Indiz für eine Brandstiftung, denn sie entstehen häufig, wenn das Feuer aufgrund der Luftströmung seine Richtung ändert. Der flüssige Kohlenanzünder auf der Terrasse könnte zu einem Grill gehört haben, der schon vor dem Feuer dort gestanden hat. Die spinnwebartigen Risse in Fenstern entstehen nicht durch rapiden Hitzeanstieg aufgrund des Einsatzes von Brandbeschleunigern, sondern genau umgekehrt durch rasche Abkühlung, wenn nämlich kaltes Löschwasser auf die Scheibe trifft.

Punkt für Punkt untersuchte Beyler die damaligen Brandermittlungen, konnte sie sämtlich widerlegen und gelangte schließlich zu einem ernüchternden Ergebnis: Was der angebliche Sachverständige da betrieben hatte, sei nicht solide Wissenschaft gewesen, sondern reine Esoterik. Es war keine Brandstiftung, sondern ein Unfall, ausgelöst durch einen elektrischen Heizofen oder eine fehlerhafte Stromleitung.

Durch das neue Gutachten stellte sich der Schuldspruch von 1992 als Fehlurteil heraus. Nach dem neuen Gutachten hätte der Angeklagte Willingham freigesprochen werden müssen. Doch Todd Willingham konnte sich über seine erwiesene Unschuld nicht mehr freuen. Er war am 17. Februar 2004 durch die Giftspritze hingerichtet worden. Seine letzten Worte waren: »Ich bin ein unschuldiger Mann. Verurteilt vor zwölf Jahren für etwas, das ich nicht getan habe.«

Der Hochstapler im Labor

Der »Einkaufszentrum-Vergewaltiger« schlug im Jahr 1987 gleich zweimal zu. Der unbekannte Mann, der eine Skimaske trug, entführte in beiden Fällen eine Frau von dem Parkplatz der Huntington Mall in West Virginia, vergewaltigte sie mehrfach, wobei er ihr befahl, die ganze Zeit über die Augen geschlossen zu halten, und raubte ihr anschließend die Wertsachen.

In Verdacht geriet der Totengräber Glen Woodall, weil er gegenüber dem Einkaufszentrum auf einem Friedhof arbeitete und braune Hosen trug, so wie die beiden Tatopfer sie beschrieben hatten. Mehr hatte die Polizei gegen Woodall nicht in der Hand. Entscheidendes Gewicht kam deshalb dem Sachverständigen zu, der die bei den Frauen gesicherten Spermaproben untersuchte.

Der Kriminalbiologe Fred Zain, der später ein Polizeilabor in

Texas leitete, galt als Papst der Labortechniker, da er stets eindeutige und aussagekräftige Ergebnisse zu Lasten der Angeklagten lieferte. Durch sein überzeugendes Auftreten vor Gericht glaubten ihm Richter und Geschworene. Aufgrund seiner Gutachten erfolgten regelmäßig Schuldsprüche. Deshalb war er bei Staatsanwälten äußert beliebt. Er sagte vor Gericht aus, dass die Spermaspuren an den Opfern eindeutig von Woodall stammten.

Die Untersuchung stützte sich im Wesentlichen auf den Vergleich von Blutgruppen, da sich die DNA-Analyse noch im experimentellen Stadium befand. Außerdem identifizierte Zain ein Haar, das im Auto des einen Opfers gefunden worden war, als Barthaar des Angeklagten. Mit diesen Sachbeweisen war Woodall als Vergewaltiger überführt. Er wurde am 8. Juli 1987 zu 203 bis 335 Jahren Gefängnis verurteilt.

Die Verteidiger kämpften gegen das Urteil an. Während Woodall im Gefängnis saß, wurden die Möglichkeiten der DNA-Analyse weiterentwickelt und schließlich auch als Beweis vor Gericht zugelassen. Eine DNA-Analyse ergab 1991, dass Woodalls genetischer Fingerabdruck nicht mit den Spermaspuren von den Opfern übereinstimmte. Es stellte sich zudem heraus, dass Zain das im Auto gefundene Haar zunächst als unidentifizierbares Schamhaar analysiert hatte, bevor er es drei Monate später als Barthaar von Woodall deklarierte. Die Laborergebnisse von Zain waren falsch gewesen. Woodall wurde am 15. Juli 1992 freigelassen. Er hatte viereinhalb Jahre unschuldig im Gefängnis gesessen.

Man beauftragte einen Sonderrichter mit der Untersuchung der Gründe für dieses Fehlurteil. Richter James Holliday kam zu erschreckenden Resultaten. Fred Zain hatte seine Testergebnisse frei erfunden. Aus der Annahme heraus, dass ein Beschuldigter mit einiger Wahrscheinlichkeit auch der Täter war, hatte er seine Untersuchungsergebnisse entsprechend angepasst. Vor allem hätte Zain die Stelle als Kriminalbiologe nie erhalten dürfen. Er hatte angegeben, Abschlüsse in Biologie und Chemie zu haben, tatsächlich besaß er nur einen in Englisch. Aber niemand hatte bei der Einstellung seine Qualifikation überprüft. Auch als er nach der Einstellung bei Grundkursen zur Serologie und Blutanalyse sowie bei einem FBI-Kurs in Gerichtsmedizin durchgefallen war, hatten seine Vorgesetzten nichts unternommen. Sie waren auch untätig geblieben, als Laborkollegen gemeldet hatten, Zain würde Testergebnisse von einer leeren Testplatte »ablesen«. Zain galt eben als erfahrener Experte, der der Justiz stets die gewünschten Ergebnisse lieferte und deshalb nicht infrage gestellt werden sollte.

Der angebliche Forensik-Experte Fred Zain war in Wirklichkeit ein Hochstapler. Es mussten 134 Verfahren neu aufgerollt werden, in denen er Gutachter gewesen war. Zain hatte die Laborergebnisse in jedem einzelnen Fall gefälscht. Für seine betrügerischen Gutachten musste er sich nicht mehr verantworten. Ein gegen ihn anhängiges Gerichtsverfahren war wegen seiner Krebserkrankung ausgesetzt worden.

Zain starb als freier Mann im Dezember 2002 im Alter von 52 Jahren. Der wahre Täter im Fall der Einkaufszentrum-Vergewaltigungen konnte erst 2010 durch einen DNA-Vergleich ermittelt werden.

Tod auf der Treppe

Der Schriftsteller Michael Petersen hatte am 9. Dezember 2001 Grund zum Feiern, denn einer seiner Romane sollte von Hollywood verfilmt werden. Er lud gemeinsam mit seiner Frau Kathleen ein paar Freunde ein. Nach einem geselligen Abend verabschiedeten sich diese. Petersen ließ den Abend allein mit einem Glas Wein am Pool ausklingen. Dann entwickelte sich die Feier zum Albtraum.

In der Nacht rief Michael Petersen den Notruf. Seine Frau sei auf der Treppe gestürzt und schwer verletzt. Die Rettungssanitäter und die Polizisten fanden Kathleen Petersen tot in einer großen Blutlache am Ende der Treppe vor. Noch in der Nacht keimte bei den Polizisten der Verdacht auf, es sei kein Unfall, sondern Mord gewesen.

Der Verdacht erhärtete sich im Laufe der weiteren Ermittlungen. Das Motiv sah die Polizei in der hohen Lebensversicherung von Kathleen Petersen. Auch könnte sie etwas über Michaels bisexuelle Neigungen herausgefunden haben, die er ihr gegenüber verheimlichte. Außerdem hatte es in seiner Vergangenheit schon einen ähnlichen Vorfall gegeben. Petersen war 1985 als Soldat in Deutschland stationiert gewesen. Dort war eine Bekannte von ihm, Elizabeth Ratliff, tot am Fuß einer Treppe aufgefunden worden. Der Letzte, der sie damals lebend gesehen haben soll, war niemand anderes als Michael Petersen.

Die Staatsanwaltschaft klagte Petersen wegen Mordes an. Sie behauptete, Petersen habe seine Frau mit einem Schürhaken erschlagen, um Geld von der Lebensversicherung zu bekommen. Kronzeuge der Anklage war der Blutspurenexperte Duane Deaver. Er sagte aus, die Blutspuren würden einen gewaltsamen Angriff auf Kathleen Petersen belegen. Die am Tatort gesicherten Blutspuren könnten nur dadurch entstanden sein, dass jemand vorsätzlich auf Kathleen Petersens Kopf eingeschlagen hat. Ein Unfallgeschehen könne ein derartiges Spurenbild nicht hervorrufen. Deavers sagte dies mit arroganter Selbstsicherheit aus. Einen abweichenden Hergang schloss er kategorisch aus.

Petersen verteidigt sich damit, seine Frau habe Alkohol getrunken und Valium genommen und sei auf der Treppe unglücklich gestürzt. Dabei sei sie mehrmals mit dem Kopf aufgeschlagen.

Die Jury war jedoch von den Ausführungen des Blutspurenexperten Deaver überzeugt und verurteilte Petersen zu einer lebenslangen Freiheitsstrafe ohne Möglichkeit der Bewährung. Er wurde noch im Gerichtssaal verhaftet und in das Gefängnis überstellt. Seine Berufung wurde zurückgewiesen.

Acht Jahre später wurde bekannt, dass der Blutspurenexperte Deaver vor Gericht mehrere falsche Gutachten erstattet und auch hinsichtlich seiner Expertise die Unwahrheit gesagt hatte. Unter anderem hatte Deaver im Petersen-Prozess unter Eid ausgesagt, er sei schon mit über 500 Blutspritzer-Fällen befasst gewesen – tatsächlich waren es nur 45. Eine vom Justizministerium eingesetzte Untersuchungskommission stellt zahlreiche Falschgutachen von Deaver fest. So hat er mehrfach Blutanhaftungen an Tatorten behauptet, die sich durch spätere Laboranalysen nicht bestätigen ließen. Er wurde entlassen.

Mit diesem Argument erreichte der Verteidiger Petersens eine Wiederaufnahme des Prozesses. Der Richter erklärte das Gutachten von Deaver für nichtig.

Der Prozess endete mit einem Deal. Michael Peterson bekannte sich des Totschlags für schuldig und wurde zu der Freiheitsstrafe verurteilt, die er bereits verbüßt hatte. Später beteuerte Peterson erneut, er habe seine Ehefrau nicht umgebracht. Den Deal sei er nur eingegangen, um das Verfahren gegen sich endgültig zu beenden.

Weggesperrt in der Psychiatrie –
der Fall Gustl Mollath

Der folgende Fall zeigt, wie leicht jedermann für verrückt erklärt und in der Psychiatrie weggesperrt werden kann.

Gustl Mollath lernte seine Jugendliebe Petra im Jahr 1978 kennen. 1991 heirateten sie. Er gründete eine Autowerkstatt, die auf die Restaurierung von Ferraris spezialisiert war, Petra Mollath machte eine Karriere bei der HypoVereinsbank. Die Werkstatt lief nie gut, sie wurde von Frau Mollaths Bankgehalt am Leben gehalten. Irgendwann endete die Jugendliebe in einem Rosenkrieg, der zur Trennung und Scheidung führte.

Gustl Mollath vermutete Schwarzgeldgeschäfte seiner Ex-Frau: Sie sollte im großen Stil Schwarzgeld in die Schweiz verschieben. Er wollte sie davor bewahren, tiefer darin verstrickt zu werden. Gegenüber einem Bekannten sagte Petra Mollath, wenn Gustl sie und ihre Bank anzeige, mache sie ihn fertig. Sie würde ihn auf seinen Geisteszustand überprüfen lassen und ihm etwas anhängen. Der Bekannte sollte mäßigend auf Gustl Mollath einwirken. Doch dieser gab hinsichtlich der Schwarzgeldgeschäfte keine Ruhe.

Schließlich zeigte Petra Mollath 2003 ihren ehemaligen Ehemann an: Er habe sie mehrfach geschlagen, bis zur Bewusstlosigkeit gewürgt und eingesperrt. Außerdem äußerte sie den Verdacht, Gustl Mollath könne an einer Geisteskrankheit leiden. Später kamen noch Vorwürfe hinzu, Mollath habe diverse Reifen von mit Frau Mollath befreundeten oder am Scheidungsverfahren beteiligten Personen zerstochen.

Der Fall landete schließlich vor dem Landgericht Nürnberg-Fürth. Es beauftragte Dr. Leipziger mit der Erstattung eines Gutachtens zur Frage der Schuldfähigkeit. Doch Mollath teilte mit, er sei gesund und lasse sich nicht untersuchen. Der Sachverständige las die Krankenakte und sprach mit einer Mitarbeiterin des Bezirkskrankenhauses Bayreuth, in dem Mollath seinerzeit untergebracht war. Er stellte eine sich zuspitzende paranoide Wahnsymptomatik fest. Die Wahrscheinlichkeit sei hoch, dass Mollath zu den Tatzeiten schuldunfähig gewesen sei. Die Voraussetzungen zur Unterbringung in der Psychiatrie seien gegeben.

Der Vorsitzende Richter Brix machte kurzen Prozess. Mollath versuchte sich mit den Schwarzgeldgeschäften seiner Ex-Frau zu verteidigen. Diese habe ihn falsch beschuldigt, um ihn mundtot zu machen. Immer dann, wenn Mollath mit diesem Thema anfing, unterbrach ihn Brix und schrie ihn an. Nach nur eintägiger Hauptverhandlung fällte das Landgericht Nürnberg-Fürth am 8. August 2006 sein Urteil: Mollath wurde vom Vorwurf der mehrfachen Körperverletzung und der Sachbeschädigung wegen nicht ausschließbarer Schuldunfähigkeit freigesprochen. Zugleich ordnete es wegen angenommener Gemeingefährlichkeit die Unterbringung Mollaths in einem psychiatrischen Krankenhaus an. Eine Revision von Mollath gegen das Urteil verwarf der Bundesgerichtshof. Das Urteil wurde rechtskräftig; Mollath verblieb dauerhaft in der geschlossenen Abteilung. In den sechs folgenden Jahren bestätigten das Landgericht Bayreuth und das Oberlandesgericht Bamberg Mollaths Unterbringung mehrfach.

Rechtsanwalt Gerhard Strate beantragte 2013 schließlich erfolgreich eine Wiederaufnahme des Verfahrens. Die Sache wurde vom Landgericht Regenburg neu verhandelt. Es gab sich ersichtlich Mühe und verhandelte statt an einem gleich an 16 Tagen. Es holte auch ein neues Sachverständigengutachten ein, diesmal von Prof. Nobert Nedophil. Dieser führte aus, eine aufgehobene oder verminderte Schuldfähigkeit bei Tatbegehung sei zwar nicht auszuschließen, aber auch nicht beweisbar.

Mit seinem Urteil vom 18. August 2014 hob das Gericht das frühere Urteil des Landgerichts Nürnberg-Fürth auf und sprach Mollath frei. Die Annahme einer Gemeingefährlichkeit und die Einweisung in die Psychiatrie seien unrechtmäßig und unverhältnismäßig gewesen.

Was hatte zu dem Fehlurteil des Landgerichts Fürth-Nürnberg geführt? Das Gutachten war nur nach Aktenlage erstellt worden. Es ist schwer, sich über die Persönlichkeit eines Angeklagten ein Bild zu machen, wenn dieser sich einem Gespräch verweigert. Zudem sind psychiatrische Diagnosen nicht nachprüfbar. Es gibt keine objektive Methode, ihre Richtigkeit zu beweisen. Dazu kam die hastige Aburteilung. Mollath wurde kaum Gelegenheit gegeben, seine Sicht der Dinge zu schildern.

Mollath strengte einen Amtshaftungsprozess gegen das Land Bayern an. Er war für siebeneinhalb Jahre zu Unrecht zwangsweise in der Psychiatrie untergebracht gewesen. Das Verfahren endete mit einem Vergleich über 670 000 Euro.

Durch Falschgutachten zum Kinderschänder – der Fall Nobert Kuß

Das Ehepaar Kuß nahm 2001 ein zwölfjähriges Mädchen als Pflegetochter bei sich auf. Es hatte eine Heimkarriere hinter sich, kam aus schwierigen Verhältnissen und war sehr aggressiv. Es verhielt sich insbesondere sexuell provozierend. Ein nichtiger Anlass führte zum Zerwürfnis zwischen den Pflegeeltern und dem Mädchen: Es hatte in seinem Zimmer heimlich geraucht. Als die Pflegeeltern es deshalb zur Rede stellten, bekam das Mädchen einen Wutanfall, griff dem Pflegevater in den Schritt und drohte zusätzlich, dessen Ehefrau umzubringen. Aufgrund dieses Vorfalls beendete das Ehepaar Kuß die Pflegschaft. Daraufhin erstattete das Mädchen Strafanzeige wegen sexuellen Missbrauchs gegen Norbert Kuß: Er habe sie wiederholt im Intimbereich berührt.

Der Fall wurde vom Landgericht Saarbrücken verhandelt. Das Mädchen wiederholte seine Anschuldigungen. Der damals 60-jährige Bundeswehrbeamte beteuerte seine Unschuld. Es stand Aussage gegen Aussage. Das Gericht holte ein Glaubwürdigkeitsgutachten der Psychologin Petra R.-J. ein. Sie stufte die Aussage des Mädchens als mit hoher Wahrscheinlichkeit glaubhaft ein. Die Richter folgten dem Gutachten. Mit Urteil vom 24. Mai 2004 verurteilte das Landgericht Saarbrücken Norbert Kuß wegen schweren sexuellen Missbrauchs von Kindern zu einer Freiheitsstrafe von drei Jahren.

Die Revision gegen das Urteil wurde vom Bundesgerichtshof verworfen. Kuß wurde unter Aberkennung seiner Pensionsansprüche aus der Bundeswehr entlassen und trat seine Haft an. »Im Gefängnis bist du als Kinderschänder der letzte Dreck«, fasst Kuß seine Erfahrungen zusammen. Er wurde beschimpft, und man warf Holzklötze nach ihm.

Während Kuß in Haft saß, verklagte ihn seine ehemalige Pflegetochter auf Zahlung eines Schmerzensgeldes von 25 000 Euro. In dem Zivilverfahren wurde ein neues Glaubwürdigkeitsgutachten eingeholt. Dieses kam zu dem Ergebnis, dass die Aussage der Pflegetochter nicht glaubwürdig sei und dass das Gutachten der Psychologin Petra R.-J. gravierende methodische Mängel aufweise. Die Zivilklage wurde abgewiesen.

Kuß hatte bereits erfolglos zwei Wiederaufnahmeanträge gestellt. Mit dem neuen Glaubwürdigkeitsgutachten versuchte er es 2011, sieben Jahre nach seiner Verurteilung, ein drittes Mal. Die Justiz tut sich mit Wiederaufnahmeanträgen meist schwer. Das Landgericht lehnte die Wiederaufnahme zunächst ab, erst die Beschwerde beim Oberlandesgericht hatte Erfolg. Zwischendurch war die Akte für ein paar Monate verschollen.

Im November 2013 fand dann der neue Prozess statt - mehr als zehn Jahre nach der Strafanzeige. Die Pflegetochter verweigerte die Aussage. Das Amtsgericht Neunkirchen wertete das Glaubwürdigkeitsgutachten aus dem Zivilverfahren aus. Demnach war das erste Glaubwürdigkeitsgutachten grob fehlerhaft. Es wurden gravierende methodische Mängel sowie (daraus abgeleitete) Fehleinschätzungen gemacht. Dem Mädchen waren Suggestivfragen gestellt worden. Es konnte weder ausreichende Details des Missbrauchs noch ein Randgeschehen schildern. Auch konnte es die Taten zeitlich nicht einordnen. Die Psychologin hatte es auch verabsäumt, die Angaben der Zeugin mit den fremdanamnetischen Befunden abzugleichen. Das Amtsgericht Neunkirchen sprach Kuß nachträglich frei.

Kuß hatte von den drei Jahren Freiheitsstrafe 683 Tage verbüßt. »Das ist das Schlimmste, was einem Menschen widerfahren kann: Unschuldig ins Gefängnis, das ist der Super-GAU«, kommentierte er seinen Freispruch. Er verklagte die Psychologin Petra R.-J. auf Schmerzensgeld. Das Oberlandesgericht Saarbrücken erkannte ihm 2017 ein Schmerzensgeld von 60 000 Euro zu. Die Psychologin habe grob fahrlässig ein fehlerhaftes Glaubwürdigkeitsgutachten erstellt.

Schuldunfähige Täter

Wer »wegen einer krankhaften seelischen Störung, wegen einer tiefgreifenden Bewusstseinsstörung oder wegen Schwachsinns oder einer anderen schweren seelischen Abartigkeit« ohne Schuld handelt, kann gemäß § 20 Strafgesetzbuch nicht bestraft werden. Ein unzurechnungsfähiger Täter gehört nicht ins Gefängnis, sondern in die Psychiatrie. Doch nicht immer wird die Unzurechnungsfähigkeit des Angeklagten vom Gericht erkannt. In Fällen erkannter Schuldunfähigkeit sträubt sich die öffentliche Meinung zudem oft dagegen, dass der Angeklagte für geisteskrank erklärt und damit seiner gerechten Strafe entzogen wird. Bei manchen aufsehenerregenden Gräueltaten steht das Fehlurteil, den schwerst gestörten Angeklagten trotz seiner Unzurechnungsfähigkeit zu verurteilen, bereits vor Prozessbeginn fest.

»Gib's ihm, Chris!« – der Fall Derek Bentley

Sie ahnten nichts davon, dass sie einen Beobachter hatten. Während die beiden Teenager Derek Bentley und Christopher Craig am 2. November 1952 um 21:15 Uhr in das Kaufhaus Barlow & Parker in London einbrachen, sah ihnen ein Mädchen in einem Haus gegenüber dabei zu. Sie alarmierte ihre Mutter, und die rief die

Polizei. Als diese wenige Minuten später eintraf, versteckten sich die beiden Einbrecher auf dem Dach. Craig war mit einem Revolver bewaffnet, Bentley hatte ein Messer und einen Schlagring. Der unbewaffnete Kriminalbeamte Frederick Fairfax kletterte auf das Dach und ergriff Bentley. Dieser konnte sich losreißen und rief nach Aussage mehrerer Polizisten: »Let him have it, Chris!« (»Gib's ihm, Chris!«) Craig schoss mit seinem Revolver und traf Fairfax an der Schulter. Dieser konnte Bentley aber trotz seiner Verwundung ein zweites Mal festnehmen.

Zehn Minuten später erreichten bewaffnete Polizisten das Kaufhaus und erklommen das Dach. Es kam zu einem Schusswechsel zwischen Craig und den Polizisten. Kurz darauf hatte Police Constable Sidney Miles eine Kugel im Kopf und starb. Nachdem Craig seinen Revolver leer geschossen hatte, sah er keinen anderen Ausweg, als vom Dach zehn Meter in die Tiefe zu springen. Unten blieb er mit gebrochener Wirbelsäule liegen.

Bentley und Craig wurden wegen Polizistenmordes vor dem Old Bailey in London angeklagt. Darauf stand damals noch der Tod durch den Strang. Der 16-jährige Craig musste als Minderjähriger kein Todesurteil fürchten, der 19-jährige Bentley hingegen schon.

Die Verteidigung brachte vier Hauptargumente gegen die Mordanklage gegen Bentley vor:

1. Es war ballistisch nicht beweisbar, dass der tödliche Schuss auf Miles aus Craigs Waffe stammte, denn die Kugel war nie gefunden worden. Es sei nicht auszuschließen, dass Miles in dem Feuergefecht versehentlich durch die Kugel eines Kollegen getötet wurde.

2. Ob Bentley die kompromittierenden Worte »Let him have it, Chris!« wirklich gerufen hatte, war umstritten. Drei Polizisten hatten entsprechend ausgesagt, ein vierter Polizist sowie Bentley

und Craig bestritten indes, dass diese Worte gefallen waren. Und selbst wenn Bentley sie gerufen habe, sei es nicht unbedingt eine Aufforderung zum Abdrücken gewesen, denn Bentleys Ausruf könne ebenso als »Gib ihm die Waffe, Chris!« interpretiert werden. Er habe also keinen Tötungsvorsatz gehabt.

3. Derek Bentley war offensichtlich schuldunfähig. Er war während des Zweiten Weltkrieges nach einem Bombenangriff in den Trümmern eines Hauses verschüttet gewesen. Nach diesem traumatischen Erlebnis bekam er Epilepsie und retardierte mental. Er hatte mit einem IQ von 66 den Verstand eines Elfjährigen und blieb Analphabet. Doch der Gerichtsarzt Dr. Matheson stufte Bentley trotzdem schuldfähig ein. Dass jemand geistig zurückgeblieben war, galt damals noch nicht als ausreichender Grund, ihm Schuldunfähigkeit zuzugestehen.

4. Nach Ansicht der Verteidigung lag keine Mittäterschaft Bentleys vor, da er zu dem Zeitpunkt, als Police Constable Miles erschossen wurde, bereits seit 15 Minuten von Fairfax verhaftet war.

Die Jury sprach beide Angeklagten trotz aller Gegenargumente des Polizistenmordes für schuldig. Bentley wurde zum Tode durch den Strang verurteilt, Craig wegen seiner Minderjährigkeit nur zu zehn Jahren Gefängnis. Derek Bentley wurde am 28. Januar 1953 am Galgen hingerichtet.

Das Todesurteil gegen Bentley gilt wegen des fehlenden ballistischen Nachweises, dass Craig die tödliche Kugel abgefeuert hat, wegen Bentleys Schuldunfähigkeit sowie der Tatsache, dass er selbst nicht an dem Mord beteiligt war, als Justizirrtum. Bentleys Schwester Iris startete eine Kampagne zum posthumen Freispruch ihres unschuldig verurteilten Bruders. In den folgenden Jahren machte sie unzählige Eingaben an die Justiz und die Regierung. Doch erst am 30. Juli 1998 wurde das Todesurteil von

1952 aufgehoben und Derek Bentley posthum freigesprochen. Iris Bentley erlebte das nicht mehr, da sie ein Jahr zuvor an Krebs gestorben war. Auf Derek Bentleys Grabstein steht: »Ein Opfer der britischen Justiz.«

Huys Visionen

Beide ahnten nicht, dass sie gleich sterben werden. Der 23-jährige Xuan Son lag dösend auf dem Sofa, der 20-jährige Tuan vertrieb sich die Zeit mit einem Nintendo-Spiel. Da betrat Huy P. die Wohnung in Plauen. Er zog wortlos seine Pistole und schoss Xuan Son aus unmittelbarer Nähe zwei Kugeln in den Kopf. Tuan traf er in schneller Folge dreimal in Brust und Bauch. Beide starben noch am Tatort. Huy P. flüchtete, stellte sich aber einen Tag später der Polizei.

Der in Vietnam geborene Huy P. war 1989 als Vertragsarbeiter in die DDR gekommen. Nach der Wende hatte er sich als Textilhändler auf Märkten selbstständig gemacht. Er gab an, die beiden Ermordeten hätten am Tag vor dem 25. August 1993 ein Schutzgeld in Höhe von 3000 DM von ihm erpresst. Deshalb habe er sich eine Pistole besorgt und sie erschossen.

Huy P. wurde wegen Doppelmordes angeklagt. Ein bereits pensionierter 79-jähriger Medizinalrat erstellte ein Gutachten, das dem Vietnamesen die uneingeschränkte Schuldfähigkeit attestierte. Daraufhin verurteilte das Landgericht Zwickau Huy P. am 24. Juni 1994 wegen Mordes in zwei Fällen zu lebenslanger Freiheitsstrafe.

In der Haft zeigte Huy P. zunehmend Verhaltensauffälligkeiten. Er schnitt seltsame Grimassen, lachte oder schrie ohne ersichtlichen Grund und versetzte Mitgefangenen Ohrfeigen. Außerdem erzählte er, jemand sei hinter ihm her.

Als im Mai 2009 geprüft werden sollte, ob die Strafe zur Bewährung ausgesetzt werden konnte, holte die Strafvollstreckungskammer ein Gutachten ein. Dieses kam zu dem Ergebnis, dass Huy P. an einer chronifizierten schizophrenen Psychose litt und bereits zur Tatzeit schuldunfähig gewesen war. Nach Auffassung des neuen Gutachters wäre dies bei einem ordnungsgemäßen Sachverständigengutachten schon bei der Verurteilung von Huy P. erkennbar gewesen. Bei dem ursprünglichen Gutachten seien die Mindestvoraussetzungen an ein forensisch-psychiatrisches Gutachten nicht erfüllt gewesen. Huy P. habe die Taten aufgrund einer durch die schizophrene Psychose hervorgerufenen Wahnvorstellung begangen. Sein angegebenes Tatmotiv, die Getöteten hätten Schutzgeld von ihm erpressen wollen, beruhte auf einer wahnhaften Verkennung der Wirklichkeit. Er habe sich von den beiden Männern bedroht gefühlt, obwohl diese gar kein Schutzgeld von ihm erpresst hatten.

Im Wiederaufnahmeverfahren hob das Landgericht Chemnitz am 31. Januar 2011 das Urteil des Landgerichts Zwickau auf, sprach den Angeklagten wegen nicht auszuschließender Schuldunfähigkeit frei und ordnete seine Unterbringung in einem psychiatrischen Krankenhaus an. Dagegen ging Huy P. erfolgreich mit einer Verfassungsbeschwerde vor. Das Bundesverfassungsgericht rügte die nicht ausreichende Gefährlichkeitsprognose sowie die unterlassene Verhältnismäßigkeitsprüfung.

Damit stellte sich das Urteil von 1994 als Justizirrtum heraus. Das Landgericht Zwickau hatte nicht erkannt, dass Huy P. psychisch krank und damit gar nicht schuldfähig war. Der Vietnamese hatte zu Unrecht 17 Jahre unbehandelt im Gefängnis gesessen, statt in einem psychiatrischen Krankenhaus wegen seiner Schizophrenie therapiert zu werden.

Der Schlächter von Hannover – Fritz Haarmann

Im Sommer 1924 fanden Kinder fünf menschliche Schädel in der Leine in Hannover. Nach dem Untersuchungsergebnis der Gerichtsmedizin stammten sie von jungen Männern und waren vermutlich mit einem Messer vom Körper abgetrennt worden. Die Ermittlungen der Polizei konzentrierten sich auf das Homosexuellenmilieu und dort schnell auf den 45-jährigen Fritz Haarmann. Dieser genoss als Spitzel für das Diebstahlskommissariat zwar einen gewissen Schutz der Polizei, war aber schon mehrfach mit dem Verschwinden junger Männer in Zusammenhang gebracht worden. Als ein Jugendlicher ihn wegen Bedrohung mit einem Messer anzeigte, durchsuchte die Polizei Haarmanns Wohnung. Sie fand Blutspuren und etliche, teilweise blutbefleckte Kleidungsstücke von jungen Männern. Die Leine wurde teilweise trockengelegt, und die Polizei entdeckte im Flussbett etwa 300 menschliche Knochenstücke, die von mindestens 22 Personen stammten.

Der 45-jährige Fritz Haarmann war homosexuell, von seinem älteren Bruder wiederholt sexuell missbraucht worden und auch als Erwachsener noch ein Bettnässer. Seine Schulleistungen waren miserabel gewesen. Die Unteroffiziersschule der Armee hatte er wegen wiederholt auftretender Halluzinationen (»epileptisches Irresein«) verlassen. Wegen sexuellen Missbrauchs von Nachbarskindern wurde er in eine Heilanstalt eingewiesen, in der man ihm »unheilbaren Schwachsinn« attestierte. In seiner zweiten Militärzeit musste er wegen mehrerer Ohnmachtsanfälle vier Monate im

Lazarett verbringen. Nachdem man bei ihm Schizophrenie festgestellt hatte, wurde er als dauernd dienstunbrauchbar entlassen und bekam eine kleine Erwerbsunfähigkeitsrente. In der Zeit
nach dem Ersten Weltkrieg verdiente Haarmann seinen Lebens-
unterhalt mit dem Handel von Altkleidern und Fleisch.

In endlosen Verhören durch die Mordkommission gestand
Haarmann zahlreiche Morde an jungen Männern. Er nannte die
Jungen, die er als Stricher oder als Durchreisende im Bahnhofs-
viertel aufgelesen und mit auf seine Stube genommen hatte, »Puppenjungs«. Die genaue Zahl seiner Opfer ließ sich nie ermitteln,
aber 27 Morde konnten ihm definitiv nachgewiesen werden.

Fritz Haarmann wurde im Dezember 1924 wegen des Mordes
von 27 Jungen im Alter von zehn bis 22 Jahren vor dem Schwurgericht Hannover der Prozess gemacht. Der überwiegend geständige Haarmann gab an, dass er die »Puppenjungs« im Liebes-
rausch durch einen Biss in den Hals getötet, anschließend ihre
Leichen zerstückelt und sie in die Leine geworfen habe. Es wurde
auch spekuliert, dass Haarmann das Fleisch seiner Opfer gegessen oder sogar an Restaurants verkauft hatte.

Der Sachverständige Professor Dr. Ernst Schulze erklärte
Haarmann für voll zurechnungsfähig. Er verwarf alle zuvor von
diversen Ärzten gestellten Diagnosen wie Epilepsie, Schwachsinn
oder Schizophrenie. Es liege auch keine organische Gehirnerkran-
kung vor. Demnach könne man ihm keine Schuldunfähigkeit at-
testieren, obgleich er »eine pathologische Persönlichkeit« habe.

Das Landgericht Hannover verurteilte Haarmann am 19. Dezember 1924 zum Tode. Am 15. April 1925 wurde er mit dem Fall-
beil hingerichtet. Als er schon auf die Richtbank geschnallt war,
rief er: »Auf Wiedersehen!«

Der abgetrennte Kopf wird noch heute in der Göttinger
Rechtsmedizin aufbewahrt. Vier Hirnschnitte wurden nach der

Enthauptung dem Kraepelin'schen Hirnforschungsinstitut in München zur Verfügung gestellt. Dort untersuchte man sie und diagnostizierte eine frühere Gehirnhautentzündung. Eine derartige hirnorganische Vorschädigung kann durchaus zu schweren Wesensänderungen führen. Aus heutiger Sicht würde die Diagnose auf schwere Persönlichkeitsstörung bei gleichzeitiger hirnorganischer Störung lauten. Jede dieser Störungen für sich hätte die Anerkennung der Schuldunfähigkeit zur Folge, erst recht die Kombination beider.

Als Unzurechnungsfähiger hätte Haarmann freigesprochen und in eine psychiatrische Anstalt eingewiesen werden müssen. Allerdings erschien dem Volk, der Presse und der Justiz die Unterbringung in einer Anstalt nicht als angemessene Strafe für Haarmanns Serienmorde. So hatte das Fehlurteil, den nicht schuldfähigen Haarmann zum Tode zu verurteilen, im Grunde bereits vor Prozessbeginn festgestanden.

Der Kannibale von Rotenburg

Mit dem Schlachtmesser aus der Küche schnitt Armin Meiwes seinem Opfer den Penis ab. Er teilte ihn längs, briet ihn in einer Pfanne und würzte ihn mit Pfeffer, Salz und Knoblauch. In der Nacht wurde sein Opfer durch den Blutverlust ohnmächtig. Meiwes hievte den Mann auf die Schlachtbank in seinem eigens hierfür ausgestatteten Schlachtraum und schaltete die Videokamera ein. Der Mann lebte noch. Zwar atmete er nur sehr flach, aber sein Brustkorb hob und senkte sich. Dann stach ihm Meiwes mit einem 18 Zentimeter langen Küchenmesser zweimal in den Hals. Er zerteilte danach den Körper des Mannes und fror anschließend etwa 30 Kilogramm Menschenfleisch ein, von dem er in der nächsten Zeit 20 Kilogramm aß. Das Fleisch schmeckte wie Schweinefleisch, nur etwas herber, fand er. Wenn er später das Schlachtvideo ansah, musste er masturbieren.

Was sich anhört wie eine Szene aus einem schlechten Horror-film, hat sich so in der Nacht vom 9. auf den 10. März 2001 in Rotenburg tatsächlich ereignet.

Die Schlachtfantasien des zur Tatzeit 40-jährigen Armin Meiwes waren geweckt worden, als er mit 14 den Roman *Robinson Crusoe* gelesen hatte, in dem auch die Schlachtung und Verspeisung von Menschen geschildert wird. In seinem Gutshof hatte der Computertechniker zur Verwirklichung seiner Fantasien eigens einen Schlachtraum mit einer Schlachtbank, Messern, einer Axt und einem Flaschenzug mit Fleischerhaken eingerichtet. Über das Internet hatte Meiwes den 43-jährigen Diplom-Ingenieur Bernd Brandes kennengelernt. Dieser litt an extremem Masochismus mit Selbstvernichtungstendenz. Brandes versprach sich von der Abtrennung seines Gliedes höchste Lustgefühle und wollte sich anschließend Meiwes zum Schlachten und Ausweiden zur Verfügung stellen. Die beiden psychisch gestörten Männer verabredeten sich für ein finales Abendmahl auf dem Gutshof.

Die Polizei stieß im Dezember 2002 auf Meiwes, weil dieser im Internet offen nach neuen Schlachtopfern suchte. Er habe schon einen Menschen geschlachtet und gegessen, prahlte er unter einem Nickname in den Foren. Ein Student meldete dies dem Bundeskriminalamt. Nachdem der hinter dem Nickname steckende Internetanschluss identifiziert worden war, wurde Meiwes Gutshof durchsucht. Die Polizisten fanden den Schlachtraum mit Messern und einem Beil sowie auf dem Boden Blutspuren. In der Tiefkühltruhe entdeckten sie mehrere Fleischpakete – die Reste von Brandes. Meiwes wurde noch während der Hausdurchsuchung festgenommen. Er gestand die Tat sofort.

Die Staatsanwaltschaft erhob Anklage wegen Mordes. Armin Meiwes wurde am 30. Januar 2004 vom Landgericht Kassel wegen Totschlags zu achteinhalb Jahren Freiheitsstrafe verurteilt. Die Kammer sah den Tatbestand des Mordes mangels Mordmerkmalen nicht als erfüllt an. Mordlust sei nicht festzustellen, es liege auch kein Mord zur Befriedigung des Geschlechtstriebes vor, denn Meiwes' Ziel sei das Schlachten gewesen, für die die Tötung nur »ein notwendiges Durchgangsstadium« gewesen sei. Das Urteil wurde wegen der milden Strafe und der Verneinung von Mordmerkmalen heftig kritisiert.

Am 22. April 2005 hob der Bundesgerichtshof das Urteil auf und verwies den Fall zur Neuverhandlung an das Landgericht Frankfurt. Die Verurteilung nur wegen Totschlags und nicht wegen Mordes halte einer rechtlichen Überprüfung nicht stand. Der Bundesgerichtshof meinte, es könnten zwei Mordmerkmale vorliegen: zum einen »Mord zur Befriedigung des Geschlechtstriebs« (denn Meiwes hatte beim Ansehen des Schlachtvideos onaniert; ein zeitlicher und örtlicher Zusammenhang sei dafür nicht erforderlich), zum anderen könnte die Tat als »Mord zur Ermöglichung einer anderen Straftat« gewertet werden, nämlich der »Störung der Totenruhe«, die das Verzehren einer Leiche darstellte.

Am 9. Mai 2006 wurde Meiwes wegen Mordes und Störung der Totenruhe zu lebenslanger Freiheitsstrafe verurteilt. Der Bundesgerichtshof bestätigte diese Entscheidung im Februar 2007. Eine Verfassungsbeschwerde Meiwes' wurde vom Bundesverfassungsgericht nicht zur Entscheidung angenommen. Seine Verurteilung wurde damit rechtskräftig.

Was den Fall zu einem wahrscheinlichen Justizirrtum macht, ist die fragwürdige Annahme voller Schuldfähigkeit. Ein juristischer Laie würde einen Kannibalen wie Armin Meiwes für pervers und schwer geistesgestört halten. Auch die Gutachter kamen zu einem ähnlichen Ergebnis. Bei Meiwes liegt nach dem Gutachten des Psychiaters »eine schwere seelische Abartigkeit« in Form einer Persönlichkeitsstörung »mit schizoiden Zügen« vor, verbunden mit einer sexuellen Einengung auf den »Fetisch Männerfleisch«. Offensichtlich ließen sich die Gerichte aber von dem Gedanken leiten, so ein Kannibale sei rückfallgefährdet, abscheulich und gehöre dauerhaft hinter Schloss und Riegel. Um dieses Ziel zu erreichen, konstruierten sie die Schuldfähigkeit Meiwes so: Er leide zwar an einer krankhaften seelischen Störung im Sinne des § 20 des Strafgesetzbuches, sei aber voll steuerungsfähig. Die volle Steuerungsfähigkeit folgerten die Gutachter aus dem Umstand, dass Meiwes mehrmals von Tötungen abgesehen hatte, sofern das Opfer das verlangte. Die Gerichte in Kassel, Karlsruhe und Frankfurt folgten dem vorbehaltlos.

Aber musste Meiwes' schwerwiegende seelische Störung nicht zwangsläufig seine Einsichts- und Steuerungsfähigkeit beeinträchtigt haben? Wie frei ist jemand in seinem Handeln, dessen Gedanken seit der Kindheit nur von dem Schlachten und Aufessen anderer Menschen beherrscht werden? Wie frei ist der Wille von jemandem, der nur noch durch Menschenschlachtung sexuelle Befriedigung erlangt? Wie steht es mit der Einsichtsfähigkeit eines Täters, der aufgrund seiner eigenen schweren Persönlichkeitsstörung nicht erkennt, dass sein Opfer, weil ebenfalls schwer gestört, gar nicht einwilligungsfähig war?

Staatsanwälte –
vom Jagdtrieb beseelt

Die Staatsanwaltschaft bezeichnet sich gern als »objektivste Behörde der Welt«. Sie hat nämlich nicht nur belastende, sondern auch entlastende Umstände zu ermitteln und an die Gerichte weiterzugeben. Aber es gibt auch unter den Staatsanwälten schwarze Schafe, die ihre Dienstpflicht verletzen und dadurch zu Fehlurteilen entscheidend beitragen. Sie wollen einen Fall unbedingt gewinnen, einen (vermeintlichen) Täter mit allen Mitteln überführen, um mit einer hohen Verurteilungsquote Karriere zu machen. Zu diesem Zweck unterschlagen sie bewusst entlastende Beweismittel oder sagen vor Gericht die Unwahrheit.

Das unterschlagene Vernehmungsprotokoll –
der Fall Witte

»Einen so abartigen und widerlichen Fall habe ich noch nicht erlebt«, sagte der Vorsitzende Richter des Landgerichts Hannover. Jennifer hatte unter Tränen geschildert, wie sie als 15-Jährige brutal entjungfert und vergewaltigt worden sei. Beschuldigt hatte sie einen Freund der Familie: Ralf Witte, selbst Vater von drei Kindern. Der Straßenbahnfahrer habe ihr Zigaretten auf der Haut ausgedrückt und ihr mit einem Messer Schnitte im Schambereich zugefügt. Er habe sie mehrfach brutal vergewaltigt. Witte stritt alles ab und beteuerte immer wieder seine Unschuld. Es stand Aussage gegen Aussage. Am Ende entschieden die Gutachter: Der Sachverständige hatte im selbstverletzenden Verhalten von Jennifer, sie hatte sich geritzt, zwar eines der Symptome für eine Persönlichkeitsstörung vom Borderline-Typ erkannt, meinte aber, eine derartige Störung beeinflusse nicht die Zeugentüchtigkeit. Gewisse Mängel der Aussage seien durch eine posttraumatische Belastungsstörung erklärbar. Sie sei absolut glaubwürdig. Auch die Richter hatten sich von der tränenreichen Aussage Jennifers einnehmen lassen. Sie verfassten das Urteil später mit O-Tönen der weinenden Zeugin. Am 7. Mai 2004 wurde der 40-jährige Witte wegen Vergewaltigung in fünf Fällen zu einer Freiheitsstrafe von zwölf Jahren und acht Monaten verurteilt.

Vier Monate nach der Urteilsverkündung, während des laufenden Revisionsverfahrens, ging Jennifer erneut zur Staatsanwaltschaft und brachte neue Beschuldigungen vor. In der Vernehmung vom 15. September 2004 gab sie an, sie sei Opfer eines Kinderpornorings geworden. Dieser habe in Hannover ständig kleine Mädchen vor laufender Kamera vergewaltigt. Auch sie selbst habe als Acht- oder Neunjährige zu den Opfern gehört. Sie sei zum Geschlechtsverkehr gezwungen und dabei gefilmt worden. Einmal sei auch ein älteres Mädchen dabei gewesen, die habe ein Baby bekommen. Das Baby sei nach der Geburt öfter an die Wand geworfen worden und habe dies nicht überlebt. Von den damaligen Prügeln habe sie noch heute eine riesige Narbe auf dem Bauch. Zudem habe ein Arzt verletzte Mädchen wieder fit gespritzt für den Geschlechtsverkehr. Sie nannte auch Namen der Mädchenhändler. Mit der Aussage, ihr Vater habe sie schon als Achtjährige an den Mädchenhändlerring verkauft, widersprach sie aber ihrer bisherigen Aussage, sie sei erstmalig im Alter von 15 Jahren von

Ralf Witte vergewaltigt und entjungfert worden. Eine dieser beiden Aussagen konnte also nicht der Wahrheit entsprechen.

Die Polizei ging den neuen unglaublichen Vorwürfen nach. Schließlich hatte Jennifer die Täter namentlich benannt und konkrete Angaben zum Sitz des Kinderpornorings gemacht. Doch die von Jennifer präzise benannten Orte der Vergewaltigungen – sie hatte Straßen und Hausnummern angegeben – waren nicht zu finden. Auch die Täter ließen sich nicht ermitteln. Personen mit den von Jennifer angegebenen Namen existierten überhaupt nicht. Nichts an der Geschichte schien real zu sein.

Die Staatsanwaltschaft wäre verpflichtet gewesen, das Vernehmungsprotokoll an den Bundesgerichtshof weiterzuleiten, dem die Revision Wittes zur Entscheidung vorlag. Denn die Revision beruhte gerade auf dem Argument, Jennifer sei nicht glaubwürdig. Hätte der Bundesgerichtshof das neue Vernehmungsprotokoll gelesen, wäre er nicht zu dem Ergebnis gelangt, das Landgericht Hannover habe die Glaubwürdigkeit der Geschädigten angemessen beurteilt, und Ralf Witte hätte wahrscheinlich nicht weitere Jahre unschuldig im Gefängnis gesessen. Stattdessen legte die Staatsanwaltschaft das Vernehmungsprotokoll beiseite – für die nächsten dreieinhalb Jahre. Der Bundesgerichtshof verwarf die Revision des Angeklagten Witte mit Beschluss vom 09. August 2005. In Unkenntnis des Vernehmungsprotokolls hatte auch er keine Zweifel an Jennifers Glaubwürdigkeit.

Die Staatsanwaltschaft gab die Existenz des Vernehmungsprotokolls erst 2008 in einem anderen Verfahren bekannt, dessen Gegenstand wiederum Anschuldigungen von Jennifer gegenüber ihrem Vater waren. Da Jennifer sich psychisch nicht mehr in der Lage sah auszusagen, gebot der Grundsatz des fairen Verfahrens es nach Auffassung der Staatsanwaltschaft nun doch, den Inhalt der Vernehmung vom 15. September 2004 offenzulegen. Verteidiger Johann Schwenn sah in den darin zutage getretenen Widersprüchen einen eindeutigen Beweis für die grundsätzliche Unglaubwürdigkeit von Jennifer. »Die Staatsanwaltschaft hat die Aussage vom 15. September 2004 jahrelang gesetzwidrig verschwiegen.« Schwenn erreichte eine Wiederaufnahme des Verfahrens.

Jennifer erschien zum neuen Prozess nicht. Sie berief sich auf ihr Zeugnisverweigerungsrecht, auch weil ein Ermittlungsverfahren wegen Falschaussage gegen sie laufe. Ein neuer Gutachter diagnostizierte bei ihr eine Borderline-Persönlichkeitsstörung. Sie erfinde Geschichten, um Aufmerksamkeit zu erregen. Das Gutachten im Erstprozess war fehlerhaft. Die Ansicht, dass eine Borderline-Persönlichkeitsstörung die Aussagetüchtigkeit nicht berühre, war längst widerlegt und entsprach nicht mehr dem Stand der Wissenschaft. Der Vorgutachter hatte die Persönlichkeitsstörung nicht als Ursache der Vorwürfe, sondern als Folge der Tat missdeutet.

Das Landgericht Lüneburg sprach Ralf Witte am 08. September 2009 frei. Er hatte fünfeinhalb der gegen ihn verhängten zwölf Jahre und acht Monate abgesessen. Der ehemalige Straßenbahnfahrer ist seit der Haft arbeitsunfähig, lebt von Hartz IV und ist inzwischen verrentet. Sein Haus hat er verloren. Für die zu Unrecht erlittenen fünfeinhalb Jahre Haft erhielt er 50 000 Euro Haftentschädigung abzüglich 6 000 Euro Essensgeld.

Vorverlegter Todeszeitpunkt – der Fall Steven Truscott

»Was hast du mit der Harper gemacht? Sie an die Fische verfüttert?«, fragten Klassenkameraden den 14-jährigen Steven Truscott am Morgen nach dem Verschwinden des Mädchens. Seit dem Abend des 9. Juni 1959 galt die zwei Jahre jüngere Lynne Harper aus Clinton im kanadischen Ontario als vermisst. Sie war zuletzt mit Steven gesehen worden, der sie abends zwischen sieben und halb acht auf seinem Fahrrad mitgenommen hatte.

»Ich habe sie an der Kreuzung Highway 8 abgesetzt«, antwortete er.

Zwei Tage später fand man die Leiche des Mädchens in einem Waldstück. Lynna Harper war vergewaltigt und mit ihrer eigenen Bluse erdrosselt worden.

24 Stunden später wurde Steven Truscott verhaftet. Er war nur dadurch in Tatverdacht geraten, dass die Ermordete zuletzt mit ihm lebend gesehen worden war. Die beiden waren Klassenkameraden, aber keine engen Freunde gewesen. Steven hatte Lynne auf dem Weg von der Schule nach Hause ein Stück auf dem Lenker seines Fahrrades mitgenommen. Dabei war er von Zeugen mit ihr in der Nähe des Waldstücks gesehen worden, in dem sie zwei Tage später tot aufgefunden wurde. Er bestritt, etwas mit dem Mord zu tun zu haben. Nach dem Absetzen an der Kreuzung habe er sie noch in ein Auto einsteigen sehen. Er habe sich keine Sorgen gemacht, weil Lynne schon des Öfteren per Anhalter gefahren sei.

Der Supreme Court von Ontario verurteilte den 14-jährigen Steven Truscott am 30. September 1959 zum Tode. Die Richter hielten ihn der Vergewaltigung und des Mordes für schuldig. Die Verurteilung beruhte allein darauf, dass Lynne Harper in der halben Stunde gestorben sein soll, in der sie mit Steven Truscott zusammen gewesen war. Mit seinen nur 14 Jahren war Truscott die jüngste Person in der kanadischen Justizgeschichte, die zum Tode verurteilt worden ist.

Die für den 8. Dezember 1959 angesetzte Hinrichtung wurde aufgeschoben, als der Verurteilte Rechtsmittel einlegte. Der als

Gegner der Todesstrafe bekannte Premierminister John Diefenbecker wandelte das Todesurteil in lebenslange Freiheitsstrafe um. Nach zehn Jahren Haft wurde Truscott auf Bewährung entlassen.

Der kanadische Fernsehsender CBC berichtete im Jahr 2000 über den Fall und zeigte Ermittlungsfehler im ursprünglichen Prozess auf. Darauf basierend, erreichte Steven Truscott 2001 eine Wiederaufnahme. Dabei kam heraus, dass die Staatsanwaltschaft 1959 belastende Indizien gefälscht und entlastende systematisch unterschlagen hatte. Der Pathologe hatte den Mageninhalt der Leiche untersucht und den Todeszeitpunkt auf die frühen Morgenstunden des 10. Juni eingegrenzt. In der Akte wurde die Tatzeit jedoch auf 19 bis 20 Uhr des 9. Juni 1959 zurückdatiert – und nur durch die Vorverlegung des Todeszeitpunktes kam Steven Truscott als Täter in Betracht. Er war mit Lynne Harper zwischen 19 und 19:30 Uhr gesehen worden. Für den Morgen des Folgetages hatte er ein hieb- und stichfestes Alibi.

Von der Staatsanwaltschaft verschwiegen wurden zudem Zeugenaussagen, die Steven Truscott entlasteten. Die neunjährige Karen Daum hatte nach Schildkröten im Fluss gesucht und ihn dabei mit Lynne Harper auf dem Lenker sitzend über die Brücke Richtung Highway radeln sehen. Beide hätten glücklich gewirkt. Diese Zeugenaussage hätte die Aussagen zweier Jungen bestätigt, die im Prozess der Lüge bezichtigt wurden. Sie alle hatten die Einlassung von Truscott gestützt. Die Staatsanwaltschaft hatte Karen Daum aber nicht als Zeugin im Prozess aufgerufen.

Am 28. August 2007 wurde Steven Truscott freigesprochen – 48 Jahre nach dem Urteil. Der Ontario Court of Appeal bezeichnete das Todesurteil von 1959 als Justizirrtum und hob es auf. Später bekam Steven Truscott für das erlittene Unrecht eine Entschädigung von 6,5 Millionen kanadischen Dollar.

Staatsanwalt des Jahres

Drei Leichen lagen in ihrem Blut auf dem Boden des El-Grande-Supermarkts in Tucson, Arizona, als die Polizei nach einem Notruf im Sommer 1992 dort eintraf. Bei den Toten handelte es sich um den Ladenbesitzer und zwei seiner Angestellten. In der Kasse fehlte Geld.

Kurz nach den Streifenpolizisten trafen Staatsanwalt Peasley und Detective Godoy am Tatort ein. Sie ermittelten schon seit 20 Jahren zusammen Kapitalverbrechen und waren auch privat miteinander befreundet. Kenneth Peasley galt als unnachgiebiger Ankläger. Der zweimalige »Staatsanwalt des Jahres« war persönlich für zehn Prozent aller Todesurteile in Arizona verantwortlich. Kein anderer Staatsanwalt hatte eine höhere Verurteilungsquote. Er und Detective Godoy bildeten ein eingespieltes Team. Godoy lieferte die Beweise, Peasley sorgte für die Todesstrafe.

Der Raubmord im El-Grande-Supermarkt blieb für mehrere Monate unaufgeklärt. Godoy und Peasley gerieten deshalb unter den Druck der Presse. Dieser vergrößerte sich nach einem Überfall auf eine Pizzeria. Auch hier war auf den Besitzer geschossen worden, er überlebte jedoch.

Bald darauf verhafteten Godoy und Peasley zwei Tatverdächtige: Chris McCrimmon und Andre Minitt. Godoy und Peasley glaubten, dass beide zusammen mit einem Dritten, Martin Soto-Fong, auch für den Raubüberfall auf den Supermarkt verantwortlich waren. Sie hatten aber keine Beweise.

Die Wende in dem Fall kam mit der Aussage von Keith Woods. Dieser war mehrfach wegen Drogendelikten vorbestraft und stand unter Bewährung, als er erneut wegen Kokainbesitz verhaftet wurde. Auf diesen Bewährungsverstoß standen 25 Jahre bis lebenslängliche Haft. In seiner Vernehmung behauptete Woods gegenüber Godoy, er wisse, wer den Überfall auf den Supermarkt begangen habe, nämlich McCrimmon, Minitt und Soto-Fong. Peasley entschied daraufhin, den Bewährungsverstoß von Woods nicht weiter zu verfolgen.

McCrimmon, Minitt und Soto-Fong wurden wegen des dreifachen Mordes angeklagt. Außer der Belastung durch Wood gab es keine Beweise gegen sie. Peasley wusste, dass die Anklage anhand der bloßen Aussage eines drogenabhängigen Polizeispitzels, dem dafür Straffreiheit gewährt worden war, auf tönernen Füßen stand. Deshalb bekräftigte er Woods Glaubwürdigkeit vor Gericht, indem er sagte, dieser habe Tatdetails berichtet, die er nur von den drei Tätern erfahren haben konnte. Die Ermittler behaupteten zudem, vor der Aussage Woods nichts von den drei Angeklagten gewusst, sondern die Namen von ihm erfahren zu haben. McCrimmon, Minitt und Soto-Fong wurden daraufhin antragsgemäß zum Tode verurteilt.

Später stellte sich heraus, dass Kenneth Peasley vor Gericht gelogen hatte. Er und Godoy hatten die Angeklagten bereits seit dem Überfall auf die Pizzeria in Verdacht gehabt. Daher hatte Godoy mit Wood ein Vorgespräch geführt. In diesem nannte er Woods die Namen der Tatverdächtigen, die dieser dann in seiner Vernehmung wiederholte. Von Godoy hatte Woods auch die Tatdetails erfahren. Peasley wusste das alles, als er das Gericht anlog und behauptete, Woods habe die Namen der Angeklagten spontan und aus freien Stücken genannt.

Als dies bekannt wurde, erhielten McCrimmon und Minitt im Wiederaufnahmeverfahren 1997 einen Freispruch. Der Oberste Gerichtshof von Arizona schrieb zu der arglistigen Täuschung durch den Staatsanwalt: »In den Unterlagen wimmelt es von Hinweisen darauf, dass Peasley ganz genau wusste, dass seine vorgelegten Beweise schlichtweg gefälscht waren. Peasleys Vergehen

waren keine einmaligen Vorkommnisse, sondern entsprachen einem sich wiederholenden Muster von Fehlverhalten der Staatsanwaltschaft, das 1993 seinen Anfang nahm und sich bis zum Wiederaufnahmeverfahren 1997 hinzog.«

Kenneth Peasley wurde unehrenhaft aus der Staatsanwaltschaft entlassen.

Soto-Fongs wiederholte Versuche, eine Aufhebung seiner Verurteilung zu erreichen, scheiterten hingegen.

Der wahre Täter steht auf

Manchmal erscheinen bislang unverdächtige Personen plötzlich auf dem Polizeirevier und gestehen einen Mord. Oder ein auf frischer Tat ertappter Serienmörder räumt neben dem aktuellen eine ganze Reihe weiterer Morde ein. Die anfängliche Freude der Polizei über das Geständnis wandelt sich in Entsetzen um, wenn für den Mord schon ein anderer verurteilt worden ist. Diese Verurteilung erweist sich dann als Justizirrtum. In tragischen Fällen kann dieser nicht rückgängig gemacht werden, weil der unschuldig Verurteilte bereits hingerichtet wurde oder seine Haftstrafe vollständig verbüßt hat.

Der Ripper von Rostow

56 Morde gestand der russische Serienmörder Andrei Tschikatilo. Er hatte sie zwischen 1978 und 1990 begangen. Allein 1990 hatte er acht Menschen umgebracht. Am Schluss war er unvorsichtig geworden. Ein Polizist beobachtete ihn dabei, wie er versuchte, sich an einem Hydranten rote Flecken abzuwaschen, nachdem er blutverschmiert aus einem Wald gekommen war. Dort wurde wenig später eine Kinderleiche gefunden. Dies führte zu seiner Fest-

nahme am 20. November 1990. Seinen ersten Mord hatte Tschikatilo zwölf Jahre zuvor, am 22. Dezember 1978, begangen.

Andrei Tschikatilo war ein schmalbrüstiger Junge, Bettnässer
und konnte nur schlecht sehen. Als junger Mann stellte er fest,
dass er keine Erektion bekommen konnte. Er heiratete zwar, aber
seine Ehe verlief wegen seiner Potenzstörung unglücklich. Tschikatilo wurde Russisch- und Sportlehrer, von seinen Schülern jedoch nicht ernst genommen.

Nachdem er am 22. Dezember 1978 von seinen Schülern wieder einmal verspottet worden war, beschloss der 42-jährige, seinen Ärger in Alkohol zu ertränken. Auf dem Weg zu seiner Datscha mit einer Flasche Hochprozentigem begegnete er zufällig der
neunjährigen Lena Sakotnowa. Er sprach sie an und versprach ihr
Kaugummi, wenn sie ihm in seine Datscha folgen würde. Dort
riss er ihr die Kleidung vom Leib und versuchte sie zu vergewaltigen. Er bekam jedoch keine Erektion. Er erwog, Elena gehen zu
lassen, aber sie hätte ihn verraten. Deshalb tötete er sie durch drei
Messerstiche in den Unterleib. Der Todeskampf des Mädchens er-
regte ihn überraschenderweise so sehr, dass er auf sie ejakulierte.
Die Kinderleiche warf er in einen angrenzenden Fluss. Sie wurde
zwei Tage später gefunden.

Dieser erste Mord sei ein Dammbruch für ihn gewesen, denn
er habe entdeckt, wie sehr ihn das Ermorden von Frauen und Kindern in Ektase versetze. Es verschaffte ihm sexuelle Befriedigung,
die er sonst nicht erreichen konnte, so die Schlussfolgerung des
Psychiaters Alexander Buchanowski, dem gegenüber Tschikatilo
später den Mord an Lena gestand.

Das Geständnis des Mordes an Lena Sakotnowa war alarmie-
rend, da bereits ein anderer Mann für diesen Mord verhaftet, verurteilt und hingerichtet worden war. Alexander Krawtschenko
war wegen Mordes und Vergewaltigung eines Mädchens einschlä-

gig vorbestraft gewesen und hatte in der Nähe des Tatortes gewohnt. Deshalb war er in Verdacht geraten und verhaftet worden.
In seiner Zelle wurde Krawtschenko von einem als Mitgefangenen
getarnten Beamten derart schwer misshandelt, dass er die Tat gestand. Obwohl er sein Geständnis später widerrief, wurde er verurteilt und im Juli 1983 hingerichtet.

Der Polizei hätte auffallen müssen, dass sie mit Krawtschenko
den falschen Täter hatte, denn das Morden war weitergegangen.
Allein in der Zeit von der Verhaftung Krawtschenkos bis zu seiner
Hinrichtung beging Tschikatilo in der Gegend elf weitere Morde
nach demselben Muster.

Auch Andrei Tschikatilo war seinerzeit in Verdacht geraten,
weil vor seiner Datscha Blutspuren im Schnee entdeckt worden
waren und eine Zeugin Lena zuletzt lebend mit einem Mann gesehen hatte, dessen Beschreibung auf Tschikatilo passte. Er wurde
verhört, durfte dann aber wieder gehen. Die Polizei hatte sich
schon auf Krawtschenko als Täter festgelegt.

Andrei Tschikatilo wurde für 53 nachgewiesene Morde zum
Tode verurteilt und am 14. Februar 1994 durch Genickschuss hingerichtet. Alexander Krawtschenko wurde posthum für den Mord
an Lena Sakotnowa begnadigt. Der Justizirrtum, den wahren Täter laufen zu lassen und den falschen hinzurichten, hat 52 Menschen das Leben gekostet. Er konnte zustande kommen, weil das
Gericht den Widerruf des Geständnisses übergangen und sich die
Frage, ob es Hinweise auf Alternativtäter gab, gar nicht erst gestellt hatte.

Das übergangene Geständnis –
der Fall Albert Ziethen

»Meine Frau schwimmt im Blut! Man hat ihr den Schädel eingeschlagen!«, zerrissen die Schreie Albert Ziethens am 25. Oktober
1883 die nächtliche Stille. Der 38-Jährige war gerade von einem Besuch bei seiner Geliebten in Köln zurückgekehrt. Das Dienstmäd-
chen wurde von seinen Schreien geweckt. Ziethen forderte es auf,
den 17-jährigen Barbierlehrling August Wilhelm zu wecken, der
in der Dachkammer schlief. Auf das Klopfen antwortete Wilhelm,
als sei er gerade aus tiefem Schlaf gerissen worden.

Maria Ziethen lag im Erdgeschoss mit dem Kopf in einer Blutlache. Neben der Schwerverletzten lagen ihre abgerissenen falschen Zöpfe sowie ein zerbrochener Haarkamm. Die Beine waren
entblößt und die Röcke bis über die Knie hinaufgeschoben.

Maria Ziethen lebte noch und wurde ins Krankenhaus einge-
liefert. Die Stirn war ihr vom Haaransatz bis zur Nasenwurzel eingeschlagen worden. Das Stirnbein war in zehn größere und kleinere Knochenstücke zertrümmert worden. Knochensplitter waren tief ins Gehirn gedrungen. Die Tatwaffe war ein Hammer, an
dem die Polizei Blutspuren gefunden hatte. Für das Opfer konnte
man damals wenig mehr tun, als einen Verband über die klaffende
Wunde in ihrer Stirn zu legen.

Albert Ziethen betrieb in Elberfeld ein Barbiergeschäft und
eine Schankwirtschaft. Er galt als roh, jähzornig und untreu. Er
hatte oft Streit mit seiner Ehefrau Maria, die er häufig auch schlug.
Deshalb geriet er noch in der Tatnacht unter Mordverdacht.

Obwohl sie kaum vernehmungsfähig war, wurde die sterbende
Ehefrau richterlich vernommen. Sie hatte gerade die letzte Ölung
erhalten. Auf die Frage, wer sie geschlagen hatte, sagt sie: »Mein
Herr Gemahl.« Er habe sie mit dem Stock auf den Rücken geschla-

gen. Nach dem Verhör begann sie zu singen. Am 30. Oktober starb sie an den Folgen ihrer Verletzungen.

Die Aussage von Maria Ziethen auf dem Sterbebett war nicht verwertbar. Im Delirium bezog sie die Frage, wer sie geschlagen hat, offensichtlich nicht auf die tödlichen Hammerschläge, sondern auf frühere Misshandlungen durch ihren Mann. Sie verneinte ausdrücklich Schläge mit dem Hammer.

Da sowohl der Ehemann als auch sein Lehrling Wilhelm die Tat begangen haben konnten, wurden beide verhaftet und des Mordes angeklagt. Albert Ziethen leugnete die Tat. Als er nach Hause gekommen sei, habe er seine Frau wimmernd und verletzt auf dem Boden des Schankraums gefunden. Nur Wilhelm könne der Täter sein. Als Wilhelm hörte, dass Ziethen ihn des Mordes beschuldigte, behauptete er im Gegenzug, Ziethen sei der Mörder. Er habe genau gesehen und gehört, wie der Ehemann des Opfers nach seiner Rückkehr heftig mit seiner Frau gestritten habe. Als sie ihm seine Seitensprünge vorgeworfen habe, sei er ausgerastet und habe sie mit fünf Hammerschlägen auf den Kopf getötet. Das Schwurgericht Elberfeld sprach den Lehrling am 2. Februar 1884 frei und verurteilte den Witwer zum Tod. Später wurde dies zu einer lebenslangen Freiheitsstrafe umgewandelt.

Nach dem Urteil wurde der Fall in der Öffentlichkeit weiterhin heftig diskutiert. Volkes Stimme glaubte, das Gericht habe den Falschen verurteilt. Ziethen schrieb zudem aus dem Gefängnis heraus zahlreiche Briefe, in denen er seine Unschuld beteuerte. Ein Berliner Kriminalkommissar glaubte ebenfalls an die Unschuld des Verurteilten und vernahm fast vier Jahre nach dem Mord erneut August Wilhelm. Bei dieser Vernehmung gestand der ehemalige Lehrling des Verurteilten, er selbst habe in der Nacht auf den 10. Juni 1887 Maria Ziethen mit einem Hammer erschlagen und vergewaltigt. Er sei in dieser Nacht betrunken gewesen und habe seine Geliebte nicht angetroffen. Geld für eine Prostituierte habe er ebenfalls nicht gehabt. Er sei allein mit Maria Ziethen gewesen und durch diese sexuell erregt worden. Mehrmals wiederholte August Wilhelm sein Geständnis, auch vor dem Untersuchungsrichter, und zog es dann wieder zurück.

Das Landgericht Elberfeld beschloss aufgrund des Geständnisses eine Wiederaufnahme des Verfahrens. Auf eine Beschwerde der Staatsanwaltschaft hob das Oberlandesgericht Köln den Wiederaufnahmebeschluss auf. Zur Begründung führte es an, das ganze Geständnis sei in seinen stets wechselnden Angaben unglaubhaft.

Albert Ziethen blieb derweil weiter im Gefängnis. In den Jahren 1893, 1897 und 1900 wurden drei weitere Wiederaufnahmeanträge zurückgewiesen. Ziethen verbrachte 20 Jahre hinter Gittern, bis er 1903 dort starb. Dabei hatte der wahre Täter den Mord gestanden.

Der Frauenwürger von London

Der Lastwagenfahrer Timothy Evans war Analphabet, geistig zurückgeblieben, aber fantasiereich. Nachdem er bei der Polizei in London 1949 Selbstanzeige erstattet hatte, fand die Polizei die Leichen seiner Frau Beryl und seiner 13 Monate alten Tochter Geraldine in einem Waschhaus seines Gartens. Beide waren erdrosselt worden. Als Grund für den Doppelmord gab der seit Kurzem arbeitslose Evans an, er habe seine erneut schwangere Frau und seine Tochter wegen wirtschaftlicher Probleme ermordet.

Später widerrief er vor dem Strafgerichtshof Old Bailey sein Geständnis. Vielmehr habe sein Vermieter John Christie die Morde begangen. Dieser wurde als Zeuge der Anklage vernommen. Der seriös wirkende ehemalige Soldat und Polizist wies die Anschuldigungen als niederträchtige Unterstellung zurück. Timothy Evans hatte seine Glaubwürdigkeit durch das mehrfach widerrufene Geständnis verspielt. Die Geschworenen erkannten auf Tod durch den Strang. Am 9. März 1950 wurde Evans durch Erhängen hingerichtet.

Drei Jahre später zog John Christie aus dem Haus aus. Der Nachmieter Beresford Brown stieß bei Renovierungsarbeiten hinter der Küchenzeile unvermutet auf eine eingemauerte nackte Frauenleiche. Bei einer nachfolgenden Durchsuchung fand die Polizei vier weitere Frauenleichen. Darunter war auch John Christies eigene Ehefrau. Alle waren erdrosselt worden und wiesen Spermaspuren auf. Die Morde waren sowohl vor Evans Einzug als auch nach seinem Auszug begangen worden. Im Garten fand die Polizei zwei weitere vergrabene und schon stark verweste Frauenleichen.

Christie gestand sofort alle Morde. Er war nekrophil veranlagt und hatte die Frauen erst erdrosselt und dann über ihnen masturbiert. Die abrasierten Schamhaare seiner Opfer hatte er wie Trophäen aufbewahrt. Darüber hinaus gestand er auch den Mord an Beryl Evans und dem Baby. Er wurde 1953 wegen achtfachen Mordes zum Tode verurteilt und hingerichtet. Durch die Verurteilung von John Christie wurde auch klar, dass man 1950 einen Unschuldigen gehängt hatte. Timothy Evans wurde 1965 posthum rehabilitiert.

Taubstummes Justizopfer –
der Fall Darryl Beamish

Die junge Frau lag schlafend im Bett, als der mit einer Axt und einer Taschenlampe bewaffnete Einbrecher sie fand. Der erste Schlag mit der Axt traf sie über dem linken Auge. Weitere Axthiebe in die Stirn, Kehle und Genitalien folgten. Der Mann riss dann die Bettdecke herunter und stach mehrmals mit einer Schere auf die Brust der nackten Frau ein. Am 18. Dezember 1959 wurde die 22-jährige Jillian Brewer, die reiche Erbin eines Schokoladenfabrikanten, tot in ihrem Haus in der Nähe von Perth, Westaustralien aufgefunden.

Der Mord verursachte landesweites Aufsehen und große Angst, besonders in den oberen Schichten der australischen Gesellschaft. Entsprechend hoch war der Erfolgsdruck für die Polizei, schnell einen Täter zu ermitteln. Der Verdacht fiel auf einen Mann namens Darryl Beamish, der sich zufällig in der Nähe des Tatorts aufgehalten hatte. Der 18-jährige Taubstumme verstand nicht, was die Polizei von ihm wollte. Er wurde verhaftet und des Mordes an Jillian Brewer angeklagt. Soweit es ihm aufgrund seiner Behinderung möglich war, bestritt er die Tat. Trotz äußerst dürftiger Beweislage verurteilte ihn das Gericht dennoch zum Tode durch den Strang. Später wurde er zu lebenslanger Haft begnadigt.

Zwei Jahre danach wurden in Perth und Umgebung eine Reihe von Morden und Vergewaltigungen verübt. Nach dem vierten Mord gelangte die Polizei zu der Überzeugung, es mit einem Serienmörder zu tun zu haben. Im August 1963 wurde in einem Gebüsch ein Kleinkalibergewehr gefunden, mit dem das letzte Opfer erschossen worden war. Die Polizei brachte die Waffe nach den ballistischen Untersuchungen an den Fundort zurück und legte sich auf die Lauer. 17 Tage später kam tatsächlich ein Mann und griff sich die Waffe. Der 32-jährige Lastwagenfahrer Eric Edgar Cooke wurde sofort verhaftet.

In den Vernehmungen gestand Cooke acht vollendete und 14 versuchte Morde. Daneben räumte er noch mehrere Vergewaltigungen und 250 Einbrüche ein. Auch die Ermordung von Jillian Brewer gab er zu. Detailliert schilderte er, wie er die unter dem Bettlaken nackte junge Frau mit der Axt erschlagen und anschließend mit einer Schere verstümmelt hatte. Er zeigte keinerlei Reue. Sam Cooke wurde zum Tode verurteilt und am 26. Oktober 1964 gehängt.

Das Geständnis des Serienmörders Cooke bewies, dass Daryll Beamish zu Unrecht verurteilt worden war und mittlerweile über drei Jahre unschuldig im Gefängnis saß. Doch die Justiz zeigte, wie so oft bei Fehlurteilen, Beharrungsvermögen. Alle seine Berufungen wurden zurückgewiesen.

Erst 1972, neun Jahre nach dem Geständnis des wahren Mörders, wurde Daryll Beamish aus der Haft entlassen. Grund dafür war allerdings nicht etwa die späte Einsicht der Justiz, sondern allein die Tatsache, dass Beamish über zwölf Jahre im Gefängnis gesessen hatte und es an der Zeit für eine Entlassung auf Bewährung war.

Erst im April 2005 wurde Daryll Beamish vom Supreme Court of Western Australia freigesprochen. 44 Jahre nach seiner Verurteilung hatte jetzt auch die Justiz anerkannt, dass nicht er, sondern Sam Cooke der Mörder von Jillian Brewer war.

Verhängnisvolle Lüge – der Fall Scott Hornoff

Der Mann würgte sein Opfer, bis es bewusstlos wurde. Die 29-jährige Victoria Cushman hatte keine Chance, sich zu befreien und um Hilfe zu schreien. Sie hatte sich bereits schlafen gelegt, als der Mann durch ein geöffnetes Küchenfenster in ihre Wohnung eindrang. Nachdem Victoria auf dem Fußboden des Wohnzimmers lag, nahm der Mann einen 7,7 Kilogramm schweren Feuerlöscher und schlug damit mehrfach auf ihren Kopf ein. Sie erlitt multiple Schädelbrüche.

Am Morgen des 12. August 1989 wurde Victoria von Arbeitskollegen tot aufgefunden. Sie hatten sich gewundert, dass sie nicht zur Arbeit gekommen war, und nach ihr gesehen. Victoria hatte einen pinkfarbenen Bademantel an. Ihr Kopf lag in einer Blutlache, daneben der Feuerlöscher. Auf dem Nachttisch fand die Polizei einen verschlossenen weißen Umschlag, adressiert an einen gewissen Scott Hornoff. Den Namen kannten sie gut, denn er war einer von ihnen. Wie sie war er Polizist des Warwicker Police Department.

Scott Hornoff war 26 Jahre alt, blond, athletisch und hatte grüne Augen. Als die attraktive Victoria Cushman im Sommer 1989 den gut aussehenden Mann das erste Mal sah, verliebte sie sich sofort in ihn. Doch Scott war verheiratet und hatte einen sieben Monate alten Sohn. Trotzdem wollte sie ihn haben. Es gelang ihr, ihn in eine Affäre mit ihr zu locken, während der es zweimal zu leidenschaftlichem Sex kam. Danach bekam Scott wegen seiner Familie Gewissensbisse und sagte Victoria, er wolle die Affäre beenden. Victoria war darüber sehr traurig und schrieb ihm einen Brief. Sie erwarte nicht, dass er ihretwegen seine Frau verlasse, aber ihre Beziehung sei etwas ganz Besonderes, und sie

bitte ihn, sie nicht aufzugeben. Sie legte den Brief auf ihren Nachttisch, schickte ihn aber nicht ab.

Als Scott Hornoff zu seiner Schicht erschien, wurde er sofort
verhört. Ob er Victoria Cushman kenne, fragte ihn der ermittelnde Beamte, ohne ihm von dem Brieffund zu erzählen. Ja, antwortete er, er kenne sie, aber intim sei er nicht mit ihr gewesen.
Er wollte nicht, dass seine Ehefrau von seiner Affäre erfuhr. Diese
Lüge wurde ihm später zum Verhängnis.

Die Polizei konstruierte ein Motiv. Vielleicht hatte Victoria
Scott erpresst, um die gewünschte Fortsetzung des Liebesverhält-
nisses zu erreichen. Aus Furcht vor der Zerstörung seiner Ehe
habe Scott die Frau schließlich beseitigt. Durch das Abstreiten einer intimen Beziehung wolle Hornoff die zu ihm führende Spur
verwischen. Und wer lüge, dem sei auch ein Mord zuzutrauen.

Fünf Jahre nach der Tat wurde Scott Hornoff wegen Mordes
angeklagt, obwohl es keine Beweise gegen ihn gab – keine Fingerabdrücke von ihm am Tatort, keine Blutspuren an seiner Haut
oder Kleidung, keine DNA-Spuren, keine Zeugen. Er räumte ein,
beim Polizeiverhör gelogen zu haben, beharrte aber darauf, Victoria nicht ermordet zu haben. Vielmehr sei er in der Tatnacht auf einer Party gewesen, was mehrere Zeugen bestätigen konnten. Die
Staatsanwaltschaft griff sein Alibi an. Er habe die Party verlassen,
Victoria töten und zurückkehren können, ohne dass seine Abwesenheit bemerkt worden wäre. Hornoff wurde im Juni 1996 wegen Mordes zu lebenslanger Freiheitsstrafe verurteilt. Das Gericht
wendete die inoffizielle Beweisregel an, nach der ein Angeklagter, den man einmal bei einer Lüge ertappt hat, überhaupt keinen
Glauben mehr verdient. Seine Berufung wurde zurückgewiesen.
Wenig später ließ seine Frau sich von ihm scheiden.

Scott Hornoff saß bereits sechseinhalb im Gefängnis, als das
Unglaubliche geschah: Am 1. November 2002 erschien der Zim-

mermann Todd Barry aus Warwick in Begleitung seines Anwalts auf dem Polizeirevier. Er gestand, in der Nacht zum 12. August 1989 Victoria Cushman ermordet zu haben. Nachdem er das Geheimnis 13 Jahre mit sich herumgetragen habe, wolle er endlich sein Gewissen erleichtern. Und so erzählte er, was tatsächlich passiert war: Todd Barry hatte mehrfach »ganz wunderbaren« Sex mit Victoria Cushman gehabt. Deshalb war er durch das Küchenfenster in das Apartment eingestiegen. Victoria lag nackt in ihrem Bett und schlief. Er weckte sie, doch sie wollte keinen Sex mit ihm, da sie nun die feste Freundin von Scott Hornoff sei. Es kam zum Streit. Dabei sei er, so Barry, derart wütend geworden, dass er Victoria bis zur Bewusstlosigkeit gewürgt und ihr anschließend mit dem Feuerlöscher den Schädel eingeschlagen habe.

Auch die Polizei hätte auf Todd Barry als Täter kommen können, hätte sie sich nicht frühzeitig auf Hornoff als Täter festgelegt und dann einseitig ermittelt. Denn Barry hatte in Victorias Nachbarschaft gelebt und über ein Jahr lang eine wechselhafte Beziehung mit ihr geführt; sein Name hatte vorne in ihrem Adressbuch gestanden.

Todd Barry wurde wegen Mordes zu 30 Jahren Freiheitsstrafe verurteilt. Die Verurteilung von Scott Hornoff wurde aufgehoben. Als man ihn freiließ, hatte er buchstäblich nichts weiter als die Kleidung, die er am Leib trug. Sein Haus, seine Frau, seine Karriere und sein Besitz waren weg. Nach seiner Freilassung sagte er: »Das System hat versagt. Was mir passiert ist, kann jedem passieren!«

Die zwei Geständnisse im Mordfall Scharnow

»Ich bin kein Mensch, ich bin ein Ungeheuer!«, sagte Thomas Rung. Der nach Ansicht der Polizei gefährlichste Serienmörder Berlins seit Kriegsende war 1995 gefasst worden. Der 34-jährige Anstreicher gestand die Morde an sechs Frauen und einem Mann. Er war als eines von sieben Kindern bei seinem Vater, einem gewalttätigen Alkoholiker, aufgewachsen, nachdem die Mutter die Familie verlassen hatte. Rung hatte die Sonderschule ohne Abschluss beendet und war schon als Jugendlicher durch zahlreiche kleinere Straftaten aufgefallen.

Die späteren Opfer seiner Mordserie wurden von ihm vergewaltigt und anschließend meistens stranguliert. In kargen Worten schilderte Rung seinen ersten Mord. Wenn er eine Frau gebraucht habe, habe er sie sich mit Gewalt genommen. Im Erdgeschoss des Mietshauses war ein Bordell, aus dem er Reizwäsche gestohlen hatte. Damit wollte er eine Frau als Hure verkleiden, sie vergewaltigen und anschließend umbringen. Mit einer Plastiktüte voller Reizwäsche in der Hand klingelte er am 13. Oktober 1983 gegen 18 Uhr bei Melanie Scharnow, seiner im gleichen Haus wohnenden 77-jährigen Vermieterin. Sie öffnete und bat Runge herein. Als die Tür hinter ihm ins Schloss fiel, stürzte er sich von hinten auf sein argloses Opfer. Er umschlang mit seinen kräftigen Händen ihren Hals und erwürgte sie. Die 1,59 Meter kleine Frau hatte gegen den körperlich überlegenen Rung keine Chance. »Du Schwein!«, habe sie geröchelt, bevor sie bewusstlos wurde. Er schleifte die Leiche ins Bett und zog sie aus. Doch er hatte Angst, durch die offenen Fenster gesehen zu werden. Deshalb gab er sein Vorhaben, sich an einer zur Hure verkleideten Leiche zu vergehen, auf. Stattdessen durchsuchte er die Wohnung nach Wertsachen. Er fand nur 80 DM und verließ die Wohnung.

Die Polizei war von dem Geständnis entsetzt, denn für den Mord an Frau Scharnow war schon ein anderer verurteilt worden. Elf Jahre zuvor, am 14. März 1984, hatte das Landgericht Berlin den damals 20-jährigen Michael Mager wegen Mordes in Tateinheit mit schwerem Raub zu acht Jahren Jugendstrafe verurteilt.

Michael Mager war wie Thomas Rung Mieter der Hauswirtin Scharnow. Ein Fingerabdruck Magers war in der Wohnung der Ermordeten entdeckt worden, ebenso Schuldscheine. Scharnow hatte dem spielsüchtigen Mager Geld geliehen, das er nicht zurückgezahlt hatte. Das war für die Ermittler das Mordmotiv. Eine lange Vernehmung begann, an dessen Ende Mager den Raubmord gestand. Er hatte »die Schnauze voll« von den immer gleichen Fragen der sechs vernehmenden Polizeibeamten, sei erschöpft gewesen, habe seine Ruhe haben wollen und geglaubt, dass sich alles noch aufklären würde, sagte er später.

Magers Geständnis wies mehrere Widersprüche auf, die sich den Richtern hätten aufdrängen müssen. So hatte er angegeben, der Rentnerin sechsmal ein Brett auf den Kopf geschlagen zu haben. In dem Obduktionsbericht stand aber nichts von Kopfverletzungen. Nach den Ergebnissen der Rechtsmedizin war sie erwürgt, nicht erschlagen worden. Die Tote hatte zahlreiche Knochenbrüche aufgewiesen, Mager wollte sie nach seinem Geständnis aber nur geschüttelt haben. Schließlich besaß Mager für die Tatzeit ein Alibi: Er war beim Sozialamt gewesen. All das interessierte die Richter wenig, hatten sie doch das vor der Polizei abgelegte Geständnis.

Im Dezember 1989 kam Mager nach sechs Jahren Haft wegen guter Führung vorzeitig frei. Da der wahre Mörder Thomas Rung gestanden hatte, wurde Michael Mager in einem Wiederaufnahmeverfahren am 13. August 1996 freigesprochen. Rung wurde zu zweimal lebenslänglich mit anschließender Sicherungsverwah-

rung verurteilt. Michael Mager hat für einen Mord, den er nicht
begangen hat, sechs Jahre im Gefängnis gesessen.

Nicht stattgefundene Verbrechen

Die erste Voraussetzung für jede Strafverfolgung ist, dass überhaupt eine Straftat begangen worden ist. Ein Justizirrtum ist vorprogrammiert, wenn Verbrechen unterstellt werden, die in Wirklichkeit gar nicht passiert sind. Das sind etwa Morde ohne Leiche, bei der das angebliche Mordopfer Jahre nach der Verurteilung quicklebendig wieder auftaucht. Oder heimtückische Giftmorde, die sich bei genauerer Untersuchung als natürliche Todesfälle entpuppen.

She Xianglin – die Tote im Stausee

Im Januar 1994 verschwand She Xianglins Ehefrau spurlos. Sie ließ den damals 27-jährigen Nachtwächter sowie die gemeinsame sechsjährige Tochter in der chinesischen Provinz Hunan zurück. Das Paar war zu diesem Zeitpunkt seit sieben Jahren verheiratet. Drei Monate später fanden Bauern eine nicht mehr identifizierbare Frauenleiche mit Kopfverletzungen in einem nahegelegenen See.

She Xianglin wurde unter Mordverdacht verhaftet und zehn Tage und Nächte verhört, geschlagen und an den Fingern verkrüppelt. Einer der Polizisten drohte ihm mit der Pistole: »Ich kann dich erschießen, wann ich will.« Xianglin gestand unter der Folter, seine Frau erschlagen und in den Yanmenkou-Stausee geworfen zu haben. Obwohl er sein Geständnis später widerrief, verurteilte ihn im Oktober 1994 das Jingzhou-Gericht im Schnellverfahren zum Tode. Die Berufungsinstanz wandelte das Todesurteil später in 15 Jahre Haft um, weil ihr die Indizien zu fragwürdig erschienen.

Im März 2005 tauchte Xianglins Frau plötzlich wieder in ihrem Heimatdorf auf – quicklebendig. Sie hatte nach ihrer Tochter sehen wollen. Die geistig verwirrte Frau hatte damals geglaubt, von ihrem Mann betrogen worden zu sein, und war deshalb ohne ein Abschiedswort weggelaufen. Sie war anschließend ziellos in der Gegend herumgeirrt. In der Nachbarprovinz hatte sie dann einen Bauern geheiratet, der sie aufgenommen hatte.

She Xianglin wurde daraufhin sofort aus der Haft entlassen. Er hatte elf Jahre unschuldig wegen Mordes im Gefängnis gesessen.

Wer tötete Baby Azaria?

Pastor Michael Chamberlain machte mit seiner Ehefrau Lindy, den beiden Söhnen und der neun Wochen alten Tochter Azaria einen Campingurlaub am Ayers Rock in Australien. Am Abend des 17. August 1980, das Baby schlief im Zelt, war die Familie mit anderen Campern bei einem Barbecue. Lindy Chamberlain ging zwischendurch zu dem ein Stück entfernt liegenden Zelt, um nach ihrer schreienden Tochter zu sehen. Doch als sie dort ankam, war die Wiege leer, Azaria war weg. Die Mutter alarmierte ihren Mann und die anderen Camper. Sie griffen nach Taschenlampen und machten sich auf die nächtliche Suche nach dem Kind. Doch Azaria blieb für alle Zeit verschwunden.

Der Polizei erzählte Lindy Chamberlain, sie habe einen Dingo gesehen, der etwas im Maul mit sich fortgeschleppt habe. Kurz darauf habe sie bemerkt, dass Azaria nicht mehr im Zelt war. Sie glaubte, ein Dingo habe ihr Baby verschleppt und gefressen. Aus Sicht der Ermittler war das eine abenteuerliche Geschichte. Zudem bemerkten sie, dass Lindy Chamberlain bei ihrem Bericht recht kühl wirkte.

Ermittler fanden Blutspuren im Familienauto. In der Nähe des Zeltplatzes wurde ein blutbefleckter Babystrampler gefunden. Die Polizei ging jetzt vom Tod des vermissten Kindes aus. Angesichts der Tatsache, dass die Chamberlains Anhänger der Siebenten-Tags-Adventisten waren, verbreiteten die Medien falsche Gerüchte wie etwa, die Freikirche würde Babys in bizarren religiösen Zeremonien opfern, und Azaria sei deshalb in einem grausamen Ritual getötet worden.

Lindy Chamberlain wurde des Mordes angeklagt. Sie habe ihrem eigenen Baby auf dem Vordersitz ihres Familienautos die Kehle durchgeschnitten, hieß es in der Anklageschrift. Das Geschworenengericht verurteilte Lindy Chamberlain am 29. Oktober 1982 wegen Mordes zu lebenslänglicher Freiheitsstrafe. Es hielt die Dingo-Attacke für frei erfunden. Sie war zu diesem Zeitpunkt im siebten Monat schwanger. Ehemann Michael wurde wegen Beihilfe zum Mord zu 18 Monaten auf Bewährung verurteilt. Beide legten Berufung ein, ohne Erfolg.

Drei Jahre später wurde nach der Leiche eines vom Ayers Rock abgestürzten Bergsteigers gesucht. Dabei fand die Polizei ein Stück eines Babyjäckchens, nicht weit von einem Dingobau entfernt. Es wurde als Teil der Jacke identifiziert, die Azaria zum Zeitpunkt ihres Verschwindens getragen hatte. Dieser Fund stützte die Schilderung der Mutter, ein Dingo habe ihr Baby fortgeschleppt. Lindy Chamberlain wurde ein paar Tage später aus der Haft entlassen.

Der Fall wurde neu aufgerollt. Die angeblichen Blutflecken im Auto der Chamberlains stellten sich bei genauerer Untersuchung als Farbreste heraus. Nachdem das Auto als Tatort mangels nachweisbarer Blutspuren ausschied, wurde das Verschleppen des Babys in einen Dingobau wieder wahrscheinlicher. Den Richtern fiel jetzt auch erstmalig auf, dass Lindy Chamberlain überhaupt kein Motiv hatte, ihr Baby umzubringen. Sie war eine vorbildliche Mutter, die ihre Kinder liebte. Gegen einen Kindsmord durch sie sprach auch, dass sie nur fünf bis zehn Minuten vom Barbecue weg war. Das war zu wenig Zeit, um den Mord zu begehen, die Leiche verschwinden zu lassen und alle Spuren zu verwischen.

Am 15. September 1988 wurden die Chamberlains freigesprochen. Lindy Chamberlain hatte drei Jahre unschuldig im Gefängnis gesessen.

Der Todesengel von Den Haag

Die sechs Monate alte Amber geriet am 4. September 2001 um 2:46 Uhr im Juliana-Kinderkrankenhaus von Den Haag in einen kritischen Zustand. Ihr Puls stürzte ab, und ihre Atmung setzte aus. Ambers Gesicht wurde blaugrau. Die Krankenschwester Lucia de Berk alarmierte den Assistenzarzt und dieser das Reanimationsteam. Um 2:53 Uhr kam es zum Herzstillstand. Sämtliche Wiederbelebungsversuche scheiterten. Um 3:35 Uhr wurde Amber, die zuvor am Herzen operiert worden war, für tot erklärt. Die Ärzte notierten eine natürliche Todesursache.

Eine Kollegin jedoch verdächtigte Lucia de Berk am nächsten Tag des Mordes an Amber, da schon mehrere Patienten immer dann gestorben waren, wenn sie Dienst hatte. Die Krankenhausleitung verständigte die Polizei. Bei der Obduktion wurde im Blut des Babys Digoxin, ein Herzmedikament, gefunden. De Berk musste das Baby mit einer Überdosis Digoxin getötet haben. In drei Krankenhäusern, in denen de Berk gearbeitet hatte, wurde nun nach verdächtigen Todesfällen gesucht – es waren am Schluss 30. Die Staatsanwaltschaft war sich sicher, einer Serienmörderin auf der Spur zu sein. Die Medien sahen in Lucia de Berk einen Todesengel und veranstalteten eine Hexenjagd auf sie. Als Motiv wurde ihr unterstellt, sie habe Schwerstkranke »erlösen« wollen. Schließlich wurde de Berk wegen sieben Morden und drei Mordversuchen angeklagt. Sie beteuerte ihre Unschuld, wurde aber am 24. März 2003 wegen siebenfachen Mordes und drei Mordversuchen zu lebenslanger Haft verurteilt.

Lucia de Berk schöpfte die verfügbaren Rechtsmittel erfolglos aus. Erst 2008 erreichte sie eine Wiederaufnahme des Verfahrens. Das Berufungsgericht in Arnheim sprach Lucia de Berk am 14. April 2010 von allen Anklagepunkten frei. Es gab keine hinreichenden Beweise dafür, dass die Krankenschwester sieben Patienten ermordet hatte. Es stehe nicht einmal fest, dass die »Opfer« überhaupt durch menschliches Zutun starben.

Bei Baby Amber war bei einer Nachuntersuchung in einem besseren Labor kein Nachweis einer Digoxin-Vergiftung möglich. Es war nicht auszuschließen, dass es sich bei der gefundenen Substanz um eine ähnliche, vom menschlichen Körper selbst hergestellte handelte. Bei einem weiteren Fall konnte die Vergiftung auf einer irrtümlichen Verschreibung einer Überdosis Digoxin beruhen, wobei die Ermittlungen keinen Nachweis erbrachten, dass das fälschlich verschriebene Medikament dem Kind überhaupt von de Berk verabreicht worden war.

Kritisiert wurde auch die Kettenreaktions-Beweisführung. Die

Richter im Erstprozess hatten zwei Digoxin-Vergiftungen als erwiesen betrachtet und unter Hinweis darauf bei den anderen acht Fällen eine »schwächere Beweisführung« akzeptiert. Dafür hatten sie statistische Berechnungen herangezogen, nach denen so viele Todesfälle während der Schichten einer einzelnen Krankenschwester unwahrscheinlich waren.

Unwahrscheinliche Zufälle passieren jederzeit überall auf der Welt. Allein darauf lässt sich keine Verurteilung stützen. In Wirklichkeit hat es die Mordserie von Hollands Todesengel nicht gegeben. Es waren natürliche Todesfälle, wie sie sich in jedem Krankenhaus ereignen. Lucia de Berk saß sechseinhalb Jahre unschuldig im Gefängnis.

Cynthia Sommer – die lustige Witwe

»Mein Mann atmet nicht«, meldete die Frau panisch über den Notruf. Todd Summer war an diesem 18. Februar 2002 im Schlafzimmer zusammengebrochen. Die Wiederbelebungsversuche der kurz darauf eintreffenden Rettungskräfte blieben erfolglos. Als Todesursache wurde nach einer Autopsie des erst 23 Jahre alten Marinesoldaten aus San Diego Herzversagen diagnostiziert. Cynthia Sommer spendete die Organe ihres Mannes einem Krankenhaus zu Forschungszwecken, seinen restlichen Leichnam ließ sie einäschern.

Cynthia Sommer verhielt sich für eine trauernde Witwe untypisch. Sie ließ sich ihre Brüste vergrößern, nahm an »Wet-T-Shirt«-Wettbewerben teil, feierte wilde Partys in ihrem Haus und hatte zahlreiche Affären mit Männern. Wegen des ausschweifenden Lebenswandels schöpfte die Polizei Verdacht. Ein Jahr nach seinem Tod wurden Proben der gespendeten Leber und der Nieren in einem Labor untersucht. Sie enthielten eine tausendfach höhere Arsenkonzentration als normal.

Die Staatsanwaltschaft war sich sicher, es mit einer kaltblütigen Mörderin zu tun haben: Cynthia Sommer habe ihren Mann mit Arsen vergiftet, um die Lebensversicherung von 250 000 Dollar und die Witwenrente zu kassieren. »Frau vergiftet Gatten für Brust-OP« lauteten die entsprechenden Schlagzeilen der Zeitungen.

Gegen die Mordtheorie der Staatsanwaltschaft sprach, dass es keinerlei Hinweise gab, woher Cynthia Sommer das Arsen bekommen haben soll. Und falls sie den perfekten Mord tatsächlich geplant haben sollte, hätte sie bestimmt daran gedacht, keine Organe zu spenden und den Leichnam vollständig einäschern zu lassen. Denn damit wären auch alle Spuren einer Vergiftung vernichtet worden.

Cynthia Sommer wurde im November 2005 verhaftet. Sie stritt eine Vergiftung ihres Mannes energisch ab: Die Laborergebnisse müssten falsch sein. Die Jury glaubte ihr nicht. Sie wurde im Januar 2007 wegen Giftmord aus Habgier zu lebenslänglicher Haft verurteilt.

Sommer nahm sich einen neuen Anwalt, der das Urteil angriff und eine Untersuchung von anderen Gewebeproben des Verstorbenen verlangte. Die Staatsanwaltschaft erwiderte, es gäbe keine anderen Gewebeproben. Auf hartnäckiges Drängen der Verteidigung wurden 2008 doch noch welche in dem Krankenhaus gefunden, das die Organspende erhalten hatte. Dort lagerten sie seit dem Tod von Todd Sommer. Proben von Leber und Nieren wurden im Labor noch mal untersucht. Das überraschende Ergebnis: Es ließen sich keine Spuren von Arsen feststellen. Es hatte nie einen Giftmord gegeben. Der Fehler lag nach Ansicht eines Experten darin, den ersten Labortest erst ein Jahr nach dem Tod durchzuführen, wodurch sich die Möglichkeit einer Verunreinigung oder eines anderen Laborfehlers eröffnet hatte. Ein weiterer Fehler war, das erste Laborergebnis bei einem so massiven Vorwurf nicht durch ein zweites Labor überprüfen lassen.

Cynthia Sommer wurde freigesprochen. Die vierfache Mutter hat 869 Tage unschuldig im Gefängnis gesessen.

Farah Jama und das verhängnisvolle Spermium

Die Frau atmete, sie war nur bewusstlos. Security-Mitarbeiter eines Nachtklubs im australischen Melbourne fanden die 48-jährige Maria O. am 21. Juli 2008 in einer Toilettenkabine. Der Reißverschluss ihrer Hose war heruntergezogen. Sie bekamen sie nicht wach. Am Alkohol konnte es nicht liegen, denn Maria O. war erst vor einer halben Stunde in den Nachtclub gekommen und hatte nur zwei Drinks gehabt.

Die weiterhin bewusstlose Frau wurde ins Krankenhaus gebracht und die Polizei alarmiert. Diese hatte den Anfangsverdacht einer Vergewaltigung unter heimlicher Beibringung von K.-o.-Tropfen. Maria O. wurde im Krankenhaus auf sexuellen Missbrauch untersucht, dabei wurde auch ein Vaginalabstrich genommen.

Als Maria O. am nächsten Tag erwachte, konnte sie sich an nichts erinnern. Aber das war eine typische Wirkung von GHB, der häufigsten Vergewaltigungsdroge. Im Blut des potenziellen Vergewaltigungsopfers konnte kein GHB nachgewiesen werden, was nicht ungewöhnlich war, da es im Körper schnell abgebaut wird.

Im Vaginalabstrich wurde ein einzelnes Spermium gefunden. Dieses war der Beweis für Geschlechtsverkehr, und der war juristisch eine Vergewaltigung, weil die Frau in ihrer Bewusstlosigkeit nicht einwilligungsfähig gewesen war. Die DNA-Analyse ergab einen Treffer: Spurenverursacher war der 19-jährige Farah Jama aus Somalia. Er bestritt eine Vergewaltigung und gab an, er kenne Maria O. nicht und könne sich nicht erklären, wie seine DNA in ihren Körper gekommen sein solle. Er sei noch nie in dem Nachtklub gewesen. Als die Polizei Maria O. das Foto des Verdächtigen zeigte, sagte sie, sie habe den Mann noch nie gesehen. Auch keiner der anderen Gäste des Nachtklubs konnte sich an Jama erinnern. Er wäre als junger schwarzer Mann dort aber sicher aufgefallen, denn der Nachtclub wurde überwiegend von älteren Weißen frequentiert. Er benannte zudem drei Alibizeugen für die Tatnacht.

Farah Jama wurde trotzdem verhaftet und wegen Vergewaltigung angeklagt. Die Anklage beruhte allein auf dem DNA-Beweis. Das einzelne von Jama stammende Spermium ließe keinen anderen Schluss zu, als dass er mit seinem Penis in die Scheide von Maria O. ohne deren Einwilligung eingedrungen sein musste. Jama habe ohne jeden vernünftigen Zweifel die bewusstlose Maria O. vergewaltigt. Die Jury folgte der Argumentation des Staatsanwalts. Am 21. Juli 2008 wurde Jama zu sechs Jahren Gefängnis verurteilt.

Die Berufungsverhandlung führte zur Wiederholung des DNA-Tests. Dabei kam heraus, dass die Vaginalabstriche kontaminiert worden waren. Der Arzt hatte 28 Stunden vor dem Vaginalabstrich bei Maria O. bei einer anderen Frau ebenfalls einen Abstrich durchgeführt, welche einvernehmlichen Geschlechtsverkehr mit Jama gehabt hatte. Bei dem neuen Abstrich wurden die vorher benutzten, nicht gereinigten Instrumente verwendet, was zur Verunreinigung der neuen Probe führte. Schon dass nur ein einzelnes Spermium gefunden worden war, war ein Indiz für eine

Verunreinigung statt einer Vergewaltigung, denn das Ejakulat eines Mannes enthält durchschnittlich über 40 Millionen Spermien. Farah Jama war für eine Vergewaltigung verurteilt worden, die niemals stattgefunden hat.

Die Geschworenen waren dem »CSI-Effekt« erlegen. Von diesem spricht man, wenn Geschworene aufgrund des häufigen Konsums kriminologischer Fernsehserien forensische Beweise überbewerten. So ist es zu beobachten, dass Geschworene Angeklagte bei Fehlen forensischer Beweise eher freisprechen sowie bei Vorhandensein eher schuldig sprechen und dabei sonstige Beweismittel und Tatumstände ignorieren. DNA-Tests und sonstige Laborergebnisse gelten als unfehlbar.

Im Juli 2010 wurde Jama freigesprochen. Er hatte eineinhalb Jahre seiner sechs Jahre abgesessen.

Unfähige Verteidiger

Der Strafverteidiger schuldet seinem Mandanten die bestmögliche Verteidigung. Er hat dafür zu sorgen, dass er ein faires Verfahren bekommt und nicht Opfer eines Justizirrtums wird. Doch das Versagen von inkompetenten Anwälten bei ihrer Aufgabe, die Beweisführung der Staatsanwaltschaft anzugreifen und entlastende Beweise beizubringen, hat bereits zur Verurteilung unschuldiger Personen geführt. Manche Anwälte tragen eher zu einem Fehlurteil bei, als dass sie es verhindern.

Lustloser Pflichtverteidiger – der Fall Ronald Keith Williamson

Eine Freundin fand die nackte und blutverschmierte Leiche der 21-jährigen Debbie Carter am 8. Dezember 1982 neben ihrem Bett. In ihrem Mund steckte ein blutgetränkter Waschlappen. Unter der Leiche lagen ein Gürtel und ein Kabel. Das Schlafzimmer war wie nach einem Kampf verwüstet. An der Wand prangte ein blutiger Handabdruck. Der ärztliche Leichenbeschauer fand später Spermaspuren in Vagina und Anus. Als Todesursache diagnostizierte er Ersticken, entweder durch den in ihren Mund gesteckten

Waschlappen oder durch die Strangulation mit dem Gürtel oder Kabel.

Debbie Carter hatte in einer Kneipe namens Coachlight in Ada, Oklahoma, gekellnert. So auch in der Nacht ihrer Ermordung. In einer Pause hatte sie mit dem Gast Glen Gore getanzt. Danach sagte sie einer Kollegin, sie würde sich mit Gore nicht wohlfühlen. Nach ihrer Schicht wurden beide streitend auf dem Parkplatz gesehen. Am nächsten Morgen wurde Debbie Carter tot aufgefunden.

Die Polizei ermittelte wegen Mord in Tateinheit mit Vergewaltigung. Doch die Ermittlungen verliefen im Sande. Fünf Jahre lang gelang es der Polizei nicht, den Mörder zu finden.

Ron Williamsons Leidenschaft war der Baseball. Nach der Highschool wurde der athletische junge Mann Profisportler in den Baseball-Minor-Leagues. Er träumte davon, Spitzenspieler in der Profiliga zu werden. Doch mangelnde Leistungen und eine Schulterverletzung beendeten seine Sportlerkarriere, bevor sie richtig begonnen hatte. Williamson verkraftete das nicht, wurde alkohol- und drogenabhängig sowie psychisch krank. Mehrere Aufenthalte in psychiatrischen Krankenhäusern brachten keine Besserung.

Als Williamson wegen eines Scheckbetrugs im Gefängnis saß, bekam der Fall Carter eine Wendung. Zwei Gefängnisspitzel, die dafür eine Strafmilderung erhalten sollten, gaben an, Ronald Williamson und sein Freund Dennis Fritz hätten den Mord an Debbie Carter ihnen gegenüber gestanden. Zudem sagte Glen Gore bei seiner Befragung abweichend von allen anderen Zeugen aus, Williamson sei in der Tatnacht im Coachlight gewesen.

Vor der Polizei legte Williamson ein »Traumgeständnis« ab: Er habe geträumt, Debbie getötet zu haben, er sei auf ihr gewesen, hätte ein Seil um ihren Hals gelegt und ganz oft auf sie eingestochen. Die Polizei glaubte, ihren Täter zu haben. Die Tatsache, dass Debbie Carter in Wirklichkeit nicht erstochen wurde, ignorierte sie. Es gab außerdem noch ein zweites Geständnis eines jungen Drogenabhängigen namens Ricky Joe Simmons. Er war bei der Polizei erschienen und hatte gestanden, Debbie Carter getötet zu haben.

Ronald Williamson und Dennis Fritz wurden wegen Mordes und Vergewaltigung von Debbie Carter angeklagt. Da Ron Williamson sich keinen eigenen Anwalt leisten konnte, wurde ihm ein Pflichtverteidiger bestellt. Der blinde Einzelanwalt Barney Ward bekam 3 200 Dollar für die Verteidigung und meinte, das sei zu wenig für eine effektive Verteidigung. Es war sein erster Mordprozess. Williamson verhielt sich psychisch auffällig, schrie bei Gerichtsverhandlungen und schlug um sich. Ward kam mit seinem Mandanten nicht klar, doch sein Antrag auf Entpflichtung als Verteidiger wurde abgelehnt.

Ron Williamson bekam von dem Mordprozess gegen ihn nicht viel mit. Ärzte diagnostizierten ein ganzes Bündel psychischer Störungen bei ihm, u. a. Schizophrenie, Paranoia, Borderline, eine manisch-depressive Erkrankung sowie Alkohol- und Drogenabhängigkeit. Unmedikamentiert schrie und pöbelte er, weshalb er zeitweise von der Verhandlung ausgeschlossen wurde. Mit Psychopharmaka verhielt er sich angepasst, war jedoch stark sediert.

1988, sechs Jahre nach dem Mord, wurden beide Angeklagte von der Jury schuldig gesprochen. Ron Williamson wurde zum Tode verurteilt, Dennis Fritz erhielt lebenslänglich. Der Hinrichtungstermin für Williamson wurde auf den 18. Juli 1988 festgesetzt.

Bei Todesurteilen wird automatisch Revision eingelegt. Mittellosen Todeskandidaten wird ein Pflichtverteidiger bestellt. Nur fünf Tage vor der Hinrichtung erreichte Williams neuer Anwalt einen Aufschub auf unbestimmte Zeit. 1997 schließlich hob das Bundesgericht Williamsons Verurteilung wegen unzureichender Verteidigung auf. Das Gericht stellte fest, dass Williamsons erster Anwalt schwerwiegende Fehler gemacht hatte. So hatte er nicht auf die Schuldunfähigkeit seines Mandanten hingewiesen. Er hätte ein psychiatrisches Gutachten einholen und Williamson für unzurechnungsfähig erklären lassen müssen. Dass der Angeklagte massive psychische Störungen hatte, war offensichtlich, und Ward kannte auch seine Krankengeschichte. Nach amerikanischem Recht sind die Verteidiger verpflichtet, in angemessenem Umfang eigene Ermittlungen durchzuführen. Im Zusammenhang mit dem Geständnis von Ricky Joe Simmons hatte er aber weder Ermittlungen angestellt noch die Geschworenen auf das Geständnis hingewiesen. Dabei besaß er eine Kopie des auf Video aufgenommenen Geständnisses. Er hatte auch keine Beweise gegen Glen Gore, einen ernsthaft infrage kommenden Alternativtäter, gesammelt und vorgelegt.

Manchmal hat eine jahrzehntelange Verfahrensdauer auch etwas Gutes, denn inzwischen waren DNA-Analysen möglich. Die beim Mordopfer gefundenen Haare sowie das Sperma wurden nun mit dem Erbgut der Verurteilten verglichen. Nach dem Ergebnis waren Ron Williamson und Dennis Fritz als Täter auszuschließen.

Am 15. April 1999 wurden sämtliche Anklagepunkte gegen Williamson und Fritz fallen gelassen. Williamson, weiterhin manisch-depressiv erkrankt, wurde in einer Pflegeeinrichtung untergebracht.

Glen Gore wurde am 24. Juni 2003 wegen Mordes an Debbie Carter zum Tode verurteilt. Er war die letzte Person, mit der Debbie Carter lebend gesehen wurde, und sie hatten miteinander gestritten. Die am Opfer gefundene DANN stammte von ihm. Im

Berufungsverfahren wurde die Todesstrafe in lebenslänglich umgewandelt.

Ron Williamson hat elf Jahre unschuldig in der Todeszelle gesessen. Grund hierfür war unter anderem die mangelhafte Verteidigung durch seinen Pflichtverteidiger. Die Jahre im unterirdischen Todestrakt haben ihn körperlich wie seelisch zerstört. Williamson wurde nur 51 Jahre alt.

Versäumnisse eines Anwalts –
der Fall Federico Macias

Mit einer Machete wurde am 7. Dezember 1983 ein Ehepaar bei einem Überfall auf ihr Haus in El Paso, Texas, abgeschlachtet. Die gefesselten Leichen lagen in einer Blutlache im Wohnzimmer. Blut war an die Wände und Decke gespritzt. Die Täter erbeuteten eine Sporttasche voller Wertsachen und 8 000 Dollar Bargeld.

Einer Nachbarin war am Tattag ein verdächtiges Auto aufgefallen, das mehrmals um den Häuserblock kurvte. Es gehörte dem 19-jährigen Pedro Luevanos. Er wurde verhaftet und sagte aus, er habe im Auto gewartet, während sein Kumpel Federico Macias in das Haus gegangen und den Raubmord begangen habe. Später sagte er aus, er sei mit in das Haus gegangen und habe den Hausbesitzer niedergeschlagen, als er die Haustür öffnete. Während Macias den Mann tötete, sei es seine Aufgabe gewesen, die Frau umzubringen. Nach seiner späteren – nunmehr dritten – Tatversion fesselte er den Hausbesitzer, Macias die Frau. Er habe danach das Wohnzimmer verlassen, bevor Macias beide umbrachte. Auch in zahlreichen Details war Luevanos Aussage wechselhaft und widersprüchlich. Er erhielt im Gegenzug für seine Macias belastende Aussage keine Mordanklage, wurde aber zu 25 Jahren Haft verurteilt.

Die zweite Belastungszeugin war eine neunjährige Spielkameradin von Macias Tochter, die aussagte, sie habe Macias am 7. Dezember mit Blut am T-Shirt nach Hause kommen sehen.

Physische Beweismittel für eine Täterschaft von Macias gab es nicht. Fingerabdrücke oder Fußspuren von ihm am Tatort wurden ebenso wenig gefunden wie blutige Kleidung oder die Beute bei ihm zu Hause. Den Geschworenen reichte die Belastung durch den (angeblichen) Komplizen und die Aussage der Neunjährigen. Federico Macias wurde 1984 zum Tode verurteilt.

Der Verteidiger von Federico Macias hatte mehrere schwerwiegende Fehler begangen. Er hatte keinen Alibizeugen aufgerufen. Tatsächlich hatte Macias sich zur Tatzeit für mehrere Stunden in dem 24-Stunden-Geschäft aufgehalten, in dem seine Frau arbeitete. Das hätte auch der Ladenbesitzer bezeugen können. Weder die Ehefrau noch der Ladenbesitzer wurden vom Verteidiger als Alibizeugen benannt. Auch der Hauptbelastungszeuge Pedro Luevanos wurde jedoch vom Verteidiger nicht befragt – dabei lag auf der Hand, dass er Macias fälschlich belastet hatte, um einer eigenen Mordanklage zu entgehen. Es hätte nahegelegen, das Zustandekommen und den Inhalt des zwischen Luevanos und der Staatsanwaltschaft geschlossenen Deals kritisch zu hinterfragen.

Der Verteidiger hatte auch keinen Beweis dafür präsentiert, dass die Spielkameradin am Tattag gar nicht im Hause der Familie Macias gewesen war – das war nämlich an einem früheren Tag gewesen, wie die Töchter von Macias hätten bezeugen können. Tatsächlich war es so gewesen, dass die Neunjährige sich nicht an das genaue Datum erinnern konnte; dieses wurde vielmehr von ihrer Mutter genannt, die wiederum gar nicht mit dabei gewesen war.

Doch Macias' Verteidiger tat nichts, um die seinen Mandanten belastende Aussage zu entkräften.

Macias' Verurteilung wurde 1994 wegen mangelhafter Verteidigung aufgehoben. Eine Anklagejury lehnte es wegen Mangels an Beweisen ab, ihn erneut unter Anklage zu stellen. Federico Macias hatte wegen den Versäumnissen seines Verteidigers neun Jahre in der Todeszelle gesessen.

»Gefängnis-John« sorgt für volle Zellen

Der Täter drang am 20. März 1987 durch das Fenster in das Kinderzimmer ein und vergewaltigte ein achtjähriges Mädchen. Die Polizei sicherte Spermaspuren auf ihrer Unterwäsche und der Bettwäsche. Auch wurden Haare des Täters auf dem Bettlaken gefunden. Die Täterbeschreibung des Mädchens passte möglicherweise auf den 18-jährigen Jim Bromgard, der zudem in derselben Straße wohnte. Bei einer Gegenüberstellung zeigte das Mädchen auf Bromgard, war sich aber nur zu 60 bis 65 Prozent sicher, dass er ihr Vergewaltiger war.

Jim Bromgard wurde verhaftet, angeklagt und bekam einen Pflichtverteidiger zur Seite gestellt. Dabei handelte es sich um John Adams, der scherzhaft »Gefängnis-John« genannt wurde, weil alle seine Mandanten in den Knast wanderten. Bei ihrem einzigen Treffen vor dem Prozess riet Adams Bromgard, sich schuldig zu bekennen – er werde dann eine milde Strafe aushandeln. Bromgard lehnte ab, da er die Tat nicht begangen habe. Er sagte, er sei zur Tatzeit zu Hause gewesen und habe geschlafen.

Anwalt Adams erschien verspätet zur Gerichtsverhandlung. Er hatte keine Akte dabei, sondern nur einen leeren Notizblock. Er hatte auch keine Ermittlungen geführt, keine Sachverständigen beauftragt und den Angeklagten nicht auf seine Einlassung vor Gericht vorbereitet. Auf ein Eröffnungsplädoyer verzichtete er.

Das Mädchen wiederholte vor Gericht seine Aussage, Bromgard sei zu 60 bis 65 Prozent der Mann, der sie vergewaltigt habe. Als sie ohne Prozentzahl sagen sollte, wie sicher sie sei, sagte sie: »Ich bin nicht sehr sicher.« Der Verteidiger stellte dem Mädchen keine Fragen und erhob gegen die Identifizierung keine Einwände.

Damals war noch keine DNA-Analyse der Spermien möglich. Deshalb ließ die Justiz die auf dem Bettlaken gefundenen Haare von einem Sachverständigen analysieren. Dieser sagte, diese und die Haare des Angeklagten ließen sich mikroskopisch nicht unterscheiden. Die Wahrscheinlichkeit, dass es nicht die Haare des Angeklagten seien, gab er mit 1 zu 10 000 an. Diese Wahrscheinlichkeit war eine Behauptung ins Blaue hinein. Durch den Blick ins Mikroskop ließ sich zwar die Ähnlichkeit zweier Haare feststellen, aber nicht ihre höchstwahrscheinliche Übereinstimmung. Der Verteidiger griff den Haarbeweis nicht an, obwohl diesem jede wissenschaftliche Grundlage fehlte. Das wäre ohne Weiteres durch ein Gegengutachten zu klären gewesen.

John Adams wohnte der Verhandlung weitgehend untätig bei. Er stellte weiterhin keine Fragen, benannte keine Zeugen und erhob keine Einwände gegen die Beweisführung der Staatsanwaltschaft. Eine Vorbereitung auf sein Schlussplädoyer hielt er ebenfalls nicht für erforderlich. Jim Bromgard wurde wegen Vergewaltigung zu 40 Jahren Gefängnis verurteilt.

Ein weiteres Versäumnis beging der Verteidiger nach der Verurteilung. Er legte zwar noch eine Berufung ein, vergaß aber, eine Berufungsbegründung bei Gericht nachzureichen. Die unbegründete Berufung wurde zurückgewiesen.

Der erst 18-jährige Jim Bromgard verbrachte die nächsten

13 Jahre ohne Hoffnung auf eine Freilassung im Montana State Prison. Ein- bis zweimal in der Woche erhielt er in seiner Zelle Besuch von Mitgefangenen, die »einmal einen Kinderschänder zusammenschlagen wollten«.

Das Innocence Project nahm sich des Falles 2000 an und gab eine DNA-Analyse der Spermaspuren in Auftrag. Die asservierte Unterwäsche des Opfers wurde in einem Labor getestet. Das DNA-Profil von Bromgard stimmte nicht mit der Spermaspur überein. Die DNA-Analyse hatte seine Unschuld bewiesen.

Jim Bromgard wurde am 1. Oktober 2002 freigesprochen. Er hat vierzehneinhalb Jahre für eine Straftat im Gefängnis gesessen, die er nicht begangen hat. Bei einer ordnungsgemäßen Verteidigung wäre das nicht passiert.

Verwechslungen –
wenn der Falsche verurteilt wird

Das fälschliche Wiedererkennen ist eine der häufigsten Ursachen für Fehlurteile. Manchem Unschuldigen wird seine Ähnlichkeit mit dem Täter zum Verhängnis. Wenn Zeugen meinen, bei einer Wahllichtbildervorlage oder Gegenüberstellung sei es besser, irgendjemanden als gar niemanden wiederzuerkennen, und der Richter die Identifizierung unkritisch akzeptiert, kommt es zu einem Fehlurteil. Dabei kann es jedem passieren, dass er zufällig einem Täter ähnlich sieht und deshalb zu Unrecht verurteilt wird.

Der falsche Carlos

»Du willst Geld, ich werde es dir geben. Bitte tu mir nichts«, bettelte Wanda um ihr Leben. Sie schrie, als der Mann zweimal mit einem Klappmesser in ihre Brust stach. Die 94 Millimeter lange Klinge hatte ihren linken Lungenflügel zweimal durchstoßen. Sie begann innerlich zu verbluten.

Der Täter flüchtete mit 166 Dollar aus der Tankstelle in Corpus Christi, Texas. Dabei wurde er von einem Augenzeugen gesehen. Die 24-jährige Verkäuferin Wanda Lopez taumelte kurz darauf aus dem Verkaufsraum und schrie: »Hilfe! Hilfe!« Dann brach sie direkt vor der Eingangstür zusammen und starb.

Der Raubmord war am 4. Februar 1983 um 20:10 Uhr geschehen, während Wanda Lopez mit der Polizei telefonierte. Sie hatte einen Latino mit einem Messer in der Tankstelle gemeldet und dringend um Hilfe gebeten. Der Mitschnitt ihres Notrufs wurde von Radio- und Fernsehstationen immer wieder gesendet.

Der 20-jährige Hispanier Carlos DeLuna wurde 40 Minuten nach dem Mord ein paar Blocks entfernt unter einem Pick-up versteckt von Streifenbeamten gefunden und festgenommen. Die über den Polizeifunk verbreitete Täterbeschreibung schien zu passen, und sein Verstecken machte DeLuna verdächtig. Die Polizei fuhr mit ihm zurück zur Tankstelle. Dort sahen sich zwei Augenzeugen, Kunden der Tankstelle zur Tatzeit, den auf dem Rücksitz eines Streifenwagens sitzenden Verdächtigen kurz an. Der Erste gab an, ihn als Täter wiederzuerkennen. Der Zweite meinte, der Verdächtige sei zu 70 Prozent der Täter – er habe Schwierigkeiten, Latinos voneinander zu unterscheiden.

Der Polizei reichte diese Identifizierung. Dabei passte die vorher von den Zeugen abgegebene Beschreibung gar nicht auf DeLuna. Er trug ein weißes Hemd und war rasiert. Die Augenzeugen hatten aber von einem Schnurrbartträger in grauem Sweatshirt gesprochen. Stutzig hätte die Polizisten auch deswegen werden müssen, weil an Carlos DeLuna keine Blutspritzer zu sehen waren, obwohl der Verkaufsraum voller Blut war.

Da die Polizei ihren Täter hatte, verschwendete sie keine Zeit auf Tatortarbeit. Die Blutspuren und Fingerabdrücke wurden nicht gesichert. Der Tankstellenbesitzer durfte einen blutigen Fußabdruck, die Visitenkarte des Mörders, zwei Stunden nach der Tat wegwischen. Nicht einmal die Tatwaffe (das Messer lag blutverschmiert unter dem Tresen) wurde näher untersucht.

Carlos DeLuna beteuerte seine Unschuld. Sein Namensvetter Carlos Hernandez sei der wahre Mörder. Er habe sich mit diesem in einer zwielichtigen Bar getroffen. Hernandez habe DeLuna erzählt, er wolle in der Tankstelle gegenüber Zigaretten holen. Er habe dessen Raubüberfall auf Lopez beobachtet. Dann sei er weggelaufen und habe sich unter einem Pick-up versteckt, weil er noch unter Bewährung stand und nicht mit dem Raubüberfall durch Hernandez in Verbindung gebracht werden wollte. DeLuna war ein Schulabbrecher und Gelegenheitskrimineller. Die Staatsanwaltschaft tat den Alternativtäter Hernandez als Hirngespinst eines um sein Leben kämpfenden Raubmörders ab: Es existiere kein Carlos Hernandez.

Carlos DeLuna wurde wegen Raubmordes zum Tode verurteilt und am 7. Dezember 1989 mit einer Giftinjektion hingerichtet. Unmittelbar davor sagte er: »Sie töten einen unschuldigen Mann.«

Der Strafrechtsprofessor James Liebman hat den Fall sechs Jahre lang zusammen mit seinen Studenten von der Columbia University in New York sorgfältig recherchiert und einen 436-seitigen Bericht mit dem Titel *Anatomie einer unrechtmäßigen Hinrichtung* geschrieben. Liebman wertete nicht nur die Gerichtsakten und Beweisstücke aus dem damaligen Prozess aus, sondern befragte ergänzend mehr als hundert Zeugen. In seiner Studie kam er zu dem Ergebnis, dass 1989 »der falsche Carlos« hingerichtet wurde. Carlos Hernandez war kein Produkt von DeLunas Fantasie, sondern existierte wirklich. Er war auch der Justiz bekannt. Einer der Ankläger DeLunas hatte gegen ihn prozessiert.

Aus der dicken Strafakte ging hervor, dass Hernandez einen Hang zur Gewalt hatte, immer wieder Frauen überfallen hatte und dass er nie ohne sein großes Messer unterwegs war. Er war auch bereits wegen Erstechens einer anderen Frau mit einem identischen Messer, wie es bei der Ermordung von Wanda Lopez benutzt worden war, verurteilt worden. Carlos Hernandez sah Carlos DeLuna, abgesehen vom Schnurrbart, zum Verwechseln ähnlich. Selbst Verwandte von Hernandez und DeLunas Anwalt hatten Schwierigkeiten, Fotos der beiden auseinanderzuhalten. Carlos Hernandez hatte im Freundeskreis oft geprahlt, er habe Wanda Lopez erstochen. Aber seinen *tocayo* (ein spanischer Begriff für »Namensvetter« oder »Zwilling«) hätten sie dafür drangekriegt. Er werde dafür sicher niemals zur Rechenschaft gezogen. Damit sollte er recht behalten. Carlos Hernandez starb 1999, als er wegen anderer Verbrechen im Gefängnis saß, an Leberzirrhose.

Die Erklärung für die Hinrichtung eines Unschuldigen liegt im Tunnelblick. Die Polizei hatte sich nur 40 Minuten nach dem Raubmord aufgrund des falschen Wiedererkennens durch den Zeugen vorschnell auf DeLuna als Täter festgelegt. Deshalb wurde keine ordentliche Tatortarbeit mehr betrieben und DeLunas Hinweis auf den wahren Täter Hernandez als Hirngespinst abgetan. Und Carlos DeLuna hatte großes Pech, zur falschen Zeit am falschen Ort zu sein - nämlich als sein ihm zum Verwechseln ähnlich sehender Doppelgänger den Raubmord beging.

Verwechslungskomödie im Knast

Bordellchef Rudi K. wurde wegen Zuhälterei zu zwei Jahren Freiheitsstrafe ohne Bewährung verurteilt und sollte ins Gefängnis. Sein Bruder Norbert K. bot ihm an, die Strafe für ihn abzusitzen. Ein Deal zum beiderseitigen Vorteil: Rudi konnte seine lukrativen Rotlichtgeschäfte weiterführen, während der Gelegenheitsarbeiter Norbert großzügig entschädigt werden sollte.

Bei Haftantritt legte Norbert den Personalausweis seines Bruders vor. Den Vollzugsbeamten entging tatsächlich, dass Norbert K. fast einen Kopf größer war als Bruder Rudi, etwa 20 Kilo mehr wog und ihm nur entfernt ähnlich sah.

Über zehn Monate sah es so aus, als würde der Plan glücken, bis ein Zufall die Brüder auffliegen ließ. Ein neuer Gefängnisinsasse namens Faruk wollte mit seinem alten Freund Rudi K. reden. Als er sich zu Zelle 21 durchgefragt hatte, blieb er verblüfft stehen: »Du bist Rudi K.? Der war doch früher viel kleiner.«

Ein paar Tage später bemerkte die Anstaltsleitung aufgrund eines »anonymen Hinweises« ihren Irrtum. Rudi K. musste seine zweijährige Haftstrafe doch noch in voller Länge antreten, denn die von seinem Bruder abgesessenen zehn Monate wurden nicht angerechnet. Norbert K. wurden von der Justizbehörde Kost und Logis für über zehn Monate Männerpension in Höhe von 4289 DM in Rechnung gestellt.

Der Doppelgänger – der Fall Donald Stellwag

Die Kassiererin blickte in den Lauf einer Pistole. Der auffallend große und korpulente Mann vor ihrem Schalter, mit dunklem Mantel, Hut und Sonnenbrille bedrohlich wirkend, verlangte Geld. Die Kassiererin stopfte 54 000 DM in eine Plastiktüte und schob sie dem Bankräuber rüber. Währenddessen machte die Überwachungskamera Fotos durch das Panzerglas. Der Mann nahm eine Angestellte als Geisel und entkam mit einem Taxi. Dabei hinterließ er einen Fingerabdruck am Holm der Beifahrertür.

Der ungeklärte Banküberfall vom 19. Dezember 1991 in Nürnberg wurde in *Aktenzeichen XY ... ungelöst* vorgestellt. Dabei wurde auch das unscharfe Schwarz-Weiß-Foto aus der Überwachungskamera ausgestrahlt. Ein Polizeibeamter meinte, Donald Stellwag, den er flüchtig kannte, als möglichen Täter wiederzuerkennen. Wie der gesuchte Bankräuber war der 34-jährige Stellwag mit 1,95 Metern auffallend groß und mit knapp 200 Kilo auffallend dick.

Als er hörte, dass nach ihm gesucht wurde, meldete er sich freiwillig auf dem Polizeipräsidium. Es folgte eine Gegenüberstellung. »Der war's«, sagten die Zeugen, »der ist genauso dick und groß wie der Räuber.« Im Februar 1993 erging Haftbefehl gegen Stellwag, er wurde in Untersuchungshaft genommen.

Anfang 1994 begann der Strafprozess gegen Stellwag vor dem Landgericht Nürnberg/Fürth. Fünf Zeugen wollten in Donald Stellwag den Täter erkannt haben, zehn waren sich nicht sicher. Stellwag bestritt die Tat. Er gab an, zur Tatzeit als Chef einer Drückerkolonne im 220 Kilometer entfernten Leuna gewesen zu sein. Er hatte Zeugen dafür, doch ihnen wird nicht geglaubt.

Zum Verhängnis wurde Stellwag Dr. Cornelius Schott, Sachverständiger für anthropologische Vergleichsgutachten. In seinem schriftlichen Gutachten kam er zu dem Ergebnis, Stellwag sei mit »sehr großer Wahrscheinlichkeit« mit der Person auf den Täterbildern identisch. Das in der Hauptverhandlung mündlich erstattete Gutachten fiel für Stellwag noch verheerender aus. Dr. Schott sprach über eine charakteristische Ohrform, die bei dem Bankräuber auf dem Foto und bei dem Angeklagten identisch sei. »Sie lügen!«, schrie Stellwag. »Ach, geben Sie es doch zu«, sagte Dr. Schott und lächelte, »ich habe sie erkannt.« Die Wahrscheinlichkeit für Stellwags Täterschaft sei bei über 98 Prozent angesiedelt. Allein aus formalen Gründen habe er keine hundertprozentige Wahrscheinlichkeit angenommen, für ihn bestehe an der Täterschaft des Angeklagten jedoch keinerlei Zweifel. Es sei nach seiner Berufserfahrung unvorstellbar, dass eine andere Person als Täter in Betracht kommen könne.

Das Landgericht verurteilte Stellwag am 16. Februar 1994 wegen des Überfalls auf die Bank sowie einer Urkundenfälschung zu einer Gesamtfreiheitsstrafe von neun Jahren. Die Kammer wurde insbesondere durch das Identitätsgutachten von der Täterschaft des Angeklagten überzeugt. Stellwag saß acht Jahre im Gefängnis. 2186 Tage hinter Gittern hat er für den Banküberfall verbüßt.

Drei Wochen nach seiner Entlassung, im Februar 2001, wurde ein großer und dicker Mann gefasst, der gerade eine Bank überfallen hatte. Bei der Gelegenheit gestand er auch den Überfall auf die Nürnberger Sparkasse 1991. Der Fingerabdruck am Taxi, das der Bankräuber damals benutzte, stammte von ihm, wie die Polizei nun feststellte. Er wurde für mehrere Raubüberfälle zu einer Freiheitsstrafe von elfeinhalb Jahren verurteilt. Er entschuldigte sich bei seinem »Doppelgänger«, der an seiner Stelle zu Unrecht im Gefängnis gesessen hatte. Stellwag wurde im Wiederaufnahmeverfahren 2001 freigesprochen.

Dieser Fall zeigt eindrucksvoll, wie fehleranfällig das Wiedererkennen von Tätern ist. Es hatten nicht nur fünf Zeugen Donald Stellwag fälschlich als Täter erkannt, sondern sogar ein Sachverständiger für anthropologische Vergleichsgutachten.

Die Sache hatte für den Gutachter ein unangenehmes Nachspiel, denn Stellwag verklagte ihn auf Schmerzensgeld. »Schott hat mein Leben zerstört«, sagte er. Das Oberlandesgericht Frankfurt verurteilte Dr. Schott am 2. Oktober 2007 zu einer Schmerzensgeldzahlung von 150 000 Euro. Es stellte eine grobe fahrlässige Fehlerhaftigkeit der anthropologischen Vergleichsbegutachtung fest. Während das schriftliche Gutachten noch von einer sehr hohen Wahrscheinlichkeit der Täterschaft sprach, hatte Dr. Schott bei der mündlichen Gutachtenerstattung jegliche Zurückhaltung aufgegeben und eine nahezu hundertprozentige Wahrscheinlichkeit der Täteridentität attestiert. Dies hätte der Sachverständige aufgrund von vorhandenen Ausschlussmerkmalen und der sich daraus ergebenden Zweifel an einer Täteridentität nicht tun dürfen. Die Verurteilung eines Sachverständigen zu einer sechsstelligen Schmerzensgeldzahlung für ein fehlerhaftes Gut-

achten war damals ein Novum in der deutschen Rechtsgeschichte.

Verwechslungsopfer in Zelle verbrannt

Gegen einen aus Mali stammenden Mann namens Amedy G. lag
ein Hamburger Haftbefehl wegen Diebstahls vor. Nach der polizeilichen Datenbank soll er auch den Aliasnamen »Amad A.« verwendet haben.

Die Polizei wurde dann am 6. Juli 2018 zu einem Baggersee
in Geldern gerufen, weil dort ein Mann Frauen belästigt haben
sollte. Es handelte sich um den 26-jährigen Syrer Amad A., den
die Polizei mit auf die Wache nahm. Nach Feststellung seiner Per-
sonalien hätte die Polizei ihn wieder laufen lassen müssen, denn
die Belästigung der Frauen rechtfertigte keine Untersuchungshaft. Doch in der Datenbank stieß die Polizei auf den gegen
Amedy G. vorliegenden Haftbefehl, dessen Aliasname zu Amad A.
passte. Die Mühe, die in den Datenbanken hinterlegten Fotos miteinander zu vergleichen, machte sich die Polizei nicht. Hätte sie
das getan, wäre ihr aufgefallen, dass Amad A. hellhäutig europä-
isch, der gesuchte Amedy G. hingegen dunkelhäutig afrikanisch
aussah. Auch die Geburtsdaten stimmten nicht überein.

Die Polizei lieferte den Syrer Amad A. in die JVA Kleve ein.
Dort saß er mehr als zwei Monate unschuldig ein. Er beteuerte
auch, dass er verwechselt worden war, doch niemand glaubte
ihm. Er verzweifelte zusehends. Am 28. September legte er in sui-
zidaler Absicht Feuer in seiner Zelle und starb zwei Wochen später
an seinen Brandverletzungen.

Nun erst stellte sich heraus, dass Amad A. zu Unrecht inhaftiert gewesen war. Er sei wohl Opfer einer Verwechslung gewor-

den, sagte der Pressesprecher der Staatsanwaltschaft. Es ist kaum zu glauben, dass über zwei Monate niemand bemerkt hatte, dass sie den Falschen eingesperrt hatten.

Geschrumpfter Angeklagter – der Fall Christos Orfanidis

»Scheine her!«, flüsterte der Räuber. Als die Kassiererin hochsah, schaute sie in die Mündung einer Waffe. Noch einmal forderte er: »Scheine her!« Als sich ein Kunde der Kasse nähert, flüchtete er unverrichteter Dinge.

Die Polizei erschien und nahm den Überfall auf den ProMarkt in Eschborn am 14. Mai 1997 um 19:30 Uhr auf. Die Kassiererin beschrieb den Täter als vermutlichen Marokkaner, 1,90 Meter groß, dunkler Teint, mit Dreitagebart. Auch einer Verkäuferin und dem Abteilungsleiter war die ungewöhnliche Größe des Täters aufgefallen. Andere Mitarbeiter meinten den Mann bereits am Vortag des Überfalls im Elektromarkt gesehen zu haben. Er war mit einem Audi Coupé weggefahren. Als Halter des Autos wurde der griechische Hilfsdrucker Christos Orfanidis ermittelt. Den Zeugen wurden 900 Fotos vorgelegt. Sie erkannten darunter weder Orfanidis noch einen anderen als Täter wieder. Die Auswahl wurde auf sechs Fotos reduziert, wobei die vage Personenbeschreibung der Kassiererin allenfalls auf das Foto von Orfanidis zutraf. Jetzt identifizierten ihn die Zeugen als Täter. Die Kassiererin sagte: »Das ist der Mann, ganz eindeutig, der mir die Waffe vor das Gesicht hielt und das Geld forderte.« Das verwundert, denn sie hatte den Täter ursprünglich als 1,90 m groß und von dunkler Hautfarbe beschrieben. Orfanidis ist nur 1,75 Meter groß und hellhäutig.

Das Amtsgericht Frankfurt verurteilte Orfanidis am 11. Dezember 1997 wegen versuchter schwerer räuberischer Erpressung zu einer Freiheitsstrafe von zwei Jahren und drei Monaten. Die Diskrepanz zwischen angegebener Größe des Täters von 1,90 Metern und der tatsächlichen Größe des Angeklagten von 1,75 Metern hielt das Gericht für unerheblich, denn es sei nicht ungewöhnlich, dass Zeugen über die Größe einer Person unzutreffende Angaben machen. Dasselbe musste dann wohl auch für die Hautfarbe gelten.

In der Berufungsverhandlung wurde Orfanidis vom Landgericht Frankfurt erneut schuldig gesprochen, das Strafmaß aber auf ein Jahr und neun Monate reduziert. Eine erfolgreiche Revision führte zur Aufhebung dieses Urteils durch das Oberlandesgericht Frankfurt. Verteidiger Adam Rosenberg hatte gerügt, dass das Landgericht sich nicht gründlich genug mit der Lichtbildvorlage und den Widersprüchen der Zeugen hinsichtlich der Größe des Täters auseinandergesetzt hatte.

In der Zeit bis zur neuen Hauptverhandlung wurde der Pro-Markt noch einmal überfallen, an der gleichen Kasse und zur gleichen Uhrzeit. Diesmal wurde der Täter, der Junkie Hakki S., gefasst und zu einer Freiheitsstrafe von drei Jahren verurteilt. Auf ihn passte die ursprüngliche Zeugenbeschreibung genau. Hatte Hakki S. womöglich den gleichen Elektromarkt zweimal überfallen?

Das Landgericht Frankfurt führte im Frühjahr 2000 eine neue Hauptverhandlung durch. Die Zeugen waren sich wiederum sicher, in Orfanidis den Täter wiederzuerkennen. Er müsse es sein, er sitze doch auf der Anklagebank. Doch diesmal nahm das Gericht die Identifizierung nicht unkritisch hin, sondern fragte nach. Der Vorsitzende Richter wollte von den drei Zeugen die Diskrepanz der beschriebenen Tätergröße von der des Angeklagten erklärt haben. Sie versuchten sich herauszureden. »Ich muss mich damals verschätzt haben«, »es lag am Licht« oder »wenn man sitzt, hält man jeden, der vor einem steht, für groß«. Orfanidis wurde freigesprochen.

Dieser Fall zeigt, dass Zeugen das schlechteste Beweismittel sind, weil sie sich so leicht in die Irre führen lassen. Nachdem die erste Lichtbildvorlage mit 900 Fotos zu keinem Treffer führte, vermuteten die Zeugen zu Recht, der Täter müsse in der zweiten Auswahl von nur sechs Fotos enthalten sein. Sie tippten auf die Person, die ihrer Erinnerung vom Täter am nächsten kam. Das war Christos Orfanidis, der von den abgebildeten Personen die einzige war, auf die die Beschreibung der Kassiererin einigermaßen zutraf. Wenn ein Zeuge einmal jemanden auf einem Bild wiedererkannt hat, dann bleibt er erfahrungsgemäß bei dieser Aussage. Auch dieser Effekt, an einer falschen Identifizierung unbedingt festzuhalten, zeigte sich in diesem Fall.

Unrichtige Zeugenaussagen

Zeugen sind das häufigste wie auch das unzuverlässigste Beweismittel. Sie vermischen manchmal Erlebtes mit Gehörtem, puzzeln sich ihr Bild von der Vergangenheit aus bruchstückhaften Erinnerungen, ihren Lebenserfahrungen und allgemeinem Wissen zusammen. Wenn schon die Aussagen neutraler Zeugen oft unzuverlässig sind, kann man sich leicht ausrechnen, welchen Wahrheitsgehalt Aussagen von Zeugen aufweisen, die ein Motiv zur Falschbelastung haben. So sind die Aussagen von Mittätern oder Mitgefangenen öfter unwahr als wahr, weil für sie die Falschbelastung ein Instrument der Rache ist oder sie sich davon einen eigenen Vorteil, meist eine Strafmilderung, versprechen. Unrichtige Zeugenaussagen sind eine der häufigsten Ursachen für Fehlurteile.

Rache aus verschmähter Liebe – die Mariotti-Prozesse

Verwesungsgeruch schlug den Polizisten entgegen. Die Tote lag mit dem Gesicht nach unten auf dem Fußboden der Küche. Eine Blutlache hatte sich rings um ihren Kopf ausgebreitet. Die Obduktion ergab Schädelverletzungen durch Einwirkung eines stumpfen Gegenstands. Diese waren aber nicht tödlich. Todesursache war vielmehr eine Strangulation mit einem roten Tuch, das noch um den Hals der Leiche lag. Die am 28. Juni 1946 ermordete Frau wurde als die 63-jährige Zahnarztwitwe Maria Moser identifiziert. Tatort war ihre Wohnung in Hamburg-Eppendorf.

Die wohlhabende Maria Moser hatte lesbische Neigungen und einige Zeit vorher die junge attraktive Eva Mariotti kennengelernt. Sie war 1945 von Prag nach Hamburg übergesiedelt und übernachtete gelegentlich in der Wohnung der Witwe. Sie lernte gleichzeitig den jungen Tschechen Erich Sterba kennen. Für ihn war Eva Mariotti die Liebe seines Lebens, für sie war er nur ein Bekannter.

Am Tag des Mordes verließ Eva Mariotti gemeinsam mit Erich Sterba Hamburg. Das macht beide natürlich gleich verdächtig. Zudem fehlte aus dem Besitz der Ermordeten ein Persianermantel. Mariotti wurde später mit einem solchen gesehen.

Mariotti und Sterba gingen bald getrennter Wege. Eva Mariotti lebte unter verschiedenen Namen zunächst in Esslingen und München, schließlich in Paris und ab 1951 in Südamerika.

Erich Sterba wurde aufgrund internationaler Fahndung im November 1946 in der Tschechoslowakei festgenommen. Er war geständig, die Witwe Moser getötet zu haben. Die ihm drohende Todesstrafe wendete er dadurch ab, dass er Eva Mariotti als Anstifterin belastete. Sie habe ihn zu der Tat verleitet und dabei mitgewirkt. Er sei nur ihr willenloses Werkzeug gewesen. Im November 1950 wurde Erich Sterba in seiner Heimat zu 25 Jahren Freiheitsstrafe verurteilt und schließlich im Herbst 1962 auf Bewährung entlassen.

Eva Mariotti wurde 1960 in Brasilien aufgrund eines deutschen Auslieferungsersuchens verhaftet und schließlich am 9. Dezember 1961 nach Deutschland ausgeliefert.

Am 3. Juli 1963 begann vor dem Schwurgericht in Hamburg – damals noch besetzt mit drei Berufsrichtern und sechs Geschworenen – die Hauptverhandlung gegen Eva Mariotti. Die Anklage lautete auf heimtückischen Mord aus Habgier. Der Vorsitzende Kurt Steckel schlug einen strammen Verurteilungskurs ein. Eva Mariotti hingegen sagte aus, nichts mit dem Mord zu tun zu haben. Erich Sterba wurde als Kronzeuge vernommen. Er sagte aus, den Raubmord zusammen mit der Angeklagten begangen zu haben.

Nach den gegensätzlichen Plädoyers von Staatsanwalt und Verteidigung zog sich das Gericht zur Beratung zurück. Diese dauerte den ganzen Tag und führte zu keinem Ergebnis. Die Berufsrichter wollten die Angeklagte verurteilen, die Geschworenen wollten Eva Mariotti freisprechen. Das Verfahren endete mit einem Aussetzungsbeschluss und dem an die Staatsanwaltschaft gerichteten Ersuchen um weitere Ermittlungen.

Im März 1964 wurde der Prozess unter einem neuen Vorsitzenden wieder aufgenommen. Kronzeuge war auch diesmal wieder Erich Sterba. »Frau Moser hat im Zimmer ihres Untermieters auf dem Harmonium gespielt«, erklärte er. »Da hat mich Eva Mariotti aufgefordert, die Witwe von hinten mit einem Stuhlbein zu erschlagen.« Sie sei aber nicht tot gewesen, sondern erstickt, nachdem Mariotti sie geknebelt habe. Die Leiche sei dann auf dem Bauch über den Flur in die Küche geschleift worden.

Diesmal konnte sich das Schwurgericht auf einen Schuldspruch einigen. Am 12. März 1964 wurde Eva Mariotti wegen gemeinschaftlichen Mordes in Tateinheit mit besonders schwerem Raub zu einer lebenslangen Zuchthausstrafe und Ehrverlust verurteilt.

Im Dezember 1964 wurde das Urteil durch den Bundesgerichtshof wegen eines Formfehlers aufgehoben. Die Berufsrichter hatten vor der Eröffnung der Hauptverhandlung eine Begehung des Tatortes vorgenommen und hierüber ein Protokoll angefer-

tigt. Dieses Protokoll war nicht in die Hauptverhandlung eingeführt, aber dem Urteil mit zugrunde gelegt worden.

Am 31. März 1965 begann die nunmehr dritte Hauptverhandlung gegen Eva Mariotti. Während sie in den vorangegangenen
beiden Verhandlungen ausgesagt hatte, machte sie nunmehr von
ihrem Schweigerecht Gebrauch. Wieder war Sterba der Kronzeuge und belastete Mariotti. Seine Tatversionen änderten sich
häufig. Mal war das Motiv ein Raubmord, mal die sexuelle Belästigung durch die lesbische Moser. Nur eins blieb immer gleich:
Sterba war stets nur das willenlose Werkzeug Eva Mariottis. ·

Das Gericht führte einen Ortstermin am Tatort durch. Dieser
ergab, dass die Leiche durch einen 20 Meter langen schmalen Flur
hätte gezogen werden müssen, wenn man der Aussage Sterbas
glauben würde. Die Leiche hätte auffällige Schleifspuren zeigen
müssen. Sie wies aber keine auf.

Oberstaatsanwalt Hellge schloss aus dem Schweigen der Angeklagten, dass sie etwas Schreckliches zu verbergen habe. Er
sagte in seinem Plädoyer: »Wann hat sich denn jemals ein Täter,
der unter so schwerem Verdacht stand, nur mit einem kargen Nein
verteidigt? Wie kann er einfach sagen: Bitte, weist mir die Tat
nach?« Dies veranlasste den Generalstaatsanwalt Buchholz zum
Einschreiten: Die von Oberstaatsanwalt Hellge vertretene Auffassung, aus dem Schweigen der Angeklagten Frau Mariotti auf ihre
Schuld zu schließen, sei unzulässig. »Jeder Angeklagte muss von
seinem Recht auf Schweigen ohne jedes Risiko und ohne Gefahr
Gebrauch machen können.«

Am 14. Juli 1965 wurde das Urteil verkündet: Es lautete auf
Freispruch. Begründet wurde dies mit gravierenden Widersprüchen in den Aussagen Sterbas. Es gab inzwischen acht Tatversionen von ihm. Sterba sei in seiner Tatdarstellung mehrfach der Unwahrheit überführt worden und nicht glaubwürdig. Die Beweis-

aufnahme habe keinen einzigen sicheren Anhaltspunkt für Eva Mariottis Teilnahme an dem Mord erbracht, den Sterba nach den Feststellungen des Gerichts vielmehr allein begangen hatte. Auch habe er einen Grund gehabt, die Angeklagte zu Unrecht zu belasten. Denn die Bezichtigung der Mariotti als Haupttäterin hatte ihn vor der Todesstrafe bewahrt. Und noch ein Belastungsmotiv lag auf der Hand: Rache aus verschmähter Liebe.

Die drei Prozesse und die fünfjährige Untersuchungshaft hatten Eva Mariotti schwer zugesetzt. Sie war während dieser Zeit sichtlich gealtert. Nach ihrem Freispruch machte sie sich mit einem Keramikladen auf Gran Canaria selbstständig. 1979 starb sie einsam und verarmt.

Mord im Mondlicht – der Fall Hans Burkert

Kampflärm weckte das Ehepaar Köstler im bayerischen Mammersreuth am 12. September 1946 gegen 3:30 Uhr. Aus dem Zolldienstzimmer unter der Wohnung drangen lang gezogene »Au!«-Rufe, die in Stöhnen und Röcheln übergingen. Ein Schleifgeräusch, das Repetieren eines Gewehres, ein Schuss – dann herrschte Stille.

Das Ehepaar postierte sich an unterschiedlichen Fenstern und wartete. Um vier Uhr sprang ein Mann aus dem Fenster im Erdgeschoss und ging in Richtung tschechische Grenze. Der 63-jährige Johann Köstler war sich sicher, den Zollbeamten Hans Burkert erkannt zu haben. Seine Frau stimmte ihm zu. Seltsamerweise legten die Köstlers sich dann wieder schlafen.

Am nächsten Morgen entdeckte Hans Burkert bei seinem Dienstantritt die Leiche des Zöllners Gustav Bolz. Er war mit einem Karabinerschuss in die Brust, Kolbenschlägen auf den Kopf und einem Pistolenschuss in die Schläfe ermordet worden. Als die Polizei erschien, bezichtigte Brillenträger Köstler Hans Burkert des Mordes. »Ich habe Burkert sofort erkannt. Er hatte das Mondlicht im Gesicht.«

Der Postenführer Burkert wurde verhaftet. »Ich bin unschuldig!«, beteuerte er. Er hatte ein Alibi. Seine schwangere Frau beteuert, dass er in der Nacht neben ihr im Ehebett gelegen hat. Es wurde auch kein Motiv ermittelt, warum Burkert seinen Kollegen ermordet haben soll.

In der Hauptverhandlung wiederholten die Köstlers ihre Aussage. Sie hätten Burkert im hellen Mondlicht auf eine Entfernung von vier Metern von schräg hinten erkannt. Der Verteidiger beantragte eine augenärztliche Untersuchung des kurzsichtigen Köstler und einen nächtlichen Ortstermin. Damit sollte bewiesen werden, dass das Ehepaar Köstler den Täter gar nicht hatte erkennen können. Das Schwurgericht lehnte beide Anträge ab.

Der Staatsanwalt beantragte die damals noch mögliche Todesstrafe für Burkert. Das Landgericht Weiden verurteilte ihn am 3. Oktober 1947 wegen Totschlags zu zwölf Jahren Zuchthaus. Das Gericht hielt es für ausgeschlossen, dass sich die Zeugen in der Person des Angeklagten geirrt haben; den Zeugen war es aufgrund des hellen Mondscheins möglich, den Angeklagten mit voller Sicherheit zu erkennen. Das Urteil wurde rechtskräftig, nachdem eine Revision von Burkert verworfen wurde.

Erst fünf Jahre später erreichte Burkert eine Wiederaufnahme des Verfahrens. Der Hauptbelastungszeuge Köstler wiederholte seine Aussage und beschwor sie. Er habe Hans Burkert im hellen Mondschein erkannt. Diese Aussage wurde durch vier Gutachten widerlegt. Der Direktor der Universitätssternwarte München sagte aus, bei der Mondkonstellation der Tatnacht wäre nur die Schattenseite des flüchtenden Mannes zu sehen gewesen, und das auch nur bei wolkenlosem Himmel. Ein meteorologisches Gutachten stellte fest, dass die Sichtverhältnisse in dieser Nacht schlecht waren, weil der Himmel mindestens zur Hälfte mit Wolken bedeckt und der Mond längst untergegangen war. Ein augenärztliches Gutachten der Universität München attestiert Johann Köstler eine stark eingeschränkte Sehfähigkeit. Ein Psychologie-Professor bezeichnete den eigenwilligen und wichtigtuerischen Köstler als »gefährlichen Zeugen, vor dem man jeden Richter eindringlich warnen muss«.

Als Köstler merkte, dass man ihm nicht mehr glaubte, rief er in den Saal: »Bringen Sie mir einen anderen Mörder!«

Hans Burkert wurde am 13. November 1952 freigesprochen. Er hat sechs Jahre unschuldig im Gefängnis gesessen.

Zu dem Fehlurteil war es gekommen, weil das Schwurgericht die Aussage von Johann Köstler ungeprüft hingenommen hatte. Es hätte die Wahrnehmungsmöglichkeit – das heißt die Frage, ob der Zeuge in dieser Situation überhaupt beobachtet haben kann, was er angibt – untersuchen müssen. Der Verteidiger hatte dazu zwei sachdienliche Beweisanträge gestellt, die jedoch einfach abgelehnt worden waren.

Ein Meineid gegen neun Alibizeugen – der Fall Majczek und Marcinkiewicz

Zwei Banditen wollten am 9. Dezember 1932 in Chicago mit gezückten Revolvern Veras Kneipe überfallen, in der heimlich Whiskey ausgeschenkt wurde. In dieser Zeit der Prohibition in den USA waren die Herstellung, der Transport und der Verkauf von Alkohol streng verboten. Doch zufällig war im Hinterzimmer der Polizist Willam Lundy anwesend, der sofort seine Dienstwaffe zog.

Es fielen sieben Schüsse. Lundy brach tot zusammen, die Räuber flüchteten ohne Beute. Ein Postbote sah die beiden Männer auf die Straße stürzen und mit einem dort wartenden Auto davonfahren.

Die Polizei stand unter Druck, da sich die Polizistenmorde in Chicago häuften. Der Tatverdacht fiel auf den 25-jährigen Ted Marcinkiewicz, weil er sich kurz vor dem Mord nach der Kneipe erkundigt hatte. Als er hörte, dass die Polizei ihn suchte, versteckte er sich bei seinem 24-jährigen Schulfreund Joe Majczek. Zehn Tage nach dem Raubüberfall meldete ein Mann der Polizei, dass er den gesuchten Marcinkiewicz am Abend des 9. Dezember 1932 mit seinem Auto zu der Wohnung von Majczek gefahren hatte.

Beide wurden verhaftet. Bei einer Gegenüberstellung konnten weder die Kneipenbesitzerin Vera Walush noch der Postbote Majczek und Marcinkiewics als Polizistenmörder wieder erkennen. Die Vernehmungsbeamten drohten Walush daraufhin mit der Schließung ihrer Kneipe, in der sie verbotenerweise Alkohol ausschenkte. Daraufhin identifizierte sie Majczek und Marcinkiewics als Täter.

Majczek und Marcinkiewics bestritten den Raubüberfall. Beide benannten einige Alibizeugen. Joe Majczek gab an, er habe zur Tatzeit seinem Schwiegervater beim Kohlenabladen geholfen. Der Schwiegervater und der Kohlenhändler bestätigen das Alibi. Vier Zeugen bestätigen überdies, dass Ted Marcinkiewicz zur Tatzeit zu Hause war, zwei weitere haben ihn später in einer Kneipe gesehen, die er nicht hätte erreichen können, wenn er an dem Raubüberfall beteiligt gewesen war.

In der Schwurgerichtsverhandlung wiederholte Vera Walush ihre Aussage unter Eid, sie habe Majczek und Marcinkiewics als Täter erkannt. Die neun Alibizeugen der Angeklagten beschworen, dass sie zur Tatzeit nicht am Tatort gewesen sein können. Doch die Geschworenen folgten dem Meineid der Zeugin Walush und hielten neun Alibizeugen für unglaubwürdig. Majczek und Marcinkiewicz wurden zu jeweils 99 Jahren Gefängnis verurteilt.

Die Mutter von Joe Majczek glaubte felsenfest an dessen Unschuld. Sie arbeitete zwölf Jahre als Putzfrau und sparte jeden Cent für eine Zeitungsanzeige, in der sie 5000 Dollar Belohnung für Hinweise auf die Täter des Polizistenmordes aussetzte. Ein Reporter der *Chicago Times* stolperte darüber und fing an zu recherchieren. Die von der Polizei für tot erklärte Hauptbelastungszeugin Walush konnte als heruntergekommene Alkoholikerin in Cicero ausfindig gemacht werden. Sie gestand den damaligen Meineid unter Polizeidruck, da sie nun nichts mehr zu befürchten hatte. Im August 1945 wurde Joe Majczek wegen erwiesener Unschuld begnadigt. Ted Marcinkiewicz wurde erst 1950 freigesprochen und entlassen.

Das Spitzel-System – der Fall Steve Manning

»Falls ich sterben sollte, ruf das FBI an und melde, dass Manning mich umgebracht hat«, sagte der Speditionsbesitzer James Pellegrino seiner Frau, als er am 14. Mai 1990 sein Haus in Chicago verließ. Steve Manning war ein ehemaliger Geschäftspartner von ihm. Pellegrino kam nicht zurück. Am 3. Juni wurde seine Leiche im Des Plaines River gefunden. Er hatte einen Kopfschuss, Hände und Füße waren mit Klebeband gefesselt.

Das FBI ging dem von Pellegrinos Witwe geäußerten Verdacht nach. Als Steve Manning, ein früherer FBI-Informant, wegen einer anderen Sache im Gefängnis saß, arrangierte das FBI, dass er seine Zelle mit dem Polizeiinformanten Tommy Dye teilen musste. Dye war ein notorischer Betrüger, Gefängnisspitzel und Kokaindealer mit einer langen Vorstrafenliste. Zuletzt war er zu 14 Jahren Gefängnis wegen Diebstahl und unerlaubtem Waffenbesitz verurteilt worden. Dye berichtete bald, Manning habe die Tat ihm gegenüber zweimal gestanden. Auf den auf Veranlassung des FBI heimlich aufgezeichneten Tonbandaufnahmen von dem fraglichen Gespräch beider Männer fand sich jedoch kein Geständnis. Manning bestritt sowohl den Mord an Pellegrino als auch ein Geständnis. Dye erklärte das Fehlen der beiden Geständnisse auf dem Tonband damit, dass die Aufnahme das eine Mal ausgesetzt habe, das andere Mal habe er aus Versehen das in seiner Unterwäsche angebrachte Mikrofon verdeckt.

Steve Manning wurde des Mordes an Pellegrino angeklagt, obwohl es keine objektiven Beweise dafür gab. Manning sagte, er wurde vom FBI reingelegt, weil er sich geweigert hatte, weiter als Informant zu arbeiten, und das FBI wegen Mobbing verklagt hatte. Der Jury reichten das angebliche Geständnis gegenüber dem Polizeispitzel und der Verdacht der Ehefrau, um Manning schuldig zu sprechen. Er wurde 1993 wegen des Mordes an Pellegrino zum Tode verurteilt.

Im Gegenzug für seine Aussage wurde Dyes Haftstrafe für Diebstahl und Waffenbesitz um acht Jahre verkürzt. Später schilderte er, wie er sich seine Aussage gegen Manning nach den Vorgaben zweier FBI-Agenten zurechtgelegt hatte.

Manning legte Berufung gegen das Todesurteil ein. Die Verurteilung wurde im Jahr 2000 aufgehoben. Der Illinois Supreme Court hatte bemängelt, dass Dye ein unzuverlässiger Zeuge war und es keine sonstigen Beweise gab. Manning saß sieben Jahre seines Lebens unschuldig in der Todeszelle.

Reformvorschläge

Die in diesem Buch dargestellten mal historischen, mal relativ aktuellen Fälle haben die grundsätzliche Fehlbarkeit der Justiz auch
in demokratischen Staaten bewiesen. Zum Schluss soll der Frage
nachgegangen werden, wie Justizirrtümer zukünftig vermieden
werden können. Im Rahmen dieses Buches können Reformvor-
schläge freilich nur stichpunktartig aufgelistet werden.

Konkrete Maßnahmen

- Falsche Geständnisse in Polizeivernehmungen (wie etwa im
  Fall Ulvi Kulaç) ließen sich dadurch vermeiden, dass die voll-
  ständige Aufzeichnung auf Video gesetzlich vorgeschrieben
  wird. Dann könnte das Gericht überprüfen, ob das Geständnis freiwillig erfolgte oder ob es durch verbotene Vernehmungsmethoden zustande gekommen ist. Videoaufzeichnun-
  gen würden Vernehmungsbeamte auch von der Anwendung
  verbotener Vernehmungsmethoden abschrecken.
- Generell dürfen Geständnisse vom Gericht nicht ungeprüft
  hingenommen werden, sondern ihre Richtigkeit ist durch
  weitere Beweise zu belegen. Das würde Fehlurteile wie in dem
  Fall Rudi Rupp verhindern, in dem es keinen einzigen Beweis

für die gestandene Zerstückelung des Bauern und seine anschließende Verfütterung an die Hunde gab.

- Bei Geständnissen von Jugendlichen, geistig Behinderten und psychisch Kranken sollte zusätzlich eine psychologische Begutachtung ihres Geisteszustandes erfolgen. Der Fall des Thomas Quick, er hatte 33 Morde gestanden, die er tatsächlich nicht begangen hatte, hat bewiesen, dass das keineswegs zum Standard zählt.

- Ein widerrufenes Geständnis sollte gerichtlich nicht verwertbar sein und auch nicht über Umwege, zum Beispiel durch Aussagen der Vernehmungsbeamten, in den Prozess eingeführt werden dürfen.

- Gerichtsgutachter müssen eine besondere Qualifikation nachweisen. Derzeit gibt es erstaunlicherweise keine Zulassungskriterien für Sachverständige. Was das für den Verdächtigen bedeuten kann, hat zum Beispiel der Fall des Donald Stellwag gezeigt. Es sollte das Erfordernis einer Zulassung geben, die bei nachgewiesenen Falschgutachten auch wieder entzogen werden kann.

- Bei Belastungszeugen sollte immer Hinweisen auf deren kriminelles Vorleben (Betrug, Aussagedelikte) sowie eventuellen psychischen Erkrankungen nachgegangen werden.

- Bei Täteridentifizierungen durch Gegenüberstellungen oder Wahllichtbildervorlagen ist darauf zu achten, dass die Vergleichspersonen dem Hauptverdächtigen in Größe, Alter, Statur und Erscheinung möglichst ähnlich sehen. So banal das klingt, oft genug wird darauf nicht geachtet, wie der Fall des Robert Clark zeigt.

- Bei der belastenden Aussage eines Mitgefangenen müssen dessen Vorstrafen und die mit seiner Aussage verbundenen Vorteile für ihn (meist eine vorzeitige Entlassung oder Hafterleichterungen) offengelegt werden. Zudem darf eine Verurteilung nicht allein auf die Aussage eines Mitgefangenen gestützt werden, wie im Fall Steve Manning geschehen.

- Die Polizei muss der Justiz *sämtliche* Beweismittel und Spurenakten offenlegen und diese auch der Verteidigung zugänglich machen. Stichhaltige Anhaltspunkte auf einen Alternativtäter oder entlastendes Beweismaterial dürfen dem Gericht nicht vorenthalten werden. Das geschieht noch viel zu oft, wie wir im Fall Carmen Kampa gesehen haben.

- Bei der Sicherung und Analyse von DNA-Spuren müssen alle Hygienevorschriften peinlich genau eingehalten werden, um jede Kontamination mit Fremdspuren zu vermeiden. Sonst ergeben sich fatale, völlig falsche Fehlfahndungen, so wie im Fall des Heilbronner Phantoms.

- Bei Anhaltspunkten für eine Schuldunfähigkeit des Angeklagten sollte stets ein psychologisches Gutachten ausgewiesener Fachleute eingeholt werden. Auf diese Weise könnten Fehlentscheidungen wie etwa im Fall Huy P. verhindert werden, der, obwohl psychisch krank, siebzehn Jahre unbehandelt im Gefängnis gesessen hat, statt in einem psychiatrischen Krankenhaus wegen seiner Schizophrenie therapiert zu werden.

- Zum Pflichtverteidiger sollten bei Kapitalverbrechen ausschließlich Fachanwälte für Strafrecht bestellt werden. Für die Angeklagten steht zu viel auf dem Spiel, als dass man die Verteidigung Berufsanfängern oder Nichtstrafrechtlern überlassen könnte.

Institutionelle Reformvorschläge

Es gibt abgesehen davon eine Reihe von systematischen Mängeln, die das Entstehen von Justizirrtümern begünstigen. Ganze Bücher ließen sich darüber schreiben. Doch das würde hier zu weit führen. Ich möchte nur ein paar Punkte auflisten.

- Es dürfen zur Verbrechensaufklärung nur erfahrene Kriminalbeamte mit einer entsprechenden Fachausbildung eingesetzt werden. Was unmittelbar nach Entdeckung einer Straftat am Tatort von inkompetenten Polizisten falsch gemacht oder unterlassen wird, kann später im Strafprozess meist nicht mehr geheilt werden.

- Die Polizei darf sich nicht vorschnell auf einen Verdächtigen festlegen, denn der dadurch entstehende Tunnelblick hat zur Folge, dass Spuren nach Alternativtätern nicht mehr nachgegangen wird, wie es beispielsweise der Fall »Der falsche Carlos« gezeigt hat.

- Die Staatsanwaltschaft müsste zeitlich in die Lage versetzt werden, ihrer Aufgabe als »Herrin des Ermittlungsverfahrens« überhaupt nachzukommen. Die Arbeitsbelastung ist derart erdrückend, dass der Staatsanwalt nur noch eine Endkontrolle der polizeilichen Ermittlungen vornehmen kann. So hat ein in allgemeinen Strafsachen gegen Erwachsene eingesetzter Staatsanwalt im Jahr 1100 Fälle zu erledigen. Die Führung eigener Ermittlungen oder auch nur die Anleitung und Kontrolle der polizeilichen Ermittlungen bleiben eine Illusion.

- Was mich am meisten bei dem Umgang der Justiz mit Fehlurteilen stört, ist die mangelnde Fehlerkultur. Die bekannt gewordenen Justizirrtümer werden stets als bedauerliche, aber

unvermeidbare Einzelfälle abgetan. Es sollte eine Bundesstelle für Justizirrtümer und eine Meldepflicht für erkannte
Fehlurteile an diese geben. Diese Bundesstelle könnte die
Fehlurteile und ihre Ursachen auswerten und den Justizmi-
nisterien darüber berichten. Denn nur wenn das zuständige
Ministerium von einer Häufung von Justizirrtümern in sachli-
cher oder personeller Hinsicht erfährt, kann es für Abhilfe
sorgen. Eine amtliche Sammlung von Fehlurteilen gäbe den
Richtern auch die Möglichkeit, aus den gemachten Fehlern
anderer zu lernen und Justizirrtümer zu vermeiden.

- Zeitmangel begünstigt das Entstehen von Fehlurteilen. Denn
  es besteht die Gefahr, dass dem Angeklagten ein kurzer Prozess gemacht und er möglicherweise zu Unrecht verurteilt
  wird. Die Arbeitsbelastung der Richter muss deshalb verringert werden. Ein Richter muss Zeit haben, in Ruhe über den
  Fall nachzudenken. Gerechtigkeit lässt sich nicht mit der
  Stoppuhr herstellen. Genau das sehen die Pensenberechnun-
  gen für Richter aber vor. Ein Strafrichter am Amtsgericht hat
  600 Fälle im Jahr zu erledigen. Pro Fall werden ihm 170 Minuten zugebilligt. In diesen knapp drei Stunden soll alles erledigt sein, vom erstmaligen Aufschlagen der Akte über die
  Vorbereitung und Durchführung der Hauptverhandlung bis
  zur Absetzung des Urteils. Ein Schwurgericht am Landgericht, das bei Mord und Totschlag über die lebenslange Freiheitsstrafe zu entscheiden hat, hat dafür genau 13 400 Minuten Zeit. In knapp sechs Wochen also muss das Gericht eine
  Entscheidung fällen, die den Angeklagten womöglich für den
  Rest seines Lebens hinter Gitter bringt. Wohin zu wenig Zeit
  führt, zeigt der Fall Gustl Mollath. In nur vier Stunden hatte
  das Landgericht Nürnberg-Fürth dem Angeklagten den Prozess gemacht. Hätte die Kammer mehr Zeit gehabt und ge-

nauer hingeschaut, wäre der Justizirrtum vermeidbar gewesen.

- Staatsanwälte und Richter sind in zentralen Bereichen, die zur Wahrheitserforschung gehören – wie Aussagepsychologie, Beweislehre und Kriminalistik –, nicht ausgebildet. Die Ausbildung zum Volljuristen beinhaltet die Anwendung und Auslegung des Rechts, nicht die Erforschung der Wahrheit. Die richterliche Würdigung von Zeugenaussagen beruht beispielsweise eher auf Bauchgefühl und Küchenpsychologie, als dass sie wissenschaftlich fundiert wäre. Es kann auch nicht sein, wesentliche Elemente der richterlichen Entscheidungsfindung psychologischen Sachverständigen zu übertragen, die Glaubwürdigkeitsgutachten erstellen. Den Staatsanwälten und Richtern muss vielmehr in der Ausbildung die zur Erforschung der Wahrheit erforderliche Sachkunde vermittelt werden. Es könnte durchaus daran gedacht werden, Aussagepsychologie, Beweislehre und Kriminalistik zu Nebenfächern im Jurastudium zu machen.

- Ausgerechnet bei den Kapitalstraftaten gibt es in Deutschland keine Berufung, sondern nur die Revision. Das heißt: Anders als bei einer zugelassenen Berufung können die erstinstanzlichen Urteile des Land- und Oberlandesgerichts nur wegen Rechtsfehlern angefochten werden; neue Beweismittel können hingegen nicht mehr vorgebracht werden, und auch die Beweiswürdigung des Urteils kann nur sehr eingeschränkt angegriffen werden. Dies kann zur Folge haben, dass ein Urteil rechtskräftig wird, obwohl zwar ein Justizirrtum vorliegt, dieser aber nicht gleichzeitig einen Revisionsgrund darstellt. Da Justizirrtümer meist auf einem Tatsachenirrtum und nur selten auf einem Rechtsirrtum beruhen, kann die Revision Justizirrtümer weder aufdecken noch korrigie-

ren. Gerade bei schwerwiegenden Tatvorwürfen mit erheblicher Straferwartung müsste es eine zweite Tatsacheninstanz
geben. Die Annahme des Gesetzgebers, dass sich Strafkam-
mern am Landgericht nicht irren, ist nachweislich falsch. Die
in diesem Buch dokumentierten deutschen Fehlurteile stammen überwiegend von Landgerichten.

- Die Wiederaufnahme des Verfahrens sollte erleichtert werden. An die Wiederaufnahme werden in den §§ 359 ff. StPO
  derart strenge Anforderungen gestellt, dass die meisten Wiederaufnahmeanträge schon aus formellen Gründen schei-
  tern. Insbesondere die Zulässigkeitsvoraussetzungen sollten
  herabgesetzt werden. Es wäre auch zu überlegen, ob man für
  Wiederaufnahmeverfahren nicht besondere Dezernate bzw.
  Kammern einrichten sollte. Heute treffen die Wiederaufnahmeanträge auf bereits überlastete Staatsanwälte und Richter,
  was Abweisungen eher begünstigt.

- Es sollte eine Anlaufstelle oder einen Ombudsmann für
  Justizopfer geben. Unschuldig Inhaftierte stehen nach ihrer
  Entlassung oft vor dem Nichts. Wohnung, Arbeit, Familie,
  Freunde – fast alles ist weg. Sie brauchen jemanden, der ih-
  nen bei ihrer Rückkehr ins Leben hilft.

Haftentschädigung

Wer unschuldig eine Freiheitsstrafe verbüßt hat, hat in Deutschland Anspruch auf eine Haftentschädigung. Diese ist mit 75 Euro
pro Tag aus zwei Gründen viel zu niedrig:

Erstens ist der Betrag nicht ausreichend, den angerichteten
Schaden zu kompensieren. Wer unschuldig in Haft saß, steht
nach der Entlassung regelmäßig vor den Trümmern seines Le-

bens. Der Arbeitsplatz ist gekündigt, die Wohnung geräumt, die Familie zerrüttet, und Freunde haben sich abgewendet. Dazu kommen noch die dauerhafte Rufschädigung, die verlorene Lebenszeit und eine seelische Traumatisierung. Der Wert der Freiheit kann nicht nur 75 Euro pro Tag betragen. Skandinavische Länder sehen eine Entschädigung zwischen 150 und 200 Euro am Tag vor.

Zweitens gibt die niedrige Höhe der Haftentschädigung keinen ökonomischen Anreiz für die Justiz, sich für die Vermeidung von Fehlurteilen zu engagieren. Die Bundesländer wenden pro Jahr durchschnittlich unter 200 000 Euro an Haftentschädigungen auf. Das sind in den Justizhaushalten Kleinbeträge. Es ist hierzulande schlicht billiger, diese Entschädigungen zu zahlen, als zur Vermeidung von Fehlurteilen in die Qualität der Rechtsprechung zu investieren. In den USA hat sich gezeigt, dass sich nur dann etwas ändert, wenn Fehlurteile die Justiz spürbar Geld kosten. Teilweise sind Justizopfern dort Millionenbeträge zuerkannt worden – und plötzlich interessierte sich die Justiz dafür, wie sie kostenträchtige Fehlurteile künftig vermeiden kann. Eine Haftentschädigung, die diesen Namen verdient, darf nicht unter 150 Euro pro Tag verbüßter Haft liegen.

Quellen

Allgemeine Literatur

- Toni Böhme, *Das strafgerichtliche Fehlurteil – Systemimmanenz oder vermeidbares Unrecht? Eine Untersuchung zu den Ursachen von Fehlurteilen im Strafprozess und den Möglichkeiten ihrer Vermeidung*, Baden-Baden 2018
- Eschelbach, BeckOK-StPO, 28. Edition, Stand 1. Juli 2017, § 261 StPO, Rn.63
- Jürgen-Peter Graf (Hrsg.), *Strafprozessordnung*, 2. Aufl., München 2012
- Heinrich Hannover, *Die Republik vor Gericht*, Band I (1954–1974), Berlin 2001
- Max Hirschberg, *Das Fehlurteil im Strafprozess*, Frankfurt a. M. 1962
- Anika Hoffmann, Fredericke Leuschner, *Rehabilitation und Entschädigung nach Vollstreckung einer Freiheitsstrafe und erfolgreicher Wiederaufnahme*, Eigenverlag Kriminologische Zentralstelle e. V, Wiesbaden 2017

Bücher, Artikel, Urteile und Beschlüsse
zu den einzelnen Fällen

Der Fall Kachelmann

- »Zugriff im Parkhaus: Kachelmanns Verhaftung war lange geplant«, *Spiegel Online*, 27. März 2010
- »Fall Kachelmann: Staatsanwaltschaft preschte mit Anklage vor«, *Spiegel Online*, 6. Juni 2010

- Pressemitteilung des Oberlandesgerichts Karlsruhe vom 29. Juli 2010
- »Auf der Flucht«, *Spiegel* 31/2010, S. 56
- »Es gab schwierige Momente«, *Spiegel* 31/2010, S. 58
- Landgericht Mannheim, Pressemitteilung vom 31. Mai 2011
- »Kachelmann-Prozess: Nur ein Freispruch zweiter Klasse«, *Zeit Online*, 31. Mai 2011
- »Am Ende nur Verlierer«, *Legal Tribune Online*, 31. Mai 2011
- Thomas Knellwolf, *Die Akte Kachelmann*, Zürich 2011
- Jörg Kachelmann, Miriam Kachelmann, *Recht und Gerechtigkeit*, München 2012

Der Kinderschänderring von der Tosa-Klause

- Dieter Gräbner, *Pascal. Anatomie eines ungeklärten Falles*, Saarbrücken 2008
- »Trümmer einer Anklage«, *Welt*, 23. Februar 2005
- »Pascal-Verfahren: Ein notleidender Prozess«, *Spiegel Online*, 21. Juli 2006
- »Die Geschichte mit der Tosa-Klause«, *Frankfurter Allgemeine Zeitung*, 5. Dezember 2008
- Urteil des Bundesgerichtshofs vom 13. Januar 2009, Az. 4 StR 301/08
- Gisela Friedrichsen, *Im Zweifel gegen die Angeklagten. Der Fall Pascal*, München 2008
- »Der kleine Pascal und die Hölle in der Tosa-Klause«, *Welt*, 29. September 2011

Massenhafter Kindesmissbrauch – die Wormser Prozesse

- »Der Fall sprengt die Grenzen«, *Spiegel* 7/1994, S. 75

- »Grenzen des Vorstellbaren«, *Spiegel* 7/1995, S. 106
- »Alle in einen Sack stecken ...«, *Spiegel* 2/1997, S. 52
- »Viel geglaubt, wenig gewusst«, *Spiegel* 6/1997, S. 64
- »Die stille Wut«, *Sonntagsblatt*, 22. August 1997
- »Lehren und Konsequenzen aus den Wormser Mißbrauchs-
  prozessen«, *Deutsche Richterzeitung* 1999, S. 253
- »Ausgestanden ist die Sache nicht«, *Spiegel* 9/2005, S. 50

Der Seitenwechsel des Staatsanwalts

- »›Dich bring ich um!‹, Ein Staatsanwalt wird wegen Vergewaltigung angeklagt«, *Spiegel* 13/2001, S. 72
- Rolf Bossi, *Halbgötter in Schwarz*, Frankfurt a. M. 2005, S. 29–41

Geständiger Muttermörder – der Fall Peter Reilly

- Joan Barthel, *A Death in Canaan*, New York 1976
- George Sullivan, *Not guilty*, New York 1997, S. 1–30
- Jay Robert Nash, *I am innocent*, Cambridge 2008, S. 257 ff.
- Donald S. Connery: «Peter Reilly«. In: Rob Warden, Steven
  Drizin, *True Stories of False Confessions*, Evanston, Illinois 2009,
  S. 47–70

Durch Foltern zum Geständnis – die Guildford Four

- Paul Hill, *Gestohlene Jahre*, Bergisch Gladbach 1991
- Jay Robert Nash, *I am innocent*, Cambridge 2008, S. 508

Foltern wie in »Schurkenstaaten« – der Fall Aaron Patterson

- »Last Chance Class«, *Newsweek*, 31. Mai 1999

- Don Terry: "Aaron Patterson«. In: Rob Warden, Steven Drizin, *True Stories of False Confessions*, Evanston, Illinois 2009, S. 383–388

Mobbing unter Lehrern – der Fall Horst Arnold

- »Von vorne bis hinten erfunden«, *Spiegel* 33/2011, S. 56
- »Vergewaltigungsprozess gegen Lehrer: Von vorne bis hinten erfunden«, *Süddeutsche Zeitung*, 7. Juli 2011
- »Fehlurteil wegen angeblicher Vergewaltigung – Das Leiden des Horst Arnold«, *Stern*, 12. Juli 2011
- »Freispruch nach fünf Jahren: Wie konnte es zu dem Fehlurteil kommen?«, *Frankfurter Allgemeine Zeitung*, 25. Juli 2011
- »Ohne moralische Skrupel«, *Spiegel* 29/2012, S. 46
- »Urteil gegen Heidi K.: Keine Wiedergutmachung möglich«, *Spiegel Online*, 13. September 2013
- Jan Schmitt, *Unschuldig in Haft. Wenn der Staat zum Täter wird*, Gütersloh 2014

Amelie – die manipulative Jungfrau

- Sabine Rückert, *Unrecht im Namen des Volkes. Ein Justizirrtum und seine Folgen*, München 2008

Die Tote im Schnee – der Fall David Milgaard

- Jay Robert Nash, *I am innocent*, Cambridge 2008, S. 250

Nachtisch für Falschbeschuldigung – der Fall des evangelischen Pfarrers

- »Drei Jahre Haft für Pfarrer«, *Spiegel Online*, 8. Dezember 1999
- Urteil des Bundesgerichtshofs vom 21. September 2000, Az. 1 StR 257/00, BGHSt 46, S. 142
- »Ihnen ist Unrecht geschehen«, *Frankfurter Allgemeine Zeitung*, 28. März 2003
- »Ihnen ist großes Unrecht geschehen«, *Wiesbadener Tageblatt*, 29. März 2003
- »Doch, das sagst du jetzt«, *Focus* 16/2003
- »Fünf Jahre unschuldig in den Mühlen des Rechtsstaates«, *Stuttgarter Zeitung*, 3. April 2003

Die Rache des Onkels – der Fall Wolfgang J.

- »Der Mordfall Anke Schütz«, *Rhein-Zeitung*, 30. Dezember 2003
- Hans-Dieter Otto, *Im Namen des Irrtums. Fehlurteile in Mordprozessen*, München 2006, S. 261

Wie eine Lüge Thomas Ewers ins Gefängnis brachte

- Urteil des Landgerichts Essen vom 30. Juni 2014 – 27 KLs 6/14
- »Hammer Justizopfer Thomas Ewers: Gerechtigkeit ist eine Illusion«, *Westfälischer Anzeiger*, 25. Februar 2017

Todeszeitpunkt passend gemacht – der Fall Ellis Wayne Felker

- Urteil des Houston Superior Court vom 15. März 1984, Felker v. The State, Az. 252 Ga. 351

Freispruch wegen Zeugungsunfähigkeit – der Mordfall Lesley Molseed

- Jonathan Rose, Steve Panter, Trevor Wilkinson, *Innocents. How Justice failed Stefan Kiszko and Lesley Molseed*, London 1997
- Jay Robert Nash, *I am innocent*, Cambridge 2008, S. 512

Shirley Kinge – die Mutter als Komplizin

- »Former State trooper explains ways he fabricated Evidence«, *New York Times*, 16. April 1993
- Urteil des New York State Court vom 13. Dezember 2007, Kinge v. The State of New York, #2007–009–171, Claim No. 88 273

Pistazieneismord

- Urteil des Bundesgerichtshofs vom 31. Juli 1996, Az. 1 StR 247/96, Strafverteidiger 1997, S. 62
- »Arsen im Eis«, *Zeit Online*, 6. Juni 1997
- Urteil des Bundesgerichtshofs vom 19. Januar 1999, Az. 1 StR 171/98, *Neue Juristische Wochenschrift* 1999, S. 1562
- »Der ungesühnte Tod der Anna B.«, *Spiegel* 12/2000, S. 95

Mordfall Peggy Hettrick – die Zeichnung als Geständnis

- »Sketchy evidence raises doubt«, *Denver Post*, 14. Juli 2007
- Timothy Masters, *Drawn to Injustice. The Wrongful conviction of Timothy Masters*, New York 2012

Der Fall Edith Thompson – tödliche Liebesbriefe

- Edgar Lustgarten, *Verdict in Dispute*, London 1949, S. 127–162
- Hans-Dieter Otto, *Im Namen des Irrtums. Fehlurteile in Mordprozessen*, München 2006, S. 28 f.

Sally Clark – schuldig durch Statistik

- Urteil des England and Wales Court of Appeal vom 2. Oktober 2000, Az. Clark,R.v. [2000] EWCA Crim 54
- John Batt, *Stolen Innocence*, London 2004
- Jay Robert Nash, *I am innocent*, Cambridge 2008, S. 573

Rettender Spermatest

- »Ein verpfuschtes Leben, Brite achteinhalb Jahre unschuldig im Gefängnis«, *Hamburger Abendblatt*, 25. Februar 1994
- »Wie Richard Simmons um seine Unschuld kämpft«, *Welt*, 17. Februar 2002

Freispruch nach 35 Jahren – der Fall James Bain

- »35 Jahre im Knast – für nichts«, *Süddeutsche Zeitung*, 3. Februar 2010

»Wenn ich es getan hätte« – der Fall O. J. Simpson

- »Die DNA-Beweise im Fall Simpson«, *Kriminalistik* 50/1996, S. 481
- O. J. Simpson, *If I did it. Confessions of the killer*, New York 2007
- Jay Robert Nash, *I am innocent*, Cambridge 2008, S. 186

Fall Andrea Butzelar – Freispruch für den Mörder

- »Der letzte Versuch«, *Spiegel*, 47/2008, S. 94
- »Staatsanwalt zum Videothekenmord 1993: Ein Mörder wurde freigesprochen«, *Stern Online*, 28. Oktober 2009
- »Mord in Videothek: Keine späte Sühne trotz DNA-Beweis«, *Focus*, 6. Mai 2009
- »Witwer kämpft um Gesetzesänderung – Mord ohne Sühne«, *Hamburger Abendblatt*, 13. Juli 2010

Das Heilbronner Phantom – DNA-Irrtum ohne Folgen

- »Heilbronner Polizistenmord – Jagd auf das Phantom«, *Spiegel Online*, 28. März 2008
- »Ermittlungspanne ›Phantom-Mörderin‹ ist ein Phantom«, *Spiegel Online*, 27. März 2009
- »Die Anatomie des Mordes an Michèle Kiesewetter«, *Welt*, 29. April 2012

Die nachträgliche Überführung eines Serienvergewaltigers

- »Retter der Unschuldigen«, *Spiegel Online*, 3. Juni 2006

Der ungesühnte Mord

- »Wenn der Mörder der Tochter neben einem sitzt«, *Welt*, 19. August 2015

Verhängnisvoller Korpsgeist – der Fall Harry Wörz

- Thomas Darnstädt, *Der Richter und sein Opfer. Wenn die Justiz sich irrt*, München 2013
- Urteil des Landgericht Karlsruhe vom 6. April 2001
- Olaf Lorch: »Stumme Zeugen. Der Fall Harry Wörz« In: Jörg Kunkel, Thomas Schuhbauer (Hrsg.), *Justizirrtum! Deutschland im Spiegel spektakulärer Fehlurteile*, Frankfurt a.M. 2004, S. 206–229
- Hans-Dieter Otto, *Im Namen des Irrtums. Fehlurteile in Mordprozessen*, München 2006, S. 124–131
- Urteil des Bundesgerichtshofs vom 16. Oktober 2006, Az. 1 StR 180/06
- »Freispruch im Fall Harry Wörz – Triumph des Richters«, *Spiegel Online*, 22. Oktober 2009
- Urteil des Bundesgerichtshofs vom 5. Dezember 2010, Az. 1 StR 254/10
- »Ich will mein Leben zurück«, *Spiegel* 20/2012, S. 58
- »Justizopfer Harry Wörz erhält 450.000 Euro«, *Spiegel Online*, 9. Januar 2017

Fünf Todesfälle und eine getreue Krankenpflegerin

- Hans-Dieter Otto, *Das Lexikon der Justizirrtümer*, München 2003, S. 253

Tunnelblick der Ermittler – der Fall Anthony Porter

- »Wettlauf mit dem Henker«, *Zeit*, 2. Juni 1999
- Hans-Dieter Otto, *Im Namen des Irrtums. Fehlurteile in Mordprozessen*, München 2006, S. 103–108

- Jay Robert Nash, *I am innocent*, Cambridge 2008, S. 41 f.

Kommissar Harrass 2

- The Florida Senate, *Special Master's Final Report* vom 1. November 2011

Schreiben bessert den Charakter – der Fall Jack Unterweger

- Beschluss des Kreisgerichts Krems vom 27. April 1990, Az. 20 BE 17/90
- Gert Schmidt, Gerlinde Wambacher, Heinz Wernitznig, *Wenn der Achter im Zenit steht ...: Causa Jack Unterweger*, Wien 1993
- »Reportagen vom Strich?«, *Spiegel* 17/1994, S. 151
- »Die haben sich verkrümelt«, *Spiegel* 27/1994, S. 86

Wilfried S., eine tickende Zeitbombe

- »Bewegende Story«, *Focus* 32/2002
- »Kein Mörder sitzt so lange«, *Spiegel* 11/2003, S. 54

Rückfall nach einer Woche – der Fall Carolin

- »Schlamperei und Ignoranz«, *Focus* 45/2005, S. 70
- »Fall Carolin: Gestorben am 15. Juli«, *Spiegel Online*, 12. April 2006

Günther Kaufmann in seiner schlechtesten Rolle

- »Der Fall Günther Kaufmann: Die Last des eigenen Lügengebirges«, *Süddeutsche Zeitung*, 2. September 2003

- »Liebe, Lügen, Tod«, *Spiegel*, 46/2003, S. 84
- »Freispruch: Das seltsame Geständnis des Günther K.«, *Spiegel Online*, 26. Januar 2005
- Hans-Dieter Otto, *Im Namen des Irrtums. Fehlurteile in Mordprozessen*, München 2006, S. 179–184
- »Kaufmann gab eine Tat zu, die er nicht begangen hat«, *Abendzeitung*, 15. Mai 2012

Zerstückelt und an die Hunde verfüttert – der Fall Rudi Rupp

- »Oberstaatsanwalt fordert zwei Mal lebenslang«, *Donaukurier*, 2. Mai 2005
- »Wenn die Leiche fehlt«, *Focus* 19/2005
- Beschluss des Oberlandesgerichts München vom 9. März 2010, Az. 3 Ws 109–112/10
- »Horror-Märchen im Gerichtssaal«, *Focus Online*, 20. Oktober 2010
- »Erdrosselt, erwürgt oder erstickt?«, *Donaukurier*, 27. Oktober 2010
- »Fall Rupp: Wer erfand die Gruselgeschichte?«, *Donaukurier*, 13. Januar 2011
- »Getöteter Bauer – ›Man brauchte Geständnisse‹«, *Spiegel Online*, 24. Februar 2011
- »Schämt sich keiner?«, *Spiegel* 9/2011, S. 37
- »Justizskandal im Fall Rudi Rupp, Polizeivideos belegen Manipulation der Aussagen«, *Spiegel Online*, 19. März 2012

»Damit Ruhe ist« – das Geständnis des Peter Heidegger

- Franz Mahr, Reinhard Grabher, *2865 Tage. Der Fall Peter Heidegger*, Wien 2007

Geständnisse eines zwanghaften Lügners – der Fall Sean Hodgson

– »The Confessions of Teresa's Killer«, *Daily Echo*, 17. September 2009

Die Bridgewater-Bande und der ermordete Zeitungsjunge

– Paul Foot, *Murder at the Farm. Who killed Carl Bridgewater?*, London 1988

Ohne Worte – der Fall Stephen Brodie

– »USA: Justizirrtum – Fast 20 Jahre hinter Gittern – für nichts«, *Süddeutsche Zeitung*, 29. September 2010
– »Im Namen des Gesetzes«, *Spiegel*, 42/2010, S. 66
– »Suspected North Dallas Rapist is convicted of assaulting 7-year old«, *Dallas News*, 18. Januar 2012

Der schwedische Hannibal Lecter

– »Mann gibt sich aus Geltungssucht als Mörder aus«, *Welt*, 8. August 2012
– »Der falsche Mörder«, *Frankfurter Rundschau*, 9. August 2012
– »Thomas Quick: the swedish serial killer who never was«, *Guardian*, 20. Oktober 2012
– Hannes Råstam, *Der Fall Thomas Quick. Die Erschaffung eines Serienkillers*, München 2013

Auftragsmord einer herzlosen Mutter – der Fall Debra Milke

- »»Monströs, diabolisch, böse‹ – Eine deutsche Mutter will beweisen, dass ihre Tochter, die in Arizona auf die Hinrichtung
wartet, unschuldig ist«, *Spiegel* 27/1998, S. 123
- »Kette um den Bauch – Seit zehn Jahren wartet eine Halb-
deutsche in Arizona auf die Giftspritze«, *Spiegel* 44/2000, S. 24
- Debra Milke, *Ein geraubtes Leben. 23 Jahre unschuldig in der Todeszelle – Der Fall Debra Milke*, München 2013

**Der Fall Peggy Knobloch – das Geständnis eines geistig
Behinderten**

- Ina Jung, Christoph Lemmer, *Der Fall Peggy. Geschichte eines
Skandals*, München 2016

**»Jetzt kriegt keiner von uns die Kinder« – der Fall Monika
Weimar/Böttcher**

- Urteil des Bundesgerichtshofs vom 17. Februar 1989, Az. 2 StR
402/88, BGHSt 36, S. 119
- »Schuldig auf Verdacht«, *Zeit*, 51/1995
- Urteil des Bundesgerichtshof vom 6. November 1998, Az. 2
StR 636/97, *Strafverteidiger* 1999, S. 5
- »Der Mordfall Weimar – Kraft und Gefahren des Sachbewei-
ses«, *Kriminalistik* 1997, S. 634
- Gisela Friedrichsen, Gerhard Mauz, *Er oder sie? Der Strafprozess
Böttcher/Weimar*, Baden-Baden 2001
- »‹Warum hast du das getan?‹. Zur Verurteilung von Monika
Weimar in Fulda (1988)«, in: Gerhard Mauz, *Die großen Prozesse
der Bundesrepublik Deutschland*, Springe 2005, S. 186–194

- Hans-Dieter Otto, *Im Namen des Irrtums. Fehlurteile in Mordprozessen*, München 2006, S. 185, 354 ff.

Tod am Bahndamm – der Mordfall Carmen Kampa

- »Kein Anhaltspunkt für sexuelle Tatbereitschaft«, *Spiegel* 1/1977, S. 48
- Heinrich Hannover, *Die Republik vor Gericht*, Band I (1954–1974), 2. Aufl., Berlin 2001, S. 431–463
- Hans-Dieter Otto, *Lexikon der Justizirrtümer*, München 2003, S. 181–187
- »Ich bin froh, dass ich es hinter mir habe«, *taz*, 14. August 2010
- »Wer hat Carmen Kampa ermordet?«, *Weser Kurier*, 28. April 2011
- »Nach 40 Jahren: Mordfall Carmen Kampa aufgeklärt«, *Kreiszeitung*, 20. August 2011
- Dirk Blumenthal: »Tod am Bahndamm. Der Fall Carmen Kampa.« In: Jörg Kunkel, Thomas Schuhbauer (Hrsg.), *Justizirrtum! Deutschland im Spiegel spektakulärer Fehlurteile*, Frankfurt a.M. 2004, S. 173–205

Giftmörderin Madame Druaux

- Arthur Brandt, *Unschuldig verurteilt. Richter sind nicht unfehlbar*, Düsseldorf 1982, S. 27 ff.
- Hans-Dieter Otto, *Im Namen des Irrtums. Fehlurteile in Mordprozessen*, München 2006, S. 266 f.

Hinrichtung einer Prostituierten – der Fall Tibor Foco

- »Fall Foco: Die Chronik eines unendlichen Justizdramas«, *Oberösterreichische Nachrichten*, 1. Dezember 2008
- »Vor 25 Jahren: Fall Foco – Die Hinrichtung der Elfriede Hochgatter«, *Oberösterreichische Nachrichten*, 12. März 2011

Der Engel mit den Eisaugen – Amanda Knox

- Candace Dempsey, *Murder in Italy. The Shocking Slaying of a British Student, the Accused American Girl, and an International Scandal*, New York 2010
- »Berufung im Fall Amanda Knox: Schlamperei bei der Spurensicherung«, *Süddeutsche Zeitung*, 26. Juli 2011
- »Freispruch für Amanda Knox: Leichtes Spiel für die Verteidiger«, *Süddeutsche Zeitung*, 4. Oktober 2011
- Amanda Knox, *Zeit, gehört zu werden*, München 2013

Das Schweigen des Hundes – der Fall Sam Sheppard

- »Mordprozess Sheppard«, *Spiegel*, 3/1955, S. 26
- Urteil U.S. Supreme Court vom 6. Juni 1966, Sheppard v. Maxwell, Az. 384 U.S. 333 (1966)
- »Fall Sheppard: Dollars aus Düsseldorf«, *Spiegel* 25/1966, S. 114
- Arthur Brandt, *Unschuldig verurteilt. Richter sind nicht unfehlbar*, Düsseldorf 1982, S. 80–84
- Jay Robert Nash, *I am innocent*, Cambridge 2008, S. 180, 428–434

Teufel im Engelskostüm – der Fall Vera Brühne

- »Lehren eines Mordprozesses«, *Neue Juristische Wochenschrift*, 1971, S. 2198
- »Der Tod kam nicht um 19.45 Uhr«, *Spiegel* 39/1973, S. 62
- Hans-Dieter Otto, *Lexikon der Justizirrtümer*, München 2003, S. 165
- »›Vera zurück 4 Uhr morgens‹. Zum Wiederaufnahmeantrag von Vera Brühne und Johann Ferbach (1965)«, in: Gerhard Mauz, *Die großen Prozesse der Bundesrepublik Deutschland*, Springe 2005, S. 123–128
- Hans-Dieter Otto, *Im Namen des Irrtums. Fehlurteile in Mordprozessen*, München 2006, S. 215–227
- »Der Fall Vera Brühne: Deutschlands berühmtester Justizskandal«, *Zeit Online*, 19. April 2010
- »Mordfall Vera Brühne: Fehlurteil, Justizskandal, die letzte Hexenjagd«, *Welt*, 4. Juni 2012

Die Satanssekte West Memphis Three

- Hans-Dieter Otto, *Im Namen des Irrtums. Fehlurteile in Mordprozessen*, München 2006, S. 207–210
- »West Memphis Three: Vermeintliche Metal-Mörder nach 18 Jahren frei«, *Spiegel Online*, 20. August 2011
- »18 Jahre Haft und frei nach dem Schuldgeständnis«, *Welt*, 21. August 2011

888 Tage unschuldig in Haft – der Fall Monika de Montgazon

- Urteil des Landgerichts Berlin vom 26. Januar 2005, Az. 1 Kap Js 2077/03 – KLs- (3/04)

- Beschluss des Bundesgerichtshofs vom 11. Januar 2006, Az. 5 StR 372/05
- Urteil des Landgerichts Berlin vom 9. April 2008, Az. 1 Kap Js 2077/03 – Ks- (2/06)
- Jan Schmitt, *Unschuldig in Haft. Wenn der Staat zum Täter wird*, Gütersloh 2014

Vatermörder Philipp Halsmann

- Martin Pollack, *Anklage Vatermord. Der Fall Philipp Halsmann*, Frankfurt a. M. 2004
- Jay Robert Nash, *I am innocent*, Cambridge 2008, S. 492

Maria Popescu, die Giftmischerin

- Maria Popescu, *Von Mittwoch bis Mittwoch*, Bern 1961
- Hans Martin Sutermeister, *Summa Iniuria. Ein Pitaval der Justiz-irrtümer*, Basel 1976, S. 40–47

Prozesssabotage durch Verfassungsschutz – der Schmücker-Prozess

- Stefan Aust, *Der Lockvogel. Die tödliche Geschichte eines V-Mannes zwischen Verfassungsschutz und Terrorismus*, Reinbek 1995
- Urteil des Landgericht Berlin vom 28. Januar 1991, Az. (518) 2 P KLs 8/75 (35/89), *Strafverteidiger 1991*, S. 371

»Man sollte sie auf jeden Fall aufhängen!«– der Fall Sacco und Vanzetti

- Roberta Strauss-Feuerlicht, *Sacco und Vanzetti*, Leest 1984

- Jay Robert Nash, *I am innocent*, Cambridge 2008, S. 153, 420–428

Die roten Atomspione – Ethel und Julius Rosenberg

- Ronald Radosh, Joyce Mitton, *The Rosenberg File. A Search for the Truth*, New York 1983

Der Mörder mit dem Kälberstrick – der Fall Hans Hetzel

- Hans-Dieter Otto, *Lexikon der Justizirrtümer*, München 2003, S. 137–149
- Gunther Scholz: »Tödliches Rendezvous. Der Fall Hans Hetzel«. In: Jörg Kunkel, Thomas Schuhbauer (Hrsg.), *Justizirrtum! Deutschland im Spiegel spektakulärer Fehlurteile*, Frankfurt a.M. 2004, S. 94–138
- »»Noch Fragen zum Enddarm?«. Im Wiederaufnahmeprozess Hetzel (1969)«, in: Gerhard Mauz, *Die großen Prozesse der Bundesrepublik Deutschland*, Springe 2005, S. 141–146

Leiche ohne Kopf – der Fall Maria Rohrbach

- »Rohrbach-Prozess: Suchten und fanden«, *Spiegel* 26/1961, S. 28
- Hans-Dieter Otto, *Lexikon der Justizirrtümer*, München 2003, S. 154–163
- Manfred Uhlig: »Die Leiche ohne Kopf. Der Fall Rohrbach«. In: Jörg Kunkel, Thomas Schuhbauer (Hrsg.), *Justizirrtum! Deutschland im Spiegel spektakulärer Fehlurteile*, Frankfurt a.M. 2004, S. 11–52

- Hans-Dieter Otto, *Im Namen des Irrtums. Fehlurteile in Mordprozessen*, München 2006, S. 264

Der Mörder mit dem schiefen Zahn

- Urteil des Arizona Supreme Court vom 22. Juni 1995, State of Arizona v. Ray Milton Krone, Az. CR-92–0212
- »Twice Wrongly convicted of Murder – Ray Krone is set free after 10 years«, *Justice Denied Magazin*, Vol. 2, Issue 9
- Hans-Dieter Otto, *Im Namen des Irrtums. Fehlurteile in Mordprozessen*, München 2006, S. 300–304
- Jay Robert Nash, *I am innocent*, Cambridge 2008, S. 175 f.

Die schwarze Magie der Joyce Gilchrist

- »When the Evidence lies«, *Time*, 21. Mai 2001
- Urteil des District Court of Oklahoma vom 11. Mai 2007, State of Oklahoma vs. Curtis Edward McCarty, Az. CF-85–2637
- Jay Robert Nash, *I am innocent*, Cambridge 2008, S. 229 f., 526 f., 543

Esoterische Brandermittlung – der Fall Todd Willingham

- »Cameron Todd Willingham, Hinrichtung in Texas: Tödlicher Irrtum?«, *Tagesspiegel*, 6. September 2009
- »Trial by Fire«, *New Yorker*, 7. September 2009
- »Launische Feuersbrunst«, *Spiegel* 47/2011, S. 166

Der Hochstapler im Labor

- *Supreme Court Investigative Report* vom 4. November 1993

- »Scores of convictions reviewed as chemist faces perjury accusations, *Los Angeles Times*, 21. August 1994
- Jay Robert Nash, *I am innocent*, Cambridge 2008, S. 470 ff., 552
- »Former News Anchor recalls ›Mall Rapist‹ Saga«, *Huntington News*, 25. Oktober 2010
- David S. Rudolf, *American Injustice. Inside Stories from the Underbelly of the Criminal Justice System*, New York 2022, S. 298–302, 308

Tod auf der Treppe

- Diane Fanning, *Written in Blood. Innocent or Guilty*, New York 2018

Weggesperrt in der Psychiatrie – der Fall Gustl Mollath

- Urteil des Landgerichts Nürnberg-Fürth vom 8. August 2006 – 7 KLs 802 Js 4 743/2003
- Urteil des Landgerichts Regensburg vom 14. August 2014 – 6 KLs 151 Js 4 111/2013 WA
- Uwe Ritter, Olaf Przybilla, *Die Affäre Mollath. Der Mann, der zuviel wusste*, München 2013
- Jan Schmitt, *Unschuldig in Haft. Wenn der Staat zum Täter wird*, Gütersloh 2014
- Gerhard Strate, *Der Fall Mollath. Vom Versagen der Justiz und Psychiatrie*, 2. Aufl., Zürich 2016

Durch Falschgutachten zum Kinderschänder – der Fall Nobert Kuß

- Urteil des Landgerichts Saarbrücken vom 29. Januar 2015 – 3 O 295/13
- »Wer unschuldig ist, braucht die besten Anwälte«, *Süddeutsche Zeitung*, 30. Januar 2015

»Gib's ihm, Chris!« – der Fall Derek Bentley

- Urteil des Supreme Court of Judicature vom 30. Juli 1998, R v. Derek William Bentley, Az. EWCA Crim 2516 No: 97/7 533/S 1
- »Der Fehler des Richters«, *Berliner Zeitung*, 3. August 1998

Huys Visionen

- »Der seltsame Herr Huy«, *Sächsische Zeitung*, 7. Januar 2011
- Beschluss des Bundesgerichtshof vom 8. Juni 2011, Az. 5 StR 199/11
- Beschluss des Bundesverfassungsgerichts vom 8. Dezember 2011, Az. 2 BvR 2181/11, *Neue Juristische Wochenschrift* 2012, S. 513

Der Schlächter von Hannover – Fritz Haarmann

- Christine Pozsár, Michael Farin, *Die Haarmann-Protokolle*, Reinbeck 1995
- Hans-Dieter Otto, *Lexikon der Justizirrtümer*, München 2003, S. 90 ff.

Der Kannibale von Rotenburg

- »Der Kannibale«, *Stern Online*, 22. Juli 2003
- »Da hört das Denken auf«, *Spiegel* 6/2004, S. 44
- Bundesgerichtshof vom 22. April 2005, Az. 2 StR 310/04, BGHSt 50, S. 80
- »Kannibalismusprozess: Fleisch als Fetisch«, *Zeit*, 10. Mai 2006
- »Der Kannibale«, *Frankfurter Rundschau*, 23. Mai 2006
- Beschluss des Bundesgerichtshofs vom 7. Februar 2007, Az. 2 StR 517/06
- Beschluss des Bundesverfassungsgerichts vom 7. Oktober 2008, Az. 2 BvR 578/07, NJW 2009, S. 1061

Das unterschlagene Vernehmungsprotokoll – der Fall Ralf Witte

- »Fehlurteile und ihre Ursachen – die Wiederaufnahme im Verfahren wegen sexuellen Missbrauchs«, *Strafverteidiger* 12/2000, S. 705
- Beschluss des Bundesgerichtshofs vom 9. August 2005, Az. 3 StR 464/04, *Strafverteidiger* 2006, S. 14
- »Vergewaltigung einer 15-Jährigen aus Garbsen: Neuauflage des Prozesses«, *Hannoversche Allgemeine Zeitung*, 2. August 2010
- »Wiederaufnahme: Die Opfer sind die Angeklagten«, *taz*, 8. September 2010

Vorverlegter Todeszeitpunkt – der Fall Steven Truscott

- Urteil des Court of Appeal for Ontario vom 28. August 2007 in Sachen Steven Truscott, Az. Truscott (Re), 2007, ONCA 575
- Jay Robert Nash, *I am innocent*, Cambridge 2008, S. 464 ff.

- Sam Dennis McDonough, *Steven Truscott And The Murder Of 12-Year Old Lynne Harper*, Raleigh, N C, 2011

Staatsanwalt des Jahres

- »Killer Instincts«, *New Yorker*, 17. Januar 2005

Der Ripper von Rostow

- Peter Conradi, *Der Todesengel von Rostow*, Bergisch Gladbach 1993
- »Wie ein gehetzter Wolf«, *Spiegel* 20/1993, S. 188

Das übergangene Geständnis – der Fall Albert Ziethen

- Paul Lindau: »Der Mörder der Frau Marie Ziethen«. In: Paul Lindau, *Der Prozeß Graef*, Berlin 1985, S. 215–320
- Hermann Mostar, *Unschuldig verurteilt*, Berlin 1990, S. 54–67
- Hans-Dieter Otto, *Lexikon der Justizirrtümer*, München 2003, S. 66–68

Der Frauenwürger von London

- Christian Heermann, *Der Würger von Notting Hill*, 7. Aufl., Berlin 1987
- Jay Robert Nash, *I am innocent*, Cambridge 2008, S. 500

Taubstummes Justizopfer – der Fall Darryl Beamish

- Urteil des Supreme Court of Western Australia vom 1. April 2005, Beamish v. Queen, Az. WASCA 62

– Jay Robert Nash, *I am innocent*, Cambridge 2008, S. 502

Verhängnisvolle Lüge – der Fall Scott Hornoff

– Urteil des Supreme Court vom 24. Oktober 2000, State v. Jeffrey Scott Hornoff, Az. 99–508-C.A. (K1/94–760A)
– »Jeffrey Scott Hornoff's Conviction«, *Justice Denied Magazine*, 3. März 2003
– Hans-Dieter Otto, *Im Namen des Irrtums. Fehlurteile in Mordprozessen*, München 2006, S. 110–115
– Jay Robert Nash, *I am innocent*, Cambridge 2008, S. 124 ff.

Die zwei Geständnisse im Mordfall Scharnow

– »Holzbrett mit Griff«, *Spiegel* 12/1995, S. 94
– »Ich kann Thomas Rung nicht hassen«, *Berliner Zeitung*, 7. März 1996
– »Nun müssen die Richter Michael Mager wohl glauben«, *Berliner Zeitung*, 8. August 1996
– »Freispruch nach zwölf Jahren«, *Berliner Zeitung*, 14. August 1996
– Peter Niggl, *Ich bin ein Untier. Die Geständnisse des Thomas Rung*, Berlin 1999

She Xianglin – die Tote im Stausee

– »Angebliches Mordopfer lebt noch«, *Welt*, 5. April 2005
– »Das Ende der Opferbereitschaft«, *Süddeutsche Zeitung*, 17. Mai 2005

Wer tötete Baby Azaria?

- Urteil des Supreme Court of the Northern Territory vom 15. September 1988, Az. CA2 of 1988 NTSC 64
- Hans-Dieter Otto, *Im Namen des Irrtums. Fehlurteile in Mordprozessen*, München 2006, S. 292–299
- Jay Robert Nash, *I am innocent*, Cambridge 2008, S. 77 ff., 173, 518
- »Dingo-Attacke: 30 Jahre Todesschmerz«, *Spiegel Online*, 19. August 2010
- »Urteil nach 32 Jahren. Ein Dingo hat die kleine Azaria verschleppt«, *Frankfurter Allgemeine Zeitung*, 12. Juni 2012

Der Todesengel von Den Haag

- Ton Derksen, Lucia de Berk, *Reconstruction of a miscarriage of justice*, Diemen 2006
- »Hollands ›Todesengel‹ freigesprochen«, *Welt*, 14. April 2010
- »Unschuldig in Haft, Freispruch im ›Hexenprozess‹«, *Frankfurter Rundschau*, 19. April 2010

Cynthia Sommer – die lustige Witwe

- »Arsen statt Herzversagen: Frau vergiftet Gatten für Brust-OP«, *Spiegel Online*, 31. Januar 2007
- »This was a case of prosecutorial failure«, *San Diego Union-Tribune*, 25. April 2008

Farah Jama und das verhängnisvolle Spermium

- Report des Richters Vincent zu der Verurteilung von Farah Jama vom 29. März 2010
- »I want people to know ...«, *Melbourne Magazine*, 21. Juni 2011

Lustloser Pflichtverteidiger – der Fall Ronald Keith Williamson

- Urteil des United Court of Appeals vom 10. April 1997, Ronald Keith Williamson v. Ronald Ward, Az. 110 F.3d 1508
- John Grisham, *Der Gefangene*, München 2006
- Jay Robert Nash, *I am innocent*, Cambridge 2008, S. 276 f., 443

Versäumnisse eines Anwalts – der Fall Federico Macias

- Urteil des District Court El Paso vom 6. November 1991 in Sachen Federico Macias, Az. 810 F.Supp. 782 (1991)
- Jay Robert Nash, *I am innocent*, Cambridge 2008, S. 441 f.

»Gefängnis-John« sorgt für volle Zellen

- »DNA will let a Montana man put prison behind him, but questions linger«, *New York Times*, 1. Dezember 2002
- »Bromgard suit blames defender system«, *Billing Gazette*, 26. Dezember 2007

Der falsche Carlos

- »An Anatomy of a Wrongful Execution Execution«, *Columbia Human Rights Law Review*, Mai 2012

- »Carlos DeLunas Hinrichtung – Giftspritze für einen Un-schuldigen«, *Spiegel Online*, 15. Mai 2012
- »Der falsche Carlos«, *Welt*, 16. Mai 2012

Verwechslungskomödie im Knast

- »Das brumm ich für dich ab«, *Spiegel* 3/2002, S. 62

Der Doppelgänger – der Fall Donald Stellwag

- »Fachmann für Fehlurteile«, *Focus* 32/2001
- »Der war's! Oder?«, *Spiegel*, 23/2001, S. 88
- Urteil des Oberlandesgerichts Frankfurt vom 2. Oktober 2007, Az. 19 U 8/07, *Zeitschrift für Schadensrecht* 2007, S. 671
- »Justizirrtümer, Aus dem Leben gerissen«, *taz*, 2. Dezember 2007
- »Donald Stellwag, Das Leben, ein Gefängnis«, *Süddeutsche Zeitung*, 19. Juni 2010

Verwechslungsopfer in Zelle verbrannt

- »Behördenversagen mit Todesfolge – Tod von Amad A. in der JVA Kleve«, *taz*, 21. Juni 2020

Geschrumpfter Angeklagter – der Fall Christos Orfanidis

- »Ich denk mal, er war's«, *Spiegel*, 21/2000, S. 70

Rache aus verschmähter Liebe – die Mariotti-Prozesse

–   Hans-Dieter Otto, *Lexikon der Justizirrtümer*, München 2003, S. 132 ff.
–   Raymond Ley: »Mord beim »Ave Maria«. Der Fall Eva Maria Mariotti«. In: Jörg Kunkel, Thomas Schuhbauer (Hrsg.), *Justizirrtum! Deutschland im Spiegel spektakulärer Fehlurteile*, Frankfurt a.M. 2004, S. 53–93
–   »Hinrichtung mit dem Handbeil. Im dritten Hamburger-Mariotti-Prozeß (1965)«. In: Gerhard Mauz, *Die großen Prozesse der Bundesrepublik Deutschland*, Springe 2005, S, 129–135.

Mord im Mondlicht – der Fall Hans Burkert

–   »Wir treffen uns im Himmel«, *Spiegel*, 20. Dezember 1950, S. 10
–   »Freispruch für Burkert«, *Hamburger Abendblatt*, 13. November 1952
–   »Mord im Mondlicht neu aufgerollt«, *Der Neue Tag*, 31. Mai 2011

Ein Meineid gegen neun Alibizeugen – der Fall Majczek und Marcinkiewicz

–   Hans-Dieter Otto, *Das Lexikon der Justizirrtümer*, München 2003, S. 380

Das Spitzel-System – der Fall Steve Manning

–   »Steve Manning awarded $ 6.6 million ...«, *Justice Denied Magazine* 27, Winter 2005, S. 15